| 月 | 日 | 決 算 等 に 関 わ る 業 務 | |
|---|---|---|---|
| 8 | 1 | ・月次決算作業 | |
|  | 14 | ・第1四半期報告書を内閣総理大臣に提出 -------------- | ↓ |
|  |  | （金商法24条の4の7①） | |
| 9 | 1 | ・月次決算作業 | |
|  | 30 | 第2四半期決算日 ------------------------------------ | |
| 10 | 1 | ・月次決算作業 | |
|  |  |  | 45日以内 |
|  | 27 | ・第2四半期決算発表（連結） | |
| 11 | 1 | ・月次決算作業 | |
|  | 14 | ・第2四半期報告書を内閣総理大臣に提出 -------------- | ↓ |
|  |  | （金商法24条の4の7①） | |
| 12 | 1 | ・月次決算作業 | |
|  | 31 | 第3四半期決算日 ------------------------------------ | |

注) 3月31日は年次決算日，6月30日，9月30日そして12月31日は四半期決算日としているが，これら以外の業務日は，おおよその日付にしている。
会：会社法
会計規：会社計算規則
金商法：金融商品取引法
有報：有価証券報告書

## 企業の経理業務

　企業は，経済活動を効率的に実施するために，経理部や財務部という名称の部門を設置し，経理業務を行っている。この経理業務の内容は，会社の業種や規模等によって異なるが，基本的には下記のような財務会計，資金管理そして管理会計業務を行っている。
① 財務会計に係わる業務
　・会計方針の決定
　・日々の取引の記帳（仕訳伝票への記入，及びそれに基づく勘定への転記（コンピュータへの入力））
　・製造業の場合の原価計算の実施　・債権管理業務（与信限度の設定や管理，不良債権の管理等）
　・月次，四半期，年次，連結決算書の作成　・税務業務（法人税，地方税，消費税等の申告と納税）
　・監査，税務調査，株主総会への対応　・有価証券報告書等の作成と報告業務等
② 資金管理に係わる業務
　・現金出納業務（入金，出金業務とその結果の現預金の残高管理）　・小切手，手形に関する業務
　・資金調達業務（銀行借入，社債の発行，増資等）
　・資金運用業務（金融資産への投資やM＆Aによる事業への投資）等
③ 管理会計に係わる業務
　・中，長期の経営計画に係わる業務　・原価管理業務及び利益管理業務
　・予算編成業務　・業績評価に関する業務等

　経理部門は，購買部門，製造部門そして営業部門のようなライン業務ではなく，総務部や人事部等と同様にスタッフ業務を行っており，他の部門と密接な連絡を取り合って，取引のチェックを行っている。例えば，製品販売が行われたときに，この取引は営業部で売上帳への記入が行われるだけではなく，経理部門でも納品書控や請求書控によって記帳が行われる。ある1つの取引が1つの部門あるいは1人の担当者によって処理されるのではなく，複数の部門，複数の担当者によって処理されれば，相互に情報の正確性や整合性をチェックすることができる。経理部門には他の部門から様々な経理情報が入ってくるため，内部統制の要としての役割をもっている。

# アカウンティング

第6版

現代会計入門

[編著]
笹倉淳史・水野一郎

[著]
太田浩司　木村麻子
乙政正太　宮本京子
齊野純子　岩崎拓也
岡　照二　堀　裕彦
北山弘樹　中嶌道靖
馬場英朗

同文舘出版

# 「第6版」へのはしがき

　「五訂版」の「はしがき」冒頭で「会計の時代」がやって来たと述べたが，「五訂版」以降も「会計の時代」はさらに広く深く進展している。日本を代表するメーカーであった東芝の粉飾事件や日産のゴーン問題など不正会計やガバナンスの劣化は，アカウンティング（会計）や会計監査の重要性や必要性をあらためて明らかにし，会計の社会的な役割期待も高まっている。会計の国際化も大きく進んでおり，日本取引所によれば2019年1月現在でわが国におけるIFRS適用企業は199社にまで拡大している。またこの数年国際的に急速に関心を集めているのがESGとSDGsであり，会計領域でもこれらを意識した統合報告書を公表する企業がわが国でも341社に達している（KPMG『日本企業の統合報告書に関する調査2017』）。

　「不易流行」という言葉は松尾芭蕉が提示した俳諧の理念であるが，「不易」とは時を越えた不変の真理あるいは変わらないものを指し，「流行」とは時代や環境の変化によって革新されていくものをあらわしている。アカウンティング（会計）にも「不易流行」があり，本書は会計学を初めて学ぶ人達を対象にしながらも，いわゆる「ハウツーもの」とは違って，会計学の基本的な理念と理論を押さえた上で（「不易」），時代や環境の変化によって革新されている会計の内容と品質を意識しつつ（「流行」），総合的に解説することを目的としている。本書の「第6版」でもこの姿勢と目的は変わっていない。

　今回の「第6版」では，第11章の「会計情報と税務」をご定年の竿田嗣夫先生に代わって堀裕彦先生に執筆していただいた。2000年に初版を刊行した本書が旧版と同様に好評をもって迎えられ，さらに多くの読者の支持が得られることを編著者・執筆者一同が願っているところである。

　なお最後にこれまでの改訂と同様，強力なご支援とご助力をいただいた同文舘出版株式会社取締役編集局長の市川良之氏には心より深くお礼申し上げる次第である。

2019年3月

編著者　笹　倉　淳　史
　　　　水　野　一　郎

## 「五訂版」へのはしがき

　「会計の時代」がやって来た。本書の書名であるアカウンティング（会計）やアカウンタビリティ（説明責任）が社会の中で違和感なく用いられるようになってきた。会計に関する著書は，新書や文庫にも拡大してきている。「会計がわからんで経営がわかるか」と喝破した著名な経営者の著書がベストセラーにもなってきた。

　「会計が世界のビジネスの言語」であるという認識も広がり，会計の国際化も大きく進んでいる。いろいろな議論を繰り返しながらも，2015年3月末現在でわが国おけるIFRS適用企業は75社にまで拡大している（金融庁『IFRS適用レポート』2015年4月）。また，この数年国際的に急速に関心を集めているのが財務と非財務内容を結びつけた統合報告書であり，わが国でも142社の企業が公表している（KPMG『日本企業の統合報告書に関する調査2014』2015年）。さらに中小企業の会計についても改めてその重要性が確認され，注目され，中小企業の会計に関する「指針」や「要領」も公表されてきた。これらに加えて「国や地方自治体」などの公的セクターにおいても複式簿記の導入が図られ，アカウンティングとアカウンタビリティの重要性が高まっていることも近年の会計動向の特徴としてあげられる。

　このような会計をめぐる環境の変化の中で，本書は「五訂版」を上梓することになった。本書は2000年に初版を刊行したが，その目的は会計学を初めて学ぶ人達を対象にしながらも，いわゆる「ハウツーもの」とは違って，会計学の最新の内容と品質を意識しつつ，アカウンティングを学ぶことの必要性・重要性を総合的に解説することにあった。本書の「五訂版」でもこの姿勢と目的は変わらず，さらに発展させることを企図している。

　「四訂版」以降，関西大学商学部に新しく齊野純子教授と馬場英朗准教授をお迎えし，齊野教授には第7章「会計情報の作り方①」を執筆していただき，馬場准教授には新しく第14章「会計情報と公共経営」を担当し，執筆していただくことになった。

　新装された本書が「会計の時代」に相応しいものとなったかどうかは読者の評

価に委ねられることになるが，本書が旧版と同様に多くの読者の支持を得られんことを編著者・執筆者一同が願っているところである。

　なお最後にこれまでの改訂と同様，強力なご支援とご助力をいただいた同文舘出版株式会社取締役編集局長の市川良之氏には，心より深くお礼申し上げる次第である。

　2015 年 8 月

編著者　笹　倉　淳　史<br>　　　　水　野　一　郎

# 「四訂版」へのはしがき

　本書は2000年に，簿記3級程度の知識を持ってはいるが会計学を初めて学ぶ人達に対して，会計学の学習範囲を紹介するとともに，会計学を学ぶことの必要性・重要性を説明することを目的として出版されたものである。4年前に会社法，会社計算規則，金融商品取引法といった会計に関連する法規が施行されたのを機に三訂版として大幅な改訂を行ったが，この四訂版はそれにもまして大きな改訂を行った。

　改訂の理由の第1番目は，三訂版以後もIFRSへのコンバージェンス（収斂）を背景として，会計基準の改正，新しい会計基準の公表が相次ぎ，ここに本書の内容を最新のものにする必要があったことである。

　また，この間，大学教育の面でも半期15週の講義が義務づけられ，これまでの10章立てではなく，1回（90分）に1章を講義するとの想定の下で章を増やすとともに，1つの章の質を落とさずにボリュウムをできるだけ少なくすることが求められていた。幸運なことに，この4年間に関西大学商学部の会計学専修の教員として新しく太田浩司准教授，木村麻子准教授，宮本京子准教授，岩崎拓也助教，岡照二助教の5名をお迎えして会計学専修の教員は11名となった。これに関西大学とご縁の深い竿田嗣夫教授（京都学園大学経営学部）のご協力を得て，本書を三訂版の10章から4章を増やして全14章にし，さらには各章の内容も見直して最新のものへと進化させた。

　近年の企業活動や投資活動のグローバル化，ならびにディスクロージャーの拡大・高度化に伴い，ますます会計学を学ぶことの必要性・重要性が高まっている。本書が，旧版と同様に多くの読者を得て，会計学への知的興味を掻き立てた人材の育成にいささかなりとも役立てば望外の幸せである。

　なお末筆ながら，本書の改訂にあたり，全面的なご支援・ご助力をいただいた同文舘出版株式会社取締役編集局長の市川良之氏に深甚なる謝意を表する次第である。

2011年8月

明　神　信　夫<br>
編著者　笹　倉　淳　史<br>
水　野　一　郎

# 「三訂版」へのはしがき

　会計学を初めて学ぶ人達を対象に本書を出版してはや7年になる。本書は，会計学の最新の内容を，会計情報の利用者アプローチにもとづいてできるだけ簡潔で平易に，しかも質を落とすことなく説明し，会計学への道しるべとして役に立つことを願って出版したものである。

　しかしこの間，我が国の会計制度はめざましい変貌を遂げてきた。このため2002年には改訂版を出したが，その後も新しい会社法と会社計算規則が施行され，さらには新しい会計基準も続々と公表されてきた。また，段階的に施行されてきた金融商品取引法は今年9月30日に全面施行されることになった。このため，本書全体を最新の内容にするために，ここに三訂版として大幅な改訂を行ったものである。

　また，本書は当初より，関西大学会計学研究室のメンバーで，初学者向けの科目「会計学概論」を担当する者が執筆することにしてきたが，このたびの関西大学会計専門職大学院の設置に伴い，数名の会計学教員が移籍することになり，学部教育を基本的には担当しなくなった。そのため，新しい学部教員として乙政正太教授と北山弘樹准教授を迎えて，今回，編者を初めとした執筆陣の大幅な変更を行うとともに，「会計情報と国際化」「会計と資格」をテーマとする章を新たに組み込んで，各章の内容を刷新させた。

　近年の企業活動の拡大・高度化に伴い，ますます会計学を学ぶことの必要性・重要性が高まっている。本書が，旧版と同様に多くの読者を得て，「事業の言語」としての会計に幅広く関心を持ち，その理論と技法を修得し，会計学への知的興味を掻き立てる人材を多く輩出することにいささかなりとも役立てば望外の幸せである。

　なお末筆ながら，本書の改訂にあたり，全面的なご支援・ご助力をいただいた同文舘出版株式会社の秋谷克美氏と高橋菜穂子氏に心より感謝の意を表する次第である。

2007年8月末日

編著者　明神信夫
　　　　笹倉淳史
　　　　水野一郎

# 「改訂版」はしがき

　会計の学習に志を持つ人々を対象に，会計情報の利用者アプローチに基づいて，会計情報の効用を平易に編集した初版を出版してから2年が経過した。

　その間，わが国の会計制度をめぐる事情は，著しい変貌を遂げ，今や，会計は経済のインフラとしての地位を揺るぎないものにしつつある。言うまでもなく，人々の経済行為に会計情報はなくてはならない存在となっているのである。この意味において，会計情報の利用者アプローチに基づいて展開している本書の意義は大きいといえる。

　初版が大変な好評を博したので，「改訂版」は基本的に初版のスタイルを継承し，改訂は規制変更に関連する部分のみに止めた。

　但し，執筆者に異動がある。本書は，関西大学会計学研究室メンバーが執筆している。最近2年の間に，須田一幸教授が転出し，中嶌道靖助教授と富田知嗣助教授が新たに加わったので，分担の変更・追加を次のように行った。

　　担当箇所の変更
　　　3章「会計情報の活かし方」：須田一幸 ⟶ 富田知嗣
　　章の追加
　　　9章「会計情報と環境」：中嶌道靖

　したがって，初版の最終章9章「会計学への誘い」が，1章繰り下がって10章になる。

　企業活動の拡大・高度化に伴い，会計学に関する知識の重要性が増す中で，会計学への道標を提示することを意図している本書が，読者諸賢の要望に応えうることを願うばかりである。

　最後に，改訂版の出版に際し，多大のご厚意とご配慮を賜った同文舘出版株式会社 社長　中島朝彦氏に感謝申し上げるとともに，長年変わらぬご支援を頂いている同社取締役マーケティング部長　秋谷克美氏ならびに校正をはじめ終始ご尽力いただいた同社取締役出版部長　市川良之氏に深甚なる謝意を表する次第である。

　2002年晩夏

編者　松　尾　聿　正

# はしがき

　会計は事業の言語と言われる。会計に関する知識は，今や，ビジネスに不可欠になっている。企業の活動に関係を持つ人々は，企業活動に関する会計情報を基に決断し，行動している。企業活動の多角化，国際化，複雑化，高度化とそれに伴う資本市場の国際化，多様化に呼応して，会計ビッグバンと称されるほど，会計基準の新設・改訂が近年相次いだ。今や，会計が企業経営の実態を動かしている，といっても過言ではない。このことは会計を知らずして，経済社会を正しく理解することはできないことを意味している。

　本書は，会計の学習に志を持つ人々に会計情報の効用を平易に語り掛けている。会計情報は投資家などの特定の人々にのみ役立つのではない。すべての人々は，大なり小なり，企業活動と関係を持っているから，会計情報は誰にとっても役立ちを有している。そこで，本書は，まず最初に，会計情報は誰のどのような目的に役立つのかを素描したのち，典型的な会計情報を提示して，その使い方，入手の仕方を説明し，会計情報の作成に対する読者の関心を高めてから作り方を説明するという会計情報の利用者アプローチを取り入れている。すなわち，本書の構成は次のようになっている。

　第1章では，企業活動に利害を持つ各種利害関係者の情報行動と会計情報との関係を「会計の役立ち」として概説している。

　第2章では，会計情報の外部利用者の視点から，会計情報の中で基本財務諸表を構成している貸借対照表，損益計算書，キャッシュ・フロー計算書について，それらの入手法，読み方，更には財務諸表上の数値，すなわち会計数値に基づく各種の指標の算出法を「会計情報の読み方」として説明している。

　第3章では，利害関係者の情報利用を概括的に説明した第1章を利用者の視点から更に掘り下げて「会計情報の活かし方」と題して検討を加えている。

　第4章では，ディスクロージャー問題を取り上げている。企業の情報作成者が自社の活動内容を各種利害関係者に開示，すなわちディスクローズするのにいくつかの方法を組み合わせている。本章では，ディスクロージャーの方法として，法令に基づく方法，証券取引所の開示規制による方法，更にはそうした強制開示

によるのではなく，会社が自主的に情報開示するインベスター・リレーションズ（IR）や近年急速に普及しつつある電子開示について，「会計情報の伝え方」として説明している。

会計情報の開示に際して重要なのが，開示される情報の品質である。第5章では「会計情報の信頼性」と題して，この問題を取り上げている。そこでは，まず品質の保証が何故必要なのかを説いたのち，会計情報の信頼性を保証するシステムとして法律によるシステムと社内に任意に設置されるシステムを説明し，信頼性を保証する主体と保証の仕方などが説明されている。

第6章では個別ベースの財務諸表作成方法が簿記手法をもとに丹念に展開されたのち，連結ベースの財務諸表作成方法が簡単な設例をもとに説明されている。

第2章から第6章までの説明は，会計情報の外部利用を想定している。ところが第1章で言及しているように，会計情報は作成者である経営者にとって自社の経営戦略を企画・立案するのに不可欠なのである。「会計情報の内部利用」と題した第7章が，この問題を取り扱っている。第7章では，経営者が経営意思決定に活用している情報のうち，製品原価に関する原価情報，収益・費用に関する損益情報，およびキャッシュ・フローに関する資金情報に焦点が当てられている。

企業経営にとって，税金の問題を回避することはできない。第8章では，企業経営に最も重要な影響を及ぼす法人税法を対象にして，企業会計との関係が「会計情報と税務」と題して取り上げられている。本章では，決算調整と申告調整，タックスヘイブン税制と移転価格税制，タックスプランニングと税効果会計，外形標準課税，連結納税制度などが説明されている。

終章第9章では，「会計学への誘い」と題して，会計情報の一連の流れに関する系統的理解を促すために，会計情報の流れとその概念図を先ず提示したのち，会計学の諸領域を企業活動の拡大と深化に関連づけて概説している。

企業活動の拡大・複雑高度化に対応して，会計学の領域が益々深化・発展し，会計学に関する知識が重みを増している。こうした状況の下で，本書は会計学への道しるべを提示することを意図している。むろん，会計学の学習に簿記を欠くことはできない。したがって，本書を簿記と平行して学習すれば，会計学に関する手掛かりがより一層得やすくなるであろう。

会計情報の利用者の視点に立った本書の企画は，執筆者全員による度重なる話し合いの成果である。多忙なスケジュールの合間を縫って，このミーティングに協力を頂いた執筆者各位に深い敬意を表する次第である。

本書の企画には，関西大学会計学スタッフ全員に加えて，大分大学の大倉雄次郎教授にも参画して頂いた。こうした企画は，関係諸機関の協力の下にはじめて成り立つ。この意味において，大分大学経済学部の先生方，並びに関西大学商学部の先生方に心からお礼を申し上げる。

　末筆ながら，本書の出版に際し，多大のご厚意とご配慮を賜った同文舘出版㈱社長の中島朝彦氏に感謝申し上げるとともに，長年変わらぬご支援を頂いた同社の秋谷克美氏ならびに製作で手を煩わした市川良之氏に深甚なる謝意を表する次第である。

　2000年春

編者　松　尾　聿　正

# 目　　次

はしがき

## 第 1 章　会計の役立ち ――――――――――――――――― 3

- 1-1　会計の意義 ……………………………………………………… 4
  - 1-1-1　会計の定義　4　　1-1-2　企業の経済活動　5
  - 1-1-3　測定と伝達　5
- 1-2　財務会計と管理会計 …………………………………………… 6
  - 1-2-1　財務会計　6　　1-2-2　管理会計　7
- 1-3　会計の役立ち …………………………………………………… 8
  - 1-3-1　利害調整機能　8　　1-3-2　情報提供機能　8
  - 1-3-3　中小企業の会計　9
  - 1-3-4　従業員，国や地方自治体，地域住民等と会計情報　9

## 第 2 章　会計情報の内容 ――――――――――――――――― 13

- 2-1　会計情報の入手方法 …………………………………………… 14
- 2-2　個別財務諸表と連結財務諸表 ………………………………… 15
- 2-3　貸借対照表 ……………………………………………………… 17
  - 2-3-1　貸借対照表の様式　17　　2-3-2　貸借対照表の基本原則　18
  - 2-3-3　資産・負債の分類基準　19　　2-3-4　貸借対照表の雛形　20
- 2-4　損益計算書 ……………………………………………………… 22
  - 2-4-1　損益計算書の様式　22　　2-4-2　損益計算書の基本原則　23
  - 2-4-3　損益計算書の区分　23　　2-4-4　損益計算書の雛形　24
- 2-5　株主資本等変動計算書 ………………………………………… 26
  - 2-5-1　株主資本等変動計算書の雛形　26
- 2-6　キャッシュ・フロー計算書 …………………………………… 27
  - 2-6-1　資金の範囲　27
  - 2-6-2　キャッシュ・フロー計算書のしくみ　27

　　　　2-6-3　営業活動によるキャッシュ・フロー　28
　　　　2-6-4　投資活動によるキャッシュ・フロー　28
　　　　2-6-5　財務活動によるキャッシュ・フロー　29
　　　　2-6-6　キャッシュ・フロー計算書の雛形　29
　　2-7　財務諸表の相互関係……………………………………………31

## 第3章　会計情報の開示 ― 33

　　3-1　ディスクロージャー……………………………………………34
　　　　3-1-1　ディスクロージャーとは　34　　3-1-2　会計情報の特質　35
　　3-2　金融商品取引法上のディスクロージャー……………………36
　　　　3-2-1　金融商品取引法の目的　36　　3-2-2　投資者保護の意義　36
　　3-3　発行市場と流通市場……………………………………………37
　　　　3-3-1　発行市場における開示　37　　3-3-2　流通市場における開示　38
　　　　3-3-3　制度の担保　40
　　3-4　会社法上のディスクロージャー………………………………40
　　　　3-4-1　会社法の会計目的　40　　3-4-2　直接開示　40
　　　　3-4-3　間接開示　41　　3-4-4　公　　告　42
　　3-5　タイムリー・ディスクロージャー……………………………42
　　　　3-5-1　適時開示の要請　42　　3-5-2　適時開示の現状　42
　　3-6　ディスクロージャーの展開……………………………………43
　　　　3-6-1　わが国の電子開示システム　43

## 第4章　会計情報の読み方① ― 45
　　　　　―経営分析の概要と収益性分析―

　　4-1　会計情報の分析…………………………………………………46
　　　　4-1-1　財務諸表分析の意義　46　　4-1-2　分析の目的　47
　　　　4-1-3　分析の方法　47
　　4-2　収益性分析………………………………………………………49
　　　　4-2-1　投下資本利益率　49　　4-2-2　投資利益率の分解　51

## 第5章　会計情報の読み方②　　　　　　　　　　　　　55
　　　　　　―企業の健康状態と成長―

- 5-1　会社の安全性……………………………………………56
  - 5-1-1　会社の財務構造　56　　5-1-2　安全性の指標　58
- 5-2　成長性分析……………………………………………61
  - 5-2-1　過去のデータによる分析　61　　5-2-2　売上高と利益の推移　61
- 5-3　株式投資分析……………………………………………64

## 第6章　会計情報の信頼性　　　　　　　　　　　　　　　67

- 6-1　会計情報と監査の必要性………………………………68
- 6-2　わが国の監査制度………………………………………69
  - 6-2-1　金融商品取引法に基づく監査制度　69
  - 6-2-2　会社法に基づく監査制度　70
- 6-3　監査の方法と監査結果…………………………………73
  - 6-3-1　監査の方法　73　　6-3-2　監査の結果　73
- 6-4　内部統制…………………………………………………76

## 第7章　会計情報の作り方①　　　　　　　　　　　　　79

- 7-1　取引の記帳方法（その1）……………………………80
  　　　―日常の記帳手続―
  - 7-1-1　記帳手続　80　　7-1-2　日常の記帳手続　80
- 7-2　取引の記帳方法（その2）……………………………83
  　　　―決算手続―
  - 7-2-1　試算表の作成　83　　7-2-2　決算整理　83
  - 7-2-3　財務諸表　84　　7-2-4　精算表　85
- 7-3　会計のルール……………………………………………85
  - 7-3-1　制度会計　85　　7-3-2　一般に認められた会計原則　86
  - 7-3-3　企業会計原則　86　　7-3-4　企業会計基準　87
  - 7-3-5　中小企業の会計基準　88
- 7-4　損益計算書作成に関する基本ルール…………………88
  - 7-4-1　発生原則　89　　7-4-2　実現原則　89
  - 7-4-3　対応原則　91

7-5　貸借対照表作成に関する基本ルール……………………………………91
　　　7-5-1　資産の内容　92　　7-5-2　貨幣性資産の貸借対照表価額　92
　　　7-5-3　費用性資産の貸借対照表価額　93

# 第8章　会計情報の作り方②　　　　　　　　　　　　　　　95
　　　　　―連結財務諸表―
　　8-1　連結財務諸表の作成ルール……………………………………………96
　　　　8-1-1　連結財務諸表とは　96　　8-1-2　連結の範囲　96
　　　　8-1-3　持分法の適用　97
　　8-2　連結貸借対照表の作成…………………………………………………99
　　　　8-2-1　投資と資本の相殺消去　99　　8-2-2　非支配株主持分　100
　　　　8-2-3　のれん　100
　　8-3　連結損益計算書の作成…………………………………………………101
　　　　8-3-1　連結会社相互間の取引高の相殺消去　101
　　　　8-3-2　未実現損益の消去　101　　8-3-3　非支配株主利益　102
　　8-4　持分法による投資利益…………………………………………………103
　　8-5　連結キャッシュ・フロー計算書の作成………………………………104
　　　　8-5-1　資金の範囲　104　　8-5-2　表示区分　104
　　　　8-5-3　直接法と間接法　104

# 第9章　会計情報と原価管理　　　　　　　　　　　　　　　107
　　9-1　原価計算制度と特殊原価調査…………………………………………108
　　　　9-1-1　原価計算制度　108　　9-1-2　特殊原価調査　109
　　9-2　原価の分類………………………………………………………………110
　　　　9-2-1　原価の定義　110　　9-2-2　原価の分類　110
　　9-3　個別原価計算……………………………………………………………112
　　　　9-3-1　個別原価計算の計算方法　112
　　　　9-3-2　仕損の計算と処理　113
　　9-4　総合原価計算……………………………………………………………114
　　　　9-4-1　総合原価計算の計算方法　114
　　　　9-4-2　総合原価計算における原価配分方法　115
　　9-5　標準原価計算……………………………………………………………116

9-5-1　標準原価計算の計算方法　116
　　　9-5-2　標準原価計算における差異分析　116
　9-6　ABCと原価企画 ……………………………………………… 118
　　　9-6-1　製造間接費配賦計算の今日的問題点　118
　　　9-6-2　ABC　118　　9-6-3　原価企画　119

## 第10章　会計情報と利益管理 ──────────── 121

　10-1　直接原価計算と貢献利益 ……………………………………… 122
　　　10-1-1　変動費と固定費　122
　　　10-1-2　直接原価計算と全部原価計算　123
　10-2　損益分岐点分析と利益図表 …………………………………… 124
　　　10-2-1　損益分岐点図表　124　　10-2-2　限界利益図表　125
　10-3　目標利益と利益計画 …………………………………………… 126
　　　10-3-1　利益計画のプロセス　126
　　　10-3-2　短期利益計画の計算構造　127
　10-4　予算編成とそのプロセス ……………………………………… 128
　　　10-4-1　企業予算の意義と種類　128　　10-4-2　予算編成の手順　129
　10-5　貨幣の時間価値と現在価値 …………………………………… 130
　　　10-5-1　終価と現価　130　　10-5-2　現価係数表　131
　10-6　設備投資の採算計算 …………………………………………… 132
　　　10-6-1　採算計算方法の意義と種類　132　　10-6-2　採算計算方法の例示　133
　10-7　バランスト・スコアカード（BSC）と業績評価 ……………… 134
　10-8　分権化と事業部制会計 ………………………………………… 135

## 第11章　会計情報と税務 ──────────────── 137

　11-1　租税制度の概要 ………………………………………………… 138
　　　11-1-1　租税と法体系　138　　11-1-2　租税の分類　138
　　　11-1-3　税収構成比の推移　139
　11-2　税務会計の意義 ………………………………………………… 140
　　　11-2-1　税務会計の位置付け　140　　11-2-2　税務会計の領域　140
　　　11-2-3　確定決算主義の根拠と沿革　142
　11-3　法人税の課税要件 ……………………………………………… 143

11-3-1 納税義務者　143　　11-3-2 課税物件　143

11-3-3 課税標準　143　　11-3-4 税　　率　144

11-3-5 課税物件の帰属　144

### 11-4 課税所得の計算と法人税法 ……………………………………………………… 144

11-4-1 法人税法の所得金額　144　　11-4-2 別段の定めと税務調整　145

11-4-3 決算調整事項と申告調整事項　145

11-4-4 所得金額の算定方法　146　　11-4-5 法人税の申告と納付　147

## 第12章　会計情報と国際化 ──────────────── 151

### 12-1 企業活動の国際性 ………………………………………………………………… 152

12-1-1 トヨタ自動車の国際性　152　　12-1-2 為替感応度　153

12-1-3 外貨の売買　154　　12-1-4 為替相場と決済　155

12-1-5 輸出入と為替　156

### 12-2 外貨換算会計 ……………………………………………………………………… 157

12-2-1 一取引基準　157　　12-2-2 二取引基準　158

12-2-3 外貨建買掛金の評価　159　　12-2-4 在外支店の財務諸表　160

12-2-5 在外子会社の財務諸表　161

### 12-3 会計基準の国際的調和化 ………………………………………………………… 162

12-3-1 IASBによるIFRS　162　　12-3-2 IFRSの組織と歴史　163

12-3-3 我が国会計基準の国際化　164　　12-3-4 IFRSの任意適用　165

## 第13章　会計情報と環境 ──────────────── 167

### 13-1 企業と環境問題 …………………………………………………………………… 168

### 13-2 環境経営 …………………………………………………………………………… 170

### 13-3 環境情報の開示と環境会計 ……………………………………………………… 172

### 13-4 環境省の環境会計ガイドライン ………………………………………………… 172

13-4-1 環境会計の機能　173　　13-4-2 環境会計の構成要素　173

### 13-5 環境管理会計ツール開発と発展 ………………………………………………… 175

13-5-1 マテリアルフローコスト会計（MFCA）　175

13-5-2 ライフサイクルコスティング（LCC）　176

### 13-6 財務会計情報における環境負債 ………………………………………………… 178

### 13-7 環境マネジメントと会計情報 …………………………………………………… 178

## 第14章　会計情報と公共経営 ——— **181**

### 14-1　国や地方自治体の会計 ……………………………………… 182
14-1-1　公的セクターの役割　182　　14-1-2　公会計の特徴　182
14-1-3　予算の仕組み　183　　14-1-4　公会計の範囲　184

### 14-2　公会計改革の動向 ……………………………………………… 185
14-2-1　国の公会計制度　185　　14-2-2　新地方公会計制度　187

### 14-3　統一的な基準による地方自治体の財務書類 ………………… 187
14-3-1　貸借対照表　187　　14-3-2　行政コスト計算書　188
14-3-3　純資産変動計算書　189　　14-3-4　資金収支計算書　189

### 14-4　財政健全化への取り組み ……………………………………… 192
14-4-1　財政健全化法　192　　14-4-2　基礎的財政収支　192


## 第15章　会計と資格 ——— **195**

### 15-1　会計と職業・資格 ……………………………………………… 196
15-1-1　公認会計士とは　197　　15-1-2　税理士とは　198
15-1-3　国税専門官とは　199　　15-1-4　不動産鑑定士とは　199
15-1-5　中小企業診断士とは　199

### 15-2　会計と各種の検定試験 ………………………………………… 200
15-2-1　日本商工会議所主催簿記検定　200
15-2-2　ビジネス会計検定試験　200
15-2-3　BATIC（国際会計検定）　201　　15-2-4　その他の検定　201

推薦図書 ——— 203
索　　引 ——— 211

# アカウンティング
## ──現代会計入門──
[第6版]

# 第1章

# 会計の役立ち

　会計は，いかなる組織においても必要とされている。家の近くにあるコンビニであろうと，各国に支店や子会社を持ち世界的規模で活動している会社も会計は必要である。家庭でつけられている家計簿も会計である。また，会計の知識は会社の経理部に所属する人だけが必要とするものでない。経営者はもちろんのこと，起業しようと考えている人，株式や社債を購入した人，購入しようと考えている人，他社と取引をしている人，取引をしようとしている人，さらには，就職活動をする学生にとっても会計の知識を持つことはとても重要である。

　本章では，本書のプロローグとして，会計を一言で表現すればどのように言えるのか，その会計の内容はどのように分類され，分類されたそれぞれはどのような内容を持っているのか，そして会計にはどのような役割や役立ちがあるのかについて述べることによって，第2章から第15章までの橋渡し役となっている。

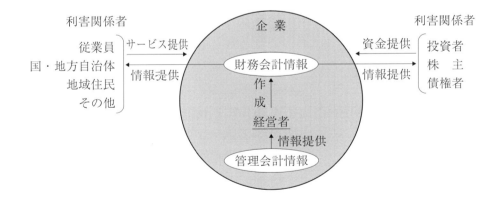

## 1-1 会計の意義

### 1-1-1 会計の定義

経済主体と会計

家　　計
企業会計
公　会　計
社会会計

会計（Accounting）とは，ある経済主体の経済活動について貨幣単位などを用いて測定し，その結果をその情報の利用者に伝達するシステムである。

ここでいう**経済主体**とは家庭，企業，国・地方自治体などのことを指しているが，これら経済主体が行う会計を分類するならば，家庭を対象とする会計のことを**家計**，営利を目的とする企業を対象とする会計のことを**企業会計**，そして国・地方自治の行政機関等を対象とする営利を目的としない組織の会計のことを**公会計**と称している。また，特に，国全体の経済活動を対象とする会計は**社会会計**と呼ばれている。

**図表 1-1　経済主体と会計**

経済主体 ⎰ 家庭 ──→ 家計
　　　　 ⎨ 企業 ──→ 企業会計
　　　　 ⎱ 国・地方自治体 ──→ 公会計

＊なお，独立行政法人，公益法人，NPO法人，社会福祉法人，医療法人，宗教法人，学校法人のような非営利組織の会計について，広義の公会計に含まれるとされる。

本書では，主に，企業会計及び公会計を取り上げることにする。また，企業会計については，特にことわりのないかぎり，株式会社を想定して説明している。

---

**補論：accounting, account for, accountability**
　なお，この Accounting という語は，古い時代のフランス語に語源があり，計算あるいは計算書，口座の意味を持っている。account for には（理由を）説明する，責任を取るという意味があり，また最近ではアカウンタビリティ（accountability）という言葉がよく利用されるが，これには会計責任，説明責任の意味がある。

**補論：企業の種類**

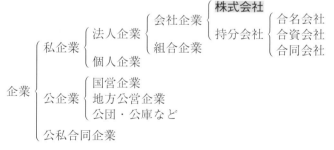

　企業ならびに会社という用語は，一般的に区別せずに用いられることが多いが，上に示しているように会社とは，株式会社と持分会社のことを指している。また，企業の概念は会社よりも広く，私企業，公企業，公私合同企業を含むものである。本書では，一般的に用いられているように企業と会社を区別せずに使っている。なお，国税庁の「会社標本調査結果―税務統計から見た法人企業の実態平成28年度―」によれば，株式会社約251万社（以下同様），合名会社4千社，合資会社1万74社，合同会社6万6千社存在する。

企業は，利益獲得を目指して，さまざまな経済活動を営んでいる。たとえば，製造業の場合は，企業主（株主）からの出資や金融機関からの借入によって調達した資金（**資金調達活動**）を，建物，機械，備品等の購入や材料の仕入，労働力の調達による給料・賃金の支払い，さらには電力・ガス・水道等の経費の支払いのために投下する（**購買活動**）。次いで，これらの財やサービスを費消して製品やサービスを作り出し（**製造活動**），その製品やサービスを外部に販売する（**販売活動**）ことによって，再び資金を受け取るという経済活動を営んでいる。

一方，商品売買業を営む企業の場合には，製造活動以外の，資金調達活動，購買活動，そして販売活動を営んでいる。

1-1-2 企業の経済活動

資金調達活動

購買活動

製造活動
販売活動

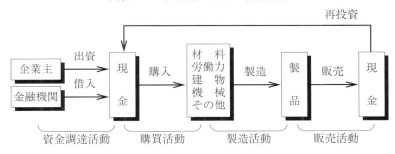

図表1-2 製造業の主たる経済活動

また企業は，これらの経済活動に加えて，激しい競争から生き残るために必要な**研究開発活動**などにも多額の資金を投入しているし，株式や社債等の有価証券を購入するためにも資金を投入している。

研究開発活動

企業は，このような経済活動を通して利益の獲得を目指しているが，これらの経済活動は，**貨幣単位**（後述する管理会計分野では物量単位などを用いる場合がある）を用いて測定され，それを帳簿に記録し，計算，整理して財政状態および経営成績を把握し，それを会計報告書（財務会計分野では**財務諸表**とよばれる書類であり，貸借対照表，損益計算書などを中心とする会計情報が記載されている報告書である）にまとめて，**情報の利用者**に報告しているのである。情報の利用者は，その情報を用いて，企業に関する種々の判断に利用している。情報の利用者は，経営者，投資者，株主，債権者，従業員，国や地方自治体（税務当局），地域住民などであり，これらを企業の**利害関係者（ステークホルダー）**という。

1-1-3 測定と伝達

貨幣単位

財務諸表

情報の利用者

利害関係者
（ステークホルダー）

## 1-2 財務会計と管理会計

企業会計を体系づける場合に，その報告対象にかかわらせて財務会計と管理会計に分けることが広く行われている。

$$
企業会計 \begin{cases} 財務会計（外部報告会計） \\ 管理会計（内部報告会計） \end{cases}
$$

### 1-2-1 財務会計

**財務会計**は，投資者，株主，債権者など企業外部の利害関係者に対して，企業の経済活動を貸借対照表や損益計算書などを中心とする財務諸表（会計情報）を用いて報告することを目的とする会計であり，**外部報告会計**といわれている。株式会社の場合，株主総会で選任された取締役は，株主の代理人として株主から委託された財産を誠実に管理するとともにそれを効率的に運用する責任（これを**受託責任**という）を負っているから，受託者たる取締役は，委託者たる株主に対してその資本の管理・運用の成果を説明・報告する義務も負うことになる。この義務をアカウンタビリティ（accountability）といい，**会計責任**あるいは説明責任と訳されている。そしてこの株主への説明・報告のために作成されるのが財務諸表である。株主や債権者等は企業外部の利害関係者であるから，この利害関係者に企業の経済活動の実態を適切に説明・報告するためには，その財務諸表を，明瞭で，期間比較や企業間比較ができるように作成し報告しなければならない。このために，会計を規制するさまざまなルール（これを**会計基準**という）が存在し，このルールに基づいて財務諸表を作成・報告しなければならないものとなっている。会計ルールには「会社法や会社計算規則」，財務省の諮問機関である企業会計審議会による「企業会計原則や各種の基準，意見書」，企業会計基準委員会が作成する「企業会計基準」などである。また，証券取引所に上場している大企業の場合には，利害関係者の数も相当な数に上り，これらの企業がもたらす種々の影響は社会的にも経済的にも多大なものである。このため，これらの企業の場合にはさらに金融商品取引法によってより一層詳細な会計情報を開示することが制度化されている。この上場企業の開示様式を定めたものとして「財務諸表等規則」などがあり，制度化された報告書として**有価証券報告書**がある。

このように財務会計の特徴は，会計計算および報告に関して主として法的に制度化されているものであるといえよう。（会計情報の内容やその開示については第2及び3章，会計情報の作り方は第7及び8章で詳述している。また今日，企業活動はグローバル化しているが第12章では企

業の国際的活動に伴って生じる会計問題について詳述している）。

　また，この財務諸表は経営者側が作成するものであるから，ともすれば経営者にとって都合が良いように会計数値を歪め（これを**粉飾**という），外部の利害関係者に誤った情報を与えることもある。とくに近年，日本で発生したカネボウ，日興コーディアル，オリンパスの粉飾事件は社会的にも大きな影響を与えた。これを防ぐために企業から独立した第三者（監査法人または公認会計士）が財務諸表を**監査**して財務諸表の信頼性に保証を与える制度が設けられている（監査については第6章で，公認会計士等の業務や資格取得方法については第15章で詳述している）。

　**公認会計士**は，英語で Certified Public Accountant と表記されるのであり，単なる会計士（Accountant）ではなく公共会計士（Public Accountant）であり，社会的に高い倫理観と役割が期待されているのである。

　一方，**管理会計**は，財務会計をめぐる社会的制約から一応は離れて，企業の各層の内部管理者がその意思決定と統制の必要に応じて経営計画を立て，実績を達成目標にむけて統制するのに役立つ情報を経営管理者に提供することを目的とする会計であり，**内部報告会計**ともいわれる。管理会計は，業績管理会計と意思決定会計に区分される。

　**業績管理会計**とは，たとえば，原価と生産・販売量およびそれらの結果としての利益の関係をもとにして目標利益を達成するために設定される**短期利益計画**，利益目標の設定に始まって，販売予測，予算編成方針の設定，予算の執行，業績評価等といった手順で執行される**予算管理**，一定の品質・規格を保持した製品の生産を前提として，製品製造原価の発生を一定の範囲内に抑制する**原価管理**，製品別の目標利益を達成するために，製品の開発，設計等の段階から目標原価を設定し，原価の低減と管理を進めていく**原価企画**などが含まれる。

　また**意思決定会計**には，設備投資の経済計算のように，いくつかの代替案を比較考量したうえで最大の利益をもたらす案の採用に伴う原価を臨時的に調査する**特殊原価調査**などが含まれる。

　また，管理会計のなかに財務諸表分析（経営分析ともいう）を含めることも多い。**財務諸表分析**では，企業の利害関係者（経営者，投資者など）が合理的な経済的意思決定を行うために，財務諸表を分析し，比較し，解釈することによって，自社の強みと弱み，特徴，問題

---

粉　　飾

監　　査

公認会計士

1-2-2　管理会計

内部報告会計

業績管理会計

短期利益計画
予算管理

原価管理

原価企画
意思決定会計

特殊原価調査

財務諸表分析

点を発見することができるのである（管理会計については第9及び10章，財務諸表分析については第4及び5章で詳述している）。

## 1-3 会計の役立ち

### 1-3-1 利害調整機能

株式会社では，経営者，株主，債権者の利害が複雑に絡み合っており，会計はそれらの**利害調整機能**を果たしている。

**経営者と株主の利害対立**

前述したように，株式会社の場合，受託責任を負っている。しかし，経営者は，その責任を果たすにあたって常に株主に有利なように行動するとは限らない。たとえば，会社の業績が好調で多額の利益が生じたときに，経営者はその利益の多くを会社に内部留保して会社を大きくし，自己の業績評価を有利にすることを望むかもしれないし，多額の報酬を望むかもしれない。他方，株主はできるだけ多くの配当金を得ることを望むかもしれない。このように株主と経営者の間には利害対立が生じることがあるが，会計情報はこの利害対立を調整するのに不可欠な役割を果たすのである。

**株主と債権者の利害対立**

また，このような利害の対立は会社に資金を提供する株主と債権者の間にも存在する。株式会社では，株式が原則として自由に譲渡できることと株主の**有限責任**とが株式会社の主要な特徴となっている。株主の有限責任とは，株主の責任は自分の所有する株式の引受価額を限度とするだけであり，個人企業の企業主のように私財をもってしても債務を返済しなければならない（これを「無限責任」という）というわけではない。したがって株主はこの有限責任制度によって一定の保護がなされているが，他方，会社に資金の貸付け等を行っている銀行等の債権者はその債権の回収をその会社の資産からのみ可能であるから，会社倒産時には元金が回収できないという危険も存在する。このように，会社の資産をめぐって株主と債権者の間には利害が対立するのである。そこで会社法は，債権者を保護するために，会社の資産が不当に流出しないように株主への配当金の額を制限する規定を設けることによって利害の調整を行っている。この会社法に基づく利害の調整を行うにあたって，会計情報は不可欠なものとなっており，利害調整機能は，**成果配分支援機能**ともよばれる。

**成果配分支援機能**

### 1-3-2 情報提供機能

**意思決定支援機能**

更に会計の役立ちとして利害調整機能のほかに，**情報提供機能**がある。会計の情報提供機能とは**意思決定支援機能**ともいわれ，証券投資を行おうとする投資者等に対して投資意思決定に役立つデータを提供することである。たとえば，ある会社の株式を購入しようと検討して

いる潜在株主や，社債を購入しようと検討している潜在債権者(これらの潜在株主や債権者を一般的に投資者という)，会社から融資の申込を受けた金融機関等は，投資等に関する意思決定や与信決定の際に当該会社の財務内容に関する良否をもとに会社の現在および将来を判断することになるから当該会社の会計情報の利用は不可欠である。

投資者

### 1-3-3 中小企業の会計

中小企業白書（2015 年版）によれば，大企業が 1.1 万社，従業員 1,397 万人に対して中小企業は 385.3 万社，従業員 3,217 万人（そのうち小規模事業者 334.3 万社，従業員 1,192 万人）であり，圧倒的に中小企業が多いのである。こうした中小企業の会計が重要な課題として認識され，2005 年 8 月に日本公認会計士協会・日本税理士会連合会・日本商工会議所・企業会計基準委員会の 4 団体から「中小企業の会計に関する指針」が公表された。しかしこの「指針」は日本の公開企業などの大企業向けの会計基準を簡素化し，要約したものであったため，現実の多数の中小企業の実態に適合したものではなかった。そのため中小企業庁・金融庁などを中心に中小企業の特徴と実態（所有と経営の未分離，課税所得計算と金融機関向け会計情報が中心など）に即した会計基準として 2012 年 2 月に「中小企業の会計に関する基本要領」が公表され，現在その普及活動が展開されている。

中小企業の会計に関する指針

中小企業の会計に関する基本要領

### 1-3-4 従業員,国や地方自治体，地域住民等と会計情報

これら以外に従業員，国や地方自治体（税務当局），地域住民なども会計情報を利用している。

たとえば，従業員の給料や賞与は，経営者と労働組合との労使間交渉によって決定されるが，この交渉の際には会計情報に基づく自社の経営状況の分析が重要な役割を演じる。

従業員

また，会社は，法人税，事業税，住民税などの税金を国や地方自治体に納めなければならない。法人税は国税であって税務署に申告納付することになるが，事業税や住民税は地方自治体に申告納付する。この場合，たとえば法人税の額は，法人の所得（課税所得）に一定の税率を乗じて算定される。この課税所得は，日本では株主総会で確定した当期純利益の額を基礎としてこれに法人税法の「別段の定め」による調整項目を加減することによって算定している。これを確定決算主義という。したがって，法人税の計算は会計数値が基本になっており，利用されているのである。税務当局（税務署，地方自治体の税務

国や地方自治体

法人税

確定決算主義

税務当局

課等）は，税法の目的である課税の公平，財政収入の確保のため，各会社からの税務相談や各会社への指導・調査，徴収等の業務を行っているが，それゆえ，とうぜん税法についてはもちろん，企業会計にも精通していなければならない（会計情報と税務については第11章で詳述している）。

**年次経済財政報告**

また，日本の経済の動きを分析し，今後の政策の指針を示唆するために，内閣府は『**年次経済財政報告**』を発行している。この報告書の中では，企業の活動に関する分析も行われているが，これらの分析に使用されるデータは，個々の企業が作成・報告している財務諸表に基づいて作成されたものである。したがって，財務諸表は国の政策のための資料としても役立っている。

**地域住民**

「企業城下町」ということばがある。住んでいる町に大会社があれば，雇用の機会が与えられ，税収も確保され，さらには人口も増え，商店街なども栄える。一方，企業の業績が悪化し，その町から撤退すれば，雇用が減り，税収が減り，商店街が寂れていく。したがって，企業の業績の良し悪しは，株主，債権者，経営者，従業員に影響が及ぶだけでなく，その地域の住民の生活にも影響が及ぶことがある。また，地域住民に影響が及ぶのは企業の業績によるものだけではない。かつての水俣病やイタイイタイ病，近年の石綿（アスベスト）問題，原子力発電所問題にみられるように，企業が地域住民に健康被害をもたらす場合がある。さらに近年の**地球環境問題**では，特定の企業だけでなく，すべての企業や一般市民が加害者であり，かつ被害者となりうるという状況が生じてきている。企業が地域住民の健康被害や環境保全活動にどのように取り組み，どれだけの資金を投下しているのか，どのような成果をあげたのか等々を会計情報に，あるいは環境報告書に記載し公表している企業が増えている。地域住民はこれらの情報に基づいて企業の社会的貢献度を評価することができる（会計情報と環境問題については第13章で詳述している）。

**地球環境問題**

**統合報告書**

近年，財務情報と非財務情報から構成される報告書である**統合報告書**（Integrated Report）を作成する企業が増加している（2014年10月末で134社）。前述した株主・投資家・取引先などのステイクホルダーに対して，企業の経営実態や持続的な成長への取り組み，中長期的な価値創造などを開示するもので，中長期の経営戦略，環境・社会

貢献への取り組み，企業統治（ガバナンス）の仕組み，財務諸表による業績の分析などがその柱となっている。従来，独立して公表されていた財務と非財務情報を関連づけ，長期的な企業価値向上に向けた取り組みを一覧できるように工夫がなされている。同報告書の普及を主導する国際統合報告評議会（IIRC：International Integrated Reporting Council）によってその作成のガイドラインが公表されている。

また学生も会計情報に大いに関心を持ってもらいたい。とくに就職活動を控えた3年次生，就職活動中の4年次生は，企業作成の就職活動中の学生向けパンフレットにのみ目を通すのではなく，企業のホームページにある投資家向情報（決算書，IR情報），環境報告書，また金融庁のEDINETに載っている有価証券報告書もぜひ閲覧してほしい。これらの報告書は，企業情報の宝庫だからである。

学　　　生

図表1-3　パナソニックの投資家向け情報と環境情報の入口

注：◯で示した箇所が，IR情報（投資家向情報）と環境情報の入口である。
出所：https://www.panasonic.com/jp/corporate/ir.html，2018年12月27日。

## 【問　題】

1. 次の文章中の括弧を適当なことばで埋めなさい。

   ① 会計とは，ある特定の（　A　）が行う経済活動を，貨幣単位などをもちいて（　B　）し，その結果を情報の利用者に（　C　）するシステムである。

   ② 企業はさまざまな経済活動を営んでいる。たとえば，企業主からの出資や金融機関からの借入によって調達した資金（これを（　D　）活動という）を，建物，備品等の購入や商品の仕入，労働力の調達にともなう給料の支払いなどのために投下する（これを（　E　）活動という）。次いで，その商品を外部に売る（これを（　F　）活動という）ことによって，再び資金を受け取るという経済活動を営んでいる。

   ③ （　G　）会計は，投資者，株主，債権者などの利害関係者に対して，企業の経済活動を財務諸表によって報告することを目的とする会計であり，（　H　）報告会計といわれている。一方，（　I　）会計は，企業の各層の内部管理者がその意思決定と統制の必要に応じて経営計画を立て，実績を達成目標にむけて統制するのに役立つ情報を経営管理者に提供することを目的とする会計であり，（　J　）報告会計ともいわれる。

2. 次の文章中の括弧の中から適当な記号を選びなさい。

   ① 株式会社の場合，取締役は，株主から委託された財産を誠実に管理するとともにそれを効率的に運用する責任を負っている。これを（ア．受託責任，イ．会計責任，ウ．管理責任）という。

   ② 取締役は，株主に対してその資本の管理・運用の成果を説明・報告する義務がある。これを（ア．受託責任，イ．会計責任，ウ．管理責任）という。

   ③ 財務諸表は経営者側が作成するものであるから，ともすれば経営者が自己に都合良く会計数値を歪めて外部の利害関係者に誤った情報を与える可能性がある。これを防ぐために企業から独立した第3者である（ア．監査法人または公認会計士，イ．税理士，ウ．監査役）が財務諸表を監査して財務諸表の信頼性について保証を与える制度が設けられている。

## 【参考文献】

伊藤邦雄〔2018〕『新・現代会計入門（第3版）』日本経済新聞出版社。
桜井久勝〔2019〕『財務会計講義（第20版）』中央経済社。
桜井久勝・須田一幸〔2018〕『財務会計・入門（第12版）』有斐閣。
醍醐　聰〔2008〕『会計学講義』東京大学出版会。

# 第2章

# 会計情報の内容

　本章では，前章で学んだ会計情報の役立ち，すなわち，会計情報を誰がどのように利用しているのかを受け，最初に，会計情報を入手するための方法について取り上げる。そして次に，入手した会計情報がどのような意味を持っているのか　すなわち，会計情報を伝達する媒体である財務諸表の内容について検討する。

　財務諸表には多くの計算書類が含まれているが，その中でも，基本財務諸表と呼ばれる，貸借対照表，損益計算書，株主資本等変動計算書，キャッシュ・フロー計算書の4つの計算書はとりわけ重要である。本章の目的は，これら4つの基本財務諸表の概要について学ぶとともに，これらの基本財務諸表の相互関係について理解することである。この財務諸表間のつながりを理解することは，会計全体のアウトラインを把握するのに大変役に立つので，その点に留意しながら本章を読んでいただきたい。

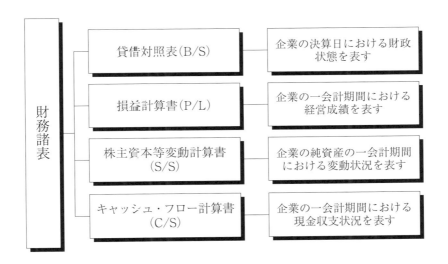

## 2-1 会計情報の入手方法

前章で述べたように，組織はその支配する財・サービスと貨幣の状況に影響を及ぼす経済事象を貨幣単位によって表現するが，このような情報を会計情報という。

この会計情報はその利用者に伝達されるが，その全てが伝達されるわけではなく，一般に**財務諸表**（Financial Statement：F/S）と呼ばれる要約された計算書によって伝達される。これには，一定時点の財政状態を示す**貸借対照表**（Balance Sheet：B/S），一定期間の経営成績を示す**損益計算書**（Profit and Loss Statement：P/L あるいは Income Statement：I/S），一定期間における純資産の変動を示す**株主資本等変動計算書**（Statement of Shareholders' Equity：S/S），一定期間の資金の流れを示す**キャッシュ・フロー計算書**（Cash Flow Statement：C/S）等の計算書がある。

会社は会社法の規定に従って毎決算期に計算書類（財務諸表）を作成し，株主総会でその承認を受けなければならない。また，株主および債権者の閲覧に供さなければならず，貸借対照表またはその要旨を官報，新聞，電子公告などの方法で**公告**することになっている（会社法第440条）。さらに，証券取引所に上場している会社は，会社法の規定に加えて，金融商品取引法の規定によって，非常に詳細な「**有価証券報告書**」を決算期毎に作成することを義務づけられている（会社法および金融商品取引法の開示制度の詳細については，第3章を参照）。

この「有価証券報告書」は財務省や証券取引所の閲覧室で見ることが可能で，企業毎に「有価証券報告書総覧」として政府刊行物サービスセンターや官報販売所で入手可能である。また，『会社四季報』や『日経会社情報』（いずれも季刊）には，証券取引所に上場している会社等約3,700社の業績，財務指標，株価の変動，大株主等が掲載されている。また，巻末には各種指標のランキングや株主優待に関する情報などがコンパクトにまとめられている。

さらに最近では，ほとんどの企業が自社のホーム・ページで会計情報を公開しており，ここから有価証券報告書を初めとする数多くの会計情報が入手可能である。

## 2-2 個別財務諸表と連結財務諸表

会社は法的には別個の法人格を持つために，それぞれ独立した存在と考えられ，個々の会社を単位とした**個別財務諸表**が作成される。しかし，今日の会社は，それぞれ独立した会社として存在するだけではなく，経済的・実質的な支配従属関係を通じて，複数の企業によって企業集団を構成して行動している場合が多い。その際，他の会社を支配している会社を**親会社**といい，親会社によって支配されている会社を**子会社**という。そして，この企業集団をあたかも単一の組織体と考え，各構成企業の個別財務諸表を総合して親会社によって作成される企業集団の財務諸表を**連結財務諸表**という。連結財務諸表を作成することによって，個別財務諸表だけでは得られなかった企業集団に関する情報が親会社の株主その他の利害関係者に，また企業集団の経営管理のために必要な情報が親会社の経営者に提供されることになる。なお，個別財務諸表と連結財務諸表は主として次のものから構成されている。

個別財務諸表

親会社

子会社

連結財務諸表

| 個別財務諸表 | 連結財務諸表 |
|---|---|
| ・貸借対照表 | ・連結貸借対照表 |
| ・損益計算書 | ・連結損益及び包括利益計算書[*2] |
| ・株主資本等変動計算書 | ・連結株主資本等変動計算書 |
| ・キャッシュ・フロー計算書[*1] | ・連結キャッシュ・フロー計算書 |
| ・附属明細表 | ・連結附属明細表 |

*1 個別のキャッシュ・フロー計算書は，連結財務諸表を作成していない場合に作成される。
*2 包括利益計算書には1計算書方式と2計算書方式があり，2計算書方式の場合には，連結損益計算書及び連結包括利益計算書と呼ばれる。

連結財務諸表は支配従属関係にある2つ以上の会社からなる企業集団を単一の組織体と見なして，親会社が当該企業集団の財務の状況を報告するものであるが，親会社はその報告のために，原則として自らが支配する子会社の全てを連結の範囲に含めなければならない。従来，親会社が他の会社の議決権の50%以上を所有している場合に，当該会社を子会社とする**持株基準**が採用されていた。しかし，今日では，他の会社を実質的に支配している場合には，当該会社を子会社とする**支配力基準**が採用されている（連結される子会社の範囲の詳細については，第8章を参照）。

また，複数の企業集団を企業グループとして統制していくために，グループの核となる持株会社が設立されることがある。日本では第二

持株基準

支配力基準

|  |  |
|---|---|
| 持株会社 | 次世界大戦後，財閥解体の一環として他社を支配するために設立される**持株会社**が禁止されてきた。また，金融機関についても他社への出資比率が5%を超えてはならないとされてきた。それが，1997年に独占禁止法が改正され，他の会社を支配する目的だけで設立される**純** |
| 純粋持株会社 | **粋持株会社**の設立が認められることになった。純粋持株会社とは，自らは事業を行わず，他社の株式を所有し，本社機能のみを有している会社である。例えば，現在のNTTは，1999年7月に，子会社3社（NTT東日本，NTT西日本，NTTコミュニケーションズ）を支配するために設立された純粋持株会社である。その他に，三菱UFJフィナンシャル・グループ（MUFG）も，傘下に三菱東京UFJ銀行や三菱UFJ信託銀行などの多数の金融機関を子会社に持つ純粋持株会社である。 |
| 事業持株会社 | NTTやMUFGのような，自らは事業を行わずに他社の事業活動を支配する純粋持株会社に対して，自ら事業を行うかたわら他社の事業活動を支配する会社は**事業持株会社**と呼ばれ，日本の多くの連結親会社はこの事業持株会社である。 |

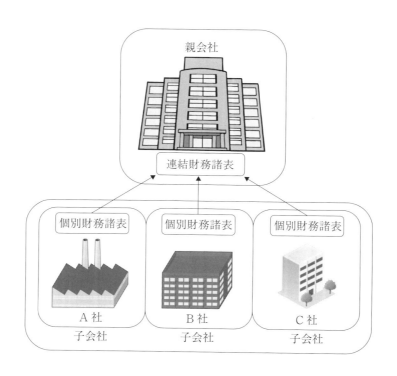

## 2-3 貸借対照表

貸借対照表は企業の一定時点の**財政状態**を示す計算書であり，そこには当該時点の全ての**資産**，**負債**および**純資産**が，適切な区分，配列，分類および評価の基準に従って記載されている。資産は，企業が行うさまざまな経済活動のために有用な財・サービス等の**経済的資源**をいい，一般的に，企業に対して**用役潜在性**を有するもので，貨幣額で測定可能なものである。負債は，企業が所有する資産から将来返済すべき義務あるいは提供すべき義務を示す項目である。また純資産は，主として株主等から拠出を受けた項目を示している。

企業は資金を調達しそれを可能な限り効率的に運用することを要求されているが，資産は，企業によって調達された資金がどのように運用されているのかを示している。これに対して，負債と純資産は，企業によってどこから資金が調達されてきたのかを示している。負債は債権者から調達してきた資金を示し，将来，債権者にその資金を返済すべき性格を持っているので**他人資本**や債権者持分とも呼ばれる。また純資産は，株主等から調達した資金を示し，それは企業に留めて使用できるので**株主資本**や**自己資本**とも呼ばれてきたが，今日では，資産・負債に記載されなかった項目が純資産に示されるようになったため，純資産と株主資本とは一致しない。貸借対照表の基本的な構造とその呼び方を整理すると，図表2-1のようになる。

**図表2-1 貸借対照表の構造**

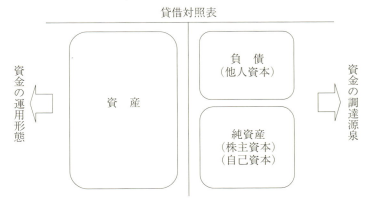

貸借対照表の表示様式には，**勘定式**と**報告式**の2つの様式がある。勘定式の貸借対照表は，借方に資産，貸方に負債と純資産を左右対称に表示する様式である。これに対して，報告式の貸借対照表は，資産，負債，純資産の順に縦に並べる様式である。図表2-2は，勘定式と報告式の模式図である。なお貸借対照表は，勘定式で示されるこ

### 2-3-1 貸借対照表の様式

勘定式
報告式

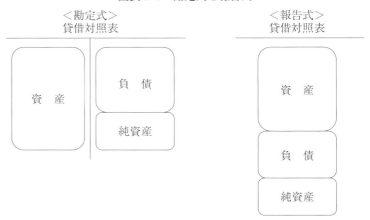

図表 2-2　勘定式と報告式

## 2-3-2　貸借対照表の基本原則

貸借対照表の基本原則として次のようなものがある。

① 貸借対照表完全性の原則：貸借対照表日の全ての資産・負債および純資産を記載しなければならない。

② 総額主義の原則：資産・負債および純資産は総額で表示し，資産の項目と負債または純資産の項目とを相殺表示することにより，その全部または一部を貸借対照表から除外してはならない。

③ 区分表示の原則：貸借対照表は，資産の部・負債の部および純資産の部に区分し，さらに資産の部を流動資産，固定資産および繰延資産に，負債の部を流動負債と固定負債に，純資産の部を株主資本，評価・換算差額等および新株予約権に区分しなければならない。

　貸借対照表項目の配列方法には，流動性の高いもの（現金化の容易なもの）から低いものの順に並べる**流動性配列法**と，それとは逆に固定性の高いものから低い順に並べる**固定性配列法**がある。流動性配列法は企業の支払能力を重視する方法であり，ほとんどの企業はこの方法を採用している。一方，電力あるいはガス会社のように固定資産のウエイトが高い企業は，固定性配列法を採用している。

区分表示でも述べたように，貸借対照表は，資産の部，負債の部および純資産の部から構成されている。さらに，資産の部は**流動資産**，**固定資産**および**繰延資産**に，負債の部は**流動負債**と**固定負債**に細分される。図表 2-3 は，貸借対照表を細分化したものである。

流動資産と固定資産あるいは流動負債と固定負債に分類する基準には，**正常営業循環基準**と**ワン・イヤー・ルール**の２つの基準がある。資産および負債には，まず，正常営業循環基準が適用され，流動資産・流動負債にならなかった項目には，更に，ワン・イヤー・ルールが適用され，最後に残ったものが固定資産・固定負債となる。

① 正常営業循環基準は，正常な営業の循環プロセス（仕入，製造および販売のプロセス）にあるものを流動資産あるいは流動負債とし，それ以外を固定資産あるいは固定負債とする基準である。

② ワン・イヤー・ルールは，貸借対照表日の翌日から起算して１年以内に現金化する資産あるいは１年以内に支払期限の到来する負債を流動資産あるいは流動負債とする基準である。

### 2-3-3 資産・負債の分類基準

流動資産
固定資産
繰延資産
流動負債
固定負債
正常営業循環基準
ワン・イヤー・ルール

**図表 2-3　貸借対照表の区分**

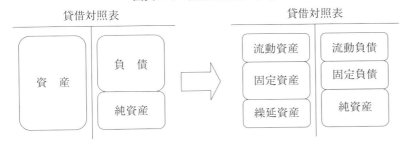

## 2-3-4 貸借対照表の雛形

次ページに示したものは，S社の2018年3月31日現在の個別貸借対照表及び連結貸借対照表である。

以下では，それぞれの項目を簡単に説明しておこう。

① 流動資産―流動資産は営業循環過程にある1年以内に現金化あるいは費用化する資産で，具体的には以下のものがある。
　現　　金―硬貨，紙幣の通貨や他人振り出しの小切手，郵便為替証書など
　預　　金―金融機関に対する預金，貯金，金銭信託など
　売　掛　金―得意先からの未収金
　受取手形―得意先から代金の支払いとして受け取った手形の残高
　棚卸資産―販売あるいは製造目的で保有している商品，製品，仕掛品など
　売買目的の有価証券―短期的に保有する国債，他社の社債券・株券など
　貸倒引当金―金銭債権の貸倒れの予想される額

② 固定資産―営業活動上，長期にわたって利用することを目的として所有している資産である。
　有形固定資産は営業活動上1年以上に渡って使用するために所有するもので，物的な形態を持つものである。
　建　　物―事務所や工場等
　機械装置備品―コピー機・パソコンなどは備品として取り扱われる。
　減価償却累計額―土地を除く有形固定資産の価値下落分の累計
　無形固定資産―法律上・営業上の権利として価値を持つもので，特許権・商標権等から構成される。
　投資その他の資産―利殖や他企業の経営参加を目的として長期に保有する資産であり，投資有価証券や長期貸付金などから構成される。

③ 繰延資産―本来は費用として処理されるものを，支出の効果が将来に期待できるため，一時的にその支出額を繰り延べたもので，たとえば，新株や社債を発行するために要した費用を意味する株式交付費，社債発行費などがある。

④ 流動負債―営業循環過程にある仕入債務や1年以内に支払い・返済をすることが必要な全ての義務を示す。具体的には，以下のものがある。
　買　掛　金―得意先に対する商品代金の未払金
　支払手形―得意先に対する代金の支払いとして渡した手形の残高
　借　入　金―金融機関などからの短期の借入
　未　払　金―通常の取引以外によって発生した未払金
　未払費用―一定の契約に従って継続して役務の提供を受ける場合に，すでに提供された役務に対して，まだ，その支払いがなされていないもの
　預　り　金―営業上・営業外で生じた一時的な資金の預り

⑤ 固定負債―決算日より1年を超えて支払うべき長期的債務を意味し，社債，金融機関からの長期の借入である長期借入金等から構成される。

⑥ 資　本　金―出資者から払い込まれた出資金を意味する。

⑦ 資本準備金―株主が払い込んだ資本のうち資本金に組み入れなかったものをいう。

⑧ その他資本剰余金―資本剰余金のうち，資本準備金以外のものをいう。

⑨ 利益準備金―会社法の規定に従って，資本準備金の額と合わせて，資本金の4分の1に達するまで，その他利益剰余金を原資として配当する額の10分の1を積み立てたものをいう。

⑩ その他利益剰余金―利益剰余金のうち，利益準備金以外のものをいう。

⑪ 自己株式―発行済株式の一部を再取得したもので，資本の減少を意味することから，株主資本から控除される。

⑫ 評価・換算差額等―純資産のうち，株主資本以外で，その他有価証券評価差額金，ヘッジ損益・評価差額，土地再評価差額金から成る。

## 貸借対照表
(平成 30 年 3 月 31 日現在)　　　(単位：百万円)

| (資産の部) | | (負債の部) | |
|---|---:|---|---:|
| 流動資産 | 1,236,867 | 流動負債 | 1,025,739 |
| 　現金・預金 | 161,199 | 　支払手形 | 5,227 |
| 　受取手形 | 12 | 　買掛金 | 494,394 |
| 　売掛金 | 362,610 | 　未払金 | 93,419 |
| 　棚卸資産 | 330,914 | 　未払費用 | 105,625 |
| 　その他 | 385,227 | 　その他 | 327,074 |
| 　貸倒引当金 | △ 3,100 | 固定負債 | 523,393 |
| | | 　負債合計 | 1,549,132 |
| 固定資産 | 1,267,293 | (純資産の部) | |
| 　有形固定資産 | 644,225 | 株主資本 | 953,326 |
| 　　建　物 | 282,674 | 　資本金 | 204,675 |
| 　　構築物 | 13,120 | 　資本剰余金 | 268,530 |
| 　　機械・装置 | 188,113 | 　　資本準備金 | 261,415 |
| 　　工具・器具・備品 | 23,883 | 　　その他資本剰余金 | 7,115 |
| 　　土　地 | 94,163 | 　利益剰余金 | 493,984 |
| 　　その他 | 42,262 | 　　利益準備金 | 26,115 |
| 　無形固定資産 | 54,284 | 　　その他利益剰余金 | 467,869 |
| 　投資その他の資産 | 568,784 | 　自己株式 | △ 13,863 |
| | | 評価・換算差額等 | 4,017 |
| 繰延資産 | 2,315 | 　純資産合計 | 957,343 |
| 資産合計 | 2,506,475 | 負債純資産合計 | 2,506,475 |

## 連結貸借対照表
(平成 30 年 3 月 31 日現在)　　　(単位：百万円)

| (資産の部) | | (負債の部) | |
|---|---:|---|---:|
| 流動資産 | 1,522,550 | 流動負債 | 1,245,913 |
| 　現金・預金 | 247,888 | 　支払手形・買掛金 | 499,621 |
| 　受取手形・売掛金 | 392,780 | 　短期借入金 | 128,453 |
| 　棚卸資産 | 486,060 | 　未払費用 | 169,991 |
| 　その他 | 398,552 | 　その他 | 447,848 |
| 　貸倒引当金 | △ 2,730 | 固定負債 | 591,120 |
| 固定資産 | 1,359,894 | 　負債合計 | 1,837,033 |
| 　有形固定資産 | 964,914 | | |
| 　　建物・構築物 | 840,912 | (純資産の部) | |
| 　　機械装置・運搬具 | 1,607,772 | 株主資本 | 1,108,278 |
| 　　工具・器具・備品 | 391,308 | 　資本金 | 204,676 |
| 　　土　地 | 100,124 | 　資本剰余金 | 268,530 |
| 　　建設仮勘定 | 31,269 | 　利益剰余金 | 648,935 |
| 　　その他 | 42,443 | 　自己株式 | △ 13,863 |
| 　　減価償却累計額 | △ 2,048,914 | その他の包括利益累計額 | △ 82,245 |
| 　無形固定資産 | 86,119 | 非支配株主持分 | 22,612 |
| 　投資その他の資産 | 308,861 | 　純資産合計 | 1,048,645 |
| 繰延資産 | 3,234 | | |
| 資産合計 | 2,885,678 | 負債純資産合計 | 2,885,678 |

連結貸借対照表の基本的構造は個別貸借対照表とほぼ同一であるが，若干異なる勘定科目が生じる。

① 非支配株主持分

非支配株主持分は親会社が支配株主であることに対する概念で，子会社の純資産のうち親会社の持分以外の部分のことをいう。純資産の部の最後の部分に置かれる。

② のれん

のれんは子会社の超過収益力を示し，投資と資本の相殺消去をする際に，その差額として計算される（計算例については，第 8 章を参照）。親会社が保有する子会社株式の金額が子会社の自己資本のうち親会社の持分相当部分を超える場合，親会社が実際の子会社の価値をそれ以上であると評価して購入したことを意味し，子会社の超過収益力を評価したためにこのような差額が生じたと考えられる。ただし，逆の場合（親会社が保有する子会社株式の金額が子会社の自己資本のうち親会社の持分相当部分を下回る場合）も存在する（負ののれん）。

## 2-4 損益計算書

経営成績
収　益
費　用
利　益

損益計算書は，企業のある一定の会計期間（3カ月，6カ月，1年）の**経営成績**を示す計算書である。一会計期間に属する全ての**収益**とこれに対応する全ての**費用**を1つの表にまとめ，収益と費用の差額として求められる**利益**の計算過程を示している。

企業は利潤を得ることを目的として経済活動を行っており，そのために必要な努力を絶えず行っている。この努力は企業に財貨・用役の価値の犠牲をもたらすと同時に，努力の結果としての成果をもたらす。この企業の経済活動に伴う成果が収益と呼ばれるものであり，犠牲が費用と呼ばれるものである。損益計算書は，成果としての収益と，そのための努力としての費用とを，その関連性に従って両者を対比しながら表示している。

黒　字
損　失
赤　字

また，利益とは企業の儲けのことであり，収益から費用を差し引いて計算される。収益が費用より大きい場合は利益であり，一般的に**黒字**と呼ばれる。一方，費用が収益を上回った場合は**損失**となり，一般的に**赤字**と呼ばれる。図表2-4は，損益計算書における利益と損失の状況を示した模式図である。

**図表 2-4　損益計算書の利益と損失**

| 損益計算書 | 損益計算書 |
|---|---|
| 費用／利益　｜　収益 | 費用　｜　収益／損失 |
| 費用＜収益<br>利益が発生 | 費用＞収益<br>損失が発生 |

### 2-4-1 損益計算書の様式

損益計算書の様式も，貸借対照表と同様に，勘定式と報告式の2つの様式がある。勘定式は費用項目を借方に，収益項目を貸方に記載し，借方の合計額と貸方の合計額との差額を利益あるいは損失として表示する様式で，図表2-4のような形式で示される。一方，報告式は収益および費用を順に下に記載し，最終的に利益あるいは損失を表示する方法で，2-4-4の損益計算書の雛形のような形式で示される。なお損益計算書は，報告式で示されることが多い。

損益計算書の基本原則として次のようなものがある。

① 総額主義の原則：費用および収益は総額によって記載することを原則とし，費用の項目と収益の項目とを直接に相殺することによって，その全部または一部を損益計算から除去してはならない。例えば，受取利息と支払利息を相殺消去してはならない。
② 区分表示の原則：収益と費用とをそれぞれ源泉別に区分し，相互に関連のある収益項目と費用項目とを対応表示して，段階的に損益を表示せねばならない。

損益計算書では，利益を段階的に計算することで利益の発生過程を明らかにするため，企業会計原則では，営業損益計算，経常損益計算，純損益計算の順に，段階別に区分表示することが求められている。そして，この損益計算書の区分表示によって，各段階の利益である，売上総利益，営業利益，経常利益，税引前当期純利益，当期純利益の5つの利益が計算表示される。

① 営業損益計算では，最初に，売上高から売上原価を控除して売上総利益を計算する。売上総利益は，商品や製品を販売した利益であり，粗利（あらり）とも呼ばれる利益である。次に，売上総利益から販売費及び一般管理費（販管費）を控除して営業利益を計算する。販管費は営業費とも呼ばれ，広告宣伝費や研究開発費あるいは一般管理部門で働く人の給与等が含まれる。なお営業利益は，本業からの儲けを示す利益である。
② 経常損益計算では，営業利益に資金の調達やその運用に関する財務活動等から生じる収益と費用（受取利息，受取配当金，支払利息等）を加減して，経常利益を計算する。経常利益は，毎期繰り返して生じる利益であり，業績の尺度として重要な意味を持っている。
③ 純損益計算では，経常利益に前期損益修正額，固定資産売却損益，災害損失等の臨時的・偶発的に発生した損益を加減して当期純利益を計算する。

## 2-4-2 損益計算書の基本原則

## 2-4-3 損益計算書の区分

営業損益計算
経常損益計算
純損益計算
売上総利益
営業利益
経常利益
税引前当期純利益
当期純利益

**補論：包括利益計算書**
平成23年3月期から，連結財務諸表の1つとして，「連結包括利益計算書」という新たな財務諸表を開示することが義務付けられた。損益計算書が当期純利益の内訳を表示するものであるのに対して，包括利益計算書はその他の包括利益の内訳を表示するものである。両者を1つにまとめて表示するのが1計算書方式であり，「連結損益及び包括利益計算書」と呼ばれる。一方，両者を別個に表示するのが2計算書方式であり，「連結損益計算書及び連結包括利益計算書」と呼ばれる。

## 2-4-4 損益計算書の雛形

次頁のものはS社の2017年4月1日から2018年3月31日の期間の個別損益計算書，連結損益計算書及び連結包括利益計算書である。以下では，それぞれの項目を簡単に説明しておこう。

① 売上総利益の計算

売上高 − 売上原価 = 売上総利益

売上高は総売上高から売上値引・戻り高を控除した純売上高を意味する。売上原価は販売した商品・製品の原価部分であり，次のように計算される。

売上原価 = 期首商品棚卸高 + 当期商品仕入高 − 期末商品棚卸高

② 営業損益計算

売上総利益 − 販売費及び一般管理費 = 営業利益（マイナスの場合は営業損失）

販売費及び一般管理費には，役員報酬，給料手当，広告宣伝費，販売運賃，荷造費，交通費，交際費，修繕費，光熱費，通信費，福利厚生費，減価償却費などが含まれる。

③ 経常損益計算

営業利益 + 営業外収益 − 営業外費用 = 経常利益（マイナスの場合，経常損失）

営業外収益は企業の主たる営業活動以外の取引から生じた収益で，受取利息や受取配当金，受取家賃等が含まれ，営業外費用は企業の主たる営業活動以外の取引から生じた費用で，支払利息や社債利息等が含まれる。ここで計算される経常利益は企業の正常的循環活動からの利益で，臨時的そして異常な損益を含まないという意味で，重要な業績評価の指標となる。

④ 純損益計算

経常利益 + 特別利益 − 特別損失 = 税引前当期純利益（マイナスの場合，税引前当期純損失）

税引前当期純利益 − 法人税及び住民税 = 当期純利益（マイナスの場合，当期純損失）

特別利益は，過年度の損益修正項目やその他の臨時的あるいは異常利益等の経常的でない活動から稼得した利益で，具体的には，前期損益修正益，固定資産売却益等がこれに含まれる。特別損失は過年度の損益修正項目やその他の臨時的あるいは異常損失等の経常的でない活動から生じた損失で，具体的には，前期損益修正損，固定資産売却損，火災損失等がこれに含まれる。

さらに，税引前当期純利益から，法人税，住民税及び事業税を控除して当期純利益を算出する。

法人税及び住民税等の後に，法人税等調整額が加減される。これは税効果会計（税金の額を期間配分する会計処理）の適用により当期に課税された法人税に加減される調整額である（第11章「会計情報と税務」参照）。

## 損益計算書

（自　平成29年4月1日　至　平成30年3月31日）

（単位：百万円）

| | | |
|---|---:|---:|
| 売上高 | | 2,431,217 |
| 売上原価 | | 2,154,693 |
| **売上総利益** | | 276,523 |
| 販売費及び一般管理費 | | 266,509 |
| **営業利益** | | 10,014 |
| 営業外収益 | | |
| 　受取利息・受取配当金 | 36,097 | |
| 　その他の営業外収益 | 30,737 | 66,834 |
| 営業外費用 | | |
| 　支払利息 | 5,291 | |
| 　その他の営業外費用 | 45,112 | 50,403 |
| **経常利益** | | 26,445 |
| 特別利益 | | |
| 　固定資産売却益 | 65 | 65 |
| 特別損失 | | |
| 　固定資産除売却損 | 7,038 | |
| 　事業構造改革費用 | 12,654 | 19,693 |
| **税引前当期純利益** | | 6,818 |
| 法人税，住民税及び事業税 | | 4,760 |
| 法人税等調整額 | | △10,400 |
| **当期純利益** | | 12,458 |

## 連結損益計算書

（自　平成29年4月1日　至　平成30年3月31日）

（単位：百万円）

| | | |
|---|---:|---:|
| 売上高 | | 3,021,973 |
| 売上原価 | | 2,452,345 |
| **売上総利益** | | 569,628 |
| 販売費及び一般管理費 | | 490,732 |
| **営業利益** | | 78,896 |
| 営業外収益 | | |
| 　受取利息・受取配当金 | 2,004 | |
| 　その他の営業外収益 | 35,483 | 37,487 |
| 営業外費用 | | |
| 　支払利息 | 7,712 | |
| 　その他の営業外費用 | 49,547 | 57,259 |
| **経常利益** | | 59,124 |
| 特別利益 | | |
| 　固定資産売却益 | 156 | |
| 　退職給付制度終了益 | 1,631 | 1,787 |
| 特別損失 | | |
| 　固定資産除売却損 | 7,376 | |
| 　事業構造改革費用 | 12,655 | 20,031 |
| **税金等調整前当期純利益** | | 40,880 |
| 法人税，住民税及び事業税 | | 26,927 |
| 法人税等調整額 | | △7,244 |
| 当期純利益 | | 21,197 |
| 非支配株主に帰属する当期純利益 | | 1,796 |
| **親会社株主に帰属する当期純利益** | | 19,401 |

## 連結包括利益計算書

（自　平成29年4月1日　至　平成30年3月31日）

（単位：百万円）

| | | |
|---|---:|---:|
| 当期純利益 | | 21,197 |
| その他の包括利益 | | |
| 　その他有価証券評価差額金 | △1,460 | |
| 　繰延ヘッジ損益 | △1,246 | |
| 　為替換算調整勘定 | △13,254 | |
| 　その他 | △848 | △16,808 |
| 包括利益 | | 4,389 |
| （内訳） | | |
| 　親会社株主に係る包括利益 | | 3,052 |
| 　非支配株主に係る包括利益 | | 1,337 |

連結損益計算書の基本構造は個別のそれと同一であるが，若干の連結固有の勘定科目が出てくるので，そのいくつかを説明しておこう。

① 非支配株主に帰属する当期純損益

非支配株主に帰属する当期純損益は，非支配株主に帰属する企業集団の損益である。企業集団が稼得した利益は全てが親会社のものではなく，非支配株主の持分も含んでいるので，連結上，非支配株主にその部分を振り替える必要がある。この場合に生じる勘定が「非支配株主に帰属する当期純利益（損失）」である。

② のれん償却

のれんは連結貸借対照表の箇所で説明したように，一種の「超過収益力」に相当する。このれんは，一定期間を定めて償却することが要求されている。この場合に生じる勘定科目が「のれん償却」である。

③ 税金等調整前当期純利益

個別損益計算書の「税引前当期純利益」は，連結損益計算書では「税金等調整前当期純利益」と呼ばれるが，内容は同一である。

④ 持分法による投資損益

持分法は投資会社が被投資会社の純資産及び損益のうち，投資会社に帰属する部分の変動に応じて，その投資の額を連結決算日毎に修正する方法であるが，投資会社に帰属する損益が「持分法による投資利益（損失）」である。

## 2-5 株主資本等変動計算書

### 2-5-1 株主資本等変動計算書の雛形

株主資本
評価・換算差額等
新株予約権

株主資本等変動計算書とは，貸借対照表の「純資産の部」の一会計期間における変化を表示したものである。純資産の各項目を横に並べて期中における変化を明らかにしている。純資産を**株主資本**，**評価・換算差額等**，**新株予約権**の3つの項目に区分し，各項目を横に並べて期中における変化を明らかにしている。

従来は，利益処分（損失処理）計算書が基本財務諸表の1つとされていたが，会社法の施行に伴い，剰余金の配当が決算の確定手続きとは無関係に随時行うことが出来るようになったことや，評価・換算差額等の内訳項目が増加したことに伴って，株主資本等変動計算書と名称も変更されることとなった。

なお，連結株主資本等変動計算書では，評価・換算差額等は，その他の包括利益累計額という項目名になっており，さらに少数株主持分という項目が加わっている。

以下は，S社の2017年4月1日から2018年3月31日の期間の株主資本等変動計算書である。

**株主資本等変動計算書**
（自 平成29年4月1日 至 平成30年3月31日） （単位：百万円）

| | 株主資本 | | | | | | | 評価・換算差額等 | 純資産合計 |
|---|---|---|---|---|---|---|---|---|---|
| | 資本金 | 資本準備金 | その他資本剰余金 | 利益準備金 | その他利益剰余金 | 自己株式 | 株主資本合計 | | |
| 当期首残高 | 204,675 | 261,415 | 7,118 | 26,115 | 477,419 | △13,804 | 962,939 | 6,538 | 969,478 |
| 当期変動額 | | | | | | | | | |
| 　剰余金の配当 | | | | | △22,008 | | △22,008 | | △22,008 |
| 　当期純利益 | | | | | 12,458 | | 12,458 | | 12,458 |
| 　自己株式の取得 | | | | | | △68 | △68 | | △68 |
| 　自己株式の処分 | | | △3 | | | 9 | 6 | | 6 |
| 　株主資本以外の項目の変動額 | | | | | | | | △2,522 | △2,522 |
| 当期変動額合計 | | | △3 | | △9,550 | △58 | △9,611 | △2,522 | △12,133 |
| 当期末残高 | 204,675 | 261,415 | 7,115 | 26,115 | 467,869 | △13,863 | 953,327 | 4,016 | 957,344 |

**連結株主資本等変動計算書**
（自 平成29年4月1日 至 平成30年3月31日） （単位：百万円）

| | 株主資本 | | | | | その他の包括利益累計額 | 非支配株主持分 | 純資産合計 |
|---|---|---|---|---|---|---|---|---|
| | 資本金 | 資本剰余金 | 利益剰余金 | 自己株式 | 株主資本合計 | | | |
| 当期首残高 | 204,676 | 268,534 | 649,795 | △13,805 | 1,109,200 | △64,693 | 21,353 | 1,065,860 |
| 在外子会社等に関する変動額 | | | 1,189 | | 1,189 | △1,203 | | △14 |
| 当期変動額 | | | | | | | | |
| 　剰余金の配当 | | | △22,008 | | △22,008 | | | △22,008 |
| 　親会社株主に帰属する当期純利益 | | | 19,401 | | 19,401 | | | 19,401 |
| 　その他 | | | 558 | | 558 | | | 558 |
| 　自己株式の取得 | | | | △68 | △68 | | | △68 |
| 　自己株式の処分 | | △4 | | 10 | 6 | | | 6 |
| 　株主資本以外の項目の変動額 | | | | | | △16,349 | 1,259 | △15,090 |
| 当期変動額合計 | | | △2,049 | △58 | △2,111 | △16,349 | 1,259 | △17,201 |
| 当期末残高 | 204,676 | 268,530 | 648,935 | △13,863 | 1,108,278 | △82,245 | 22,612 | 1,048,645 |

## 2-6 キャッシュ・フロー計算書

キャッシュ・フロー計算書は，一会計期間におけるキャッシュ・フローの状況を一定の活動区分別に表示する計算書で，貸借対照表，損益計算書と並んで企業の活動状況を表す基本財務諸表の1つである。キャッシュ・フローとは，お金の流れを意味し，主に，企業活動によって実際に得られた収入から外部への支出を差し引いて手元に残る資金の流れのことをいう。日本では，2000年3月決算期からキャッシュ・フロー計算書の開示が義務付けられた。

### 2-6-1 資金の範囲

キャッシュ・フロー計算書が対象とする資金の範囲は，現金及び現金同等物であり，貸借対照表の現金預金とは必ずしも一致しない。したがって，キャッシュ・フローとは，現金及び現金同等物の流入または流出を意味する。

現金とは，手元現金および要求払預金をいう。要求払預金とは，顧客が事前の通知をしないで，あるいは数日の事前通知により，元本を引き出すことができ，かつ期限の定めのない預金をいう。たとえば，当座預金，普通預金，通知預金がこれに当たる。一方，現金同等物は，容易に換金可能であり，かつ，価値の変動についてわずかなリスクしか負わない短期の投資をいう。たとえば，取得日から満期日または償還日までの期間が3カ月以内の短期投資である定期預金，譲渡性預金，コマーシャル・ペーパーなどが含まれる。図表2-5は，キャッシュ・フロー計算書の資金の範囲を示したものである。

**図表2-5　キャッシュ・フロー計算書の資金の範囲**

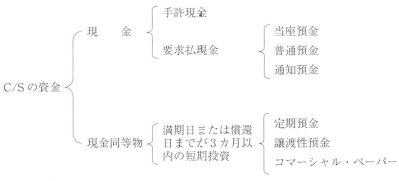

### 2-6-2 キャッシュ・フロー計算書のしくみ

キャッシュ・フロー計算書では，一会計期間のキャッシュ・インフローとキャッシュ・アウトフローを企業の主要な3つの活動，すなわち「営業活動によるキャッシュ・フロー」，「投資活動によるキャッシュ・フロー」，「財務活動によるキャッシュ・フロー」に区分して表示し，差額としての正味キャッシュ・フローを計算している。

**キャッシュ・フロー計算書**

| | | |
|---|---|---:|
| Ⅰ | 営業活動によるキャッシュ・フロー | 500 |
| Ⅱ | 投資活動によるキャッシュ・フロー | △200 |
| Ⅲ | 財務活動によるキャッシュ・フロー | 100 |
| Ⅳ | 現金及び現金同等物の増加額 | 400 |
| Ⅴ | 現金及び現金同等物の期首残高 | 350 |
| Ⅵ | 現金及び現金同等物の期末残高 | 750 |

## 2-6-3 営業活動によるキャッシュ・フロー

営業活動とは，いわゆる本業のことで，商品の売買，製品の製造・販売，サービスの提供に関連する諸活動を意味する。この区分には，以下のような取引が記載される。

① 商品および役務の販売による収入
② 商品および役務の購入による支出
③ 従業員および役員に対する報酬の支出
④ 災害による保険金収入
⑤ 法人税等の支払額（法人税等に係わるキャッシュ・フローは営業キャッシュ・フローの区分に記載される。）

また，投資活動および財務活動以外の活動によるキャッシュ・フローもこの区分に含まれる（災害による保険金収入，損害賠償金の支払いなど）。

この営業活動によるキャッシュ・フローの区分の作成方法には，直接法と間接法がある。直接法の場合には①～⑤の取引が記載されるが，間接法では税引等調整前当期純利益からスタートして，資金の変動の原因に基づいて当期の増減額が加算・減算される。なお，2-6-6のキャッシュ・フロー計算書の雛形は，間接法を用いて作成されたものである。

営業活動によるキャッシュ・フローは，本業の現金創出能力を示している。この区分の情報により，営業活動によるキャッシュ・フローで新規投資や営業能力維持のための追加投資に必要な資金をまかなえるか，外部からの資金調達なしで借入金の返済や配当ができるかなどについて知ることができる。

## 2-6-4 投資活動によるキャッシュ・フロー

投資活動とは，企業の営業能力を維持・拡張するための設備投資，資金運用を目的とした金融商品への投資，第三者に対する融資に関連する諸活動を意味する。投資活動によるキャッシュ・フローの区分には，固定資産の取得および売却，現金同等物に含まれない有価証券の取得および売却によるキャッシュ・フローが記載され，以下のような

項目が含まれる。
① 有形固定資産および無形固定資産の取得による支出
② 有形固定資産および無形固定資産の売却による収入
③ 現金同等物を除く有価証券および投資有価証券の取得による支出
④ 現金同等物を除く有価証券および投資有価証券の売却による収入
⑤ 貸付による支出
⑥ 貸付金の回収による収入

投資活動によるキャッシュ・フローの区分の情報により、将来の利益やキャッシュ・フローを生み出すための投資は十分か、資産売却の内容や価額は適切か、などについて知ることができる。

### 2-6-5 財務活動によるキャッシュ・フロー

財務活動とは、企業経営に必要な資金調達（借入れ、社債発行、株式発行）や株主に対する配当金の分配に関連する諸活動を意味する。財務活動によるキャッシュ・フローの区分には、資金の調達および返済によるキャッシュ・フローが記載され、以下のような項目が含まれる。
① 株式の発行による収入
② 自己株式の取得による支出
③ 社債の発行による収入
④ 社債の償還による支出
⑤ 借入れによる収入
⑥ 借入金の返済による支出
⑦ 配当金の支払い（ただし、受取配当金、受取利息および支払利息は、通常、営業キャッシュ・フローの区分に記載される。）

財務活動によるキャッシュ・フローの区分の情報により、営業活動と投資活動によって生じた資金の過不足がどのように調整されたかを知ることができる。

以上、営業、投資、財務の3つの活動から生じるキャッシュ・フローの増減額を集計すると、一会計期間における現金及び現金同等物の増減額が示される。これに現金及び現金同等物の期首残高を加算することによって、現金及び現金同等物の期末残高が計算される。

### 2-6-6 キャッシュ・フロー計算書の雛形

以下は、S社の2017年4月1日から2018年3月31日の期間の連結キャッシュ・フロー計算書である。

## 連結キャッシュ・フロー計算書

（自　平成29年4月1日　至　平成30年3月31日）(単位：百万円)

| | | |
|---|---|---:|
| 営業活動によるキャッシュ・フロー | **営業活動によるキャッシュ・フロー** | |
| | 税金等調整前当期純利益 | 40,880 |
| | 減価償却費 | 272,081 |
| | 受取利息及び受取配当金 | △3,119 |
| | 支払利息及びコマーシャル・ペーパー利息 | 8,001 |
| | 為替差損益（△は益） | △938 |
| | 固定資産除売却損 | 7,376 |
| | 売上債権の増減額（△は増加） | 26,872 |
| | たな卸資産の増減額（△は増加） | △83,749 |
| | 未収入金の増減額（△は増加） | △85,492 |
| | 仕入債務の増減額（△は減少） | △762 |
| | その他 | 18,095 |
| | 　小計 | 199,245 |
| | 利息及び配当金の受取額 | 3,664 |
| | 利息の支払額 | △8,148 |
| | 法人税等の支払額又は還付額（△は支払） | △27,318 |
| | 営業活動によるキャッシュ・フロー | 167,443 |
| 投資活動によるキャッシュ・フロー | **投資活動によるキャッシュ・フロー** | |
| | 定期預金の預入による支出 | △13,200 |
| | 定期預金の払戻による収入 | 31,641 |
| | 連結の範囲の変更を伴う子会社株式の取得による支出 | △24,524 |
| | 有形固定資産の取得による支出 | △195,404 |
| | 有形固定資産の売却による収入 | 992 |
| | 投資有価証券の取得による支出 | △9,738 |
| | 投資有価証券の売却による収入 | 130 |
| | 貸付による支出 | △4,448 |
| | 貸付金の回収による収入 | 439 |
| | その他 | △30,501 |
| | 投資活動によるキャッシュ・フロー | △244,613 |
| 財務活動によるキャッシュ・フロー | **財務活動によるキャッシュ・フロー** | |
| | 短期借入金の純増減額（△は減少） | 32,687 |
| | コマーシャル・ペーパーの増減額（△は減少） | △25,359 |
| | 長期借入れによる収入 | 80,566 |
| | 長期借入金の返済による支出 | △35,701 |
| | 社債の発行による収入 | 5,159 |
| | 社債の償還による支出 | △35,500 |
| | 自己株式の取得による支出 | △68 |
| | 配当金の支払額 | △21,999 |
| | その他 | △6,039 |
| | 財務活動によるキャッシュ・フロー | △6,254 |
| | 現金及び現金同等物に係る換算差額 | △3,790 |
| | 現金及び現金同等物の増減額（△は減少） | △87,214 |
| | 現金及び現金同等物の期首残高 | 328,125 |
| | 新規連結に伴う現金及び現金同等物の増加額 | 199 |
| | 現金及び現金同等物の期末残高 | 241,110 |

## 2-7 財務諸表の相互関係

各財務諸表は単独で作成されるのではなく，相互に関連する数値に基づいて作成されている。したがって，この財務諸表間の相互の関連性を理解することは，財務諸表の全体像を掴むために重要である。以下は，貸借対照表，損益計算書，株主資本等変動計算書，キャッシュ・フロー計算書，の4つの計算書の相互関係を示したものである。

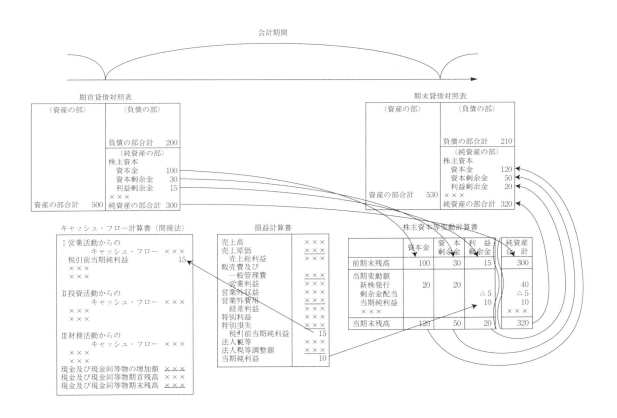

## 【問　　題】

1. 次の文章中のA～Eを埋めなさい。

　企業の会計情報は（　A　）と呼ばれる計算書によって伝達され，一定時点の財政状態を示す（　B　），一定期間の経営成績を示す（　C　），一定期間の資金の流れを示す（　D　），一定期間における純資産の変動を示す（　E　）などの計算書から成り立っている。

2. 次の表中のF～Jを埋めなさい。

貸　借　対　照　表

| 資産の部 | （　F　） | 負債の部 | （　I　） |
| | （　G　） | | （　J　） |
| | | 純資産の部 | 株主資本 |
| | | | 評価・換算差額等 |
| | （　H　） | | 新株予約権 |

3. 次の表中のK～Oの5種類の利益を埋めなさい。

損　益　計　算　書

| 売上高 | （　K　） | （　L　） | （　M　） | （　N　） | 売上原価 |
| | | | | | 販売費及び一般管理費 |
| | | | | | 営業外収益及び営業外費用 |
| | | | | | 特別利益及び特別損失 |
| | | | | | 法人税等，法人税等調整額 |
| | | | | | （　O　） |

4. 次の表中のP～Rの3種類の活動を埋めなさい。

キャッシュ・フロー計算書

Ⅰ　（　P　）によるキャッシュ・フロー
Ⅱ　（　Q　）によるキャッシュ・フロー
Ⅲ　（　R　）によるキャッシュ・フロー
Ⅳ　現金及び現金同等物の増加額
Ⅴ　現金及び現金同等物の期首残高
Ⅵ　現金及び現金同等物の期末残高

### 【参考文献】

伊藤邦雄〔2018〕『新・現代会計入門（第3版）』日本経済新聞出版社。
桜井久勝・須田一幸〔2018〕『財務会計・入門（第12版）』有斐閣。

# 第3章

# 会計情報の開示

本章では，前章でとりあげた会計情報の内容に続き，企業が会計情報を提供する理由について検討する。その理由の1つは法によって会計情報の提供が強制されているからである。しかし，法によってそれを強制されていなくても情報を提供している場合がある。その理由についても検討する。

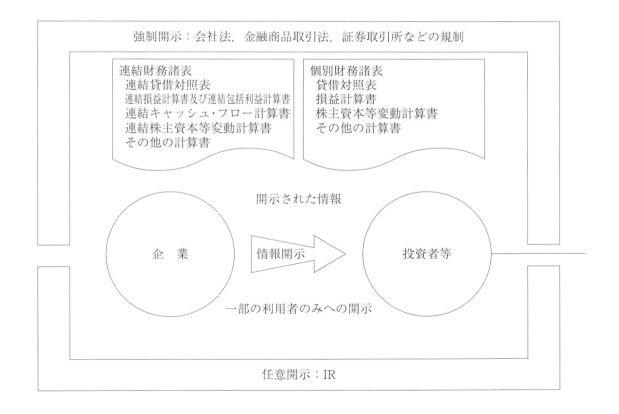

## 3-1 ディスクロージャー

### 3-1-1 ディスクロージャーとは

会社は，第1章で述べたように利害関係者に対して種々の情報を提供している。この情報が財務的（あるいは貨幣的）情報であるとき会計情報あるいは財務情報と呼ばれ，従業員に関する情報のような財務的情報以外の情報は非会計情報あるいは非財務情報と呼ばれる。

このような企業情報の開示を**ディスクロージャー**（情報開示）と呼ぶ。このディスクロージャーは法的に強制される場合もあれば，自発的に会社が行う場合もある。

**強制的ディスクロージャー**

会社は，資金提供者に対して事業内容（財政状態や経営成績など）を開示する義務がある。

事業内容の開示を会社に任せると，その内容が不十分なものであったり，ウソが含まれるなどによって，その情報の利用者が損害を被る可能性がある。また，各社の情報開示内容がバラバラであれば，会社間の比較可能性が保証されないこととなる。このため，法律等によってディスクロージャーが強制されている。

① 金融商品取引法上のディスクロージャー
② 会社法上のディスクロージャー
③ タイムリー・ディスクロージャー

**自発的ディスクロージャー**

会社は自社の製品や商品について広告などで自発的に情報を提供している。これをパブリック・リレーションズ（PR：Public Relations）という。これと同様に，その資金調達を有利にするために，投資者等に対して事業に関する情報を自発的に開示している。これを**インベスター・リレーションズ（IR）**という。自発的な開示が行われるのは，企業が投資者と友好的な関係を維持するためのコストを負担しても，それを上回る有利な資金調達の可能性が開けるというインセンティブが生まれるからである。

---

**補論：会計情報の関係の整理（FASB『財務会計諸概念のステートメント』第5号より）**

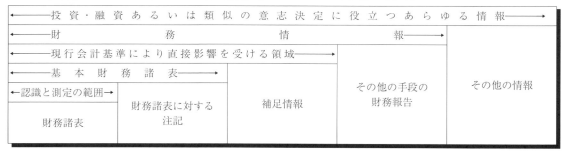

## 3-1-2 会計情報の特質

わが国の「概念フレームワーク」では，提供される会計情報がその利用者の意志決定にとって有用であるためにはその情報が一定の特徴を備える必要があると説明している。まず，会計情報は意志決定者の目的に適合した情報であること（**意志決定関連性あるいは目的適合性**），そして，それが信頼に足る情報であることが必要である（**信頼性**）。意志決定関連性に関しては提供される情報に価値がなければならないし，情報利用者の情報ニーズに応えるものでなければならない。信頼性に関してはそれを支えるものとして**表現の忠実性，検証可能性，中立性**が示されている。

次に，ある会計基準が会計基準全体を支える基本的な考え方と矛盾がないこと（**内的整合性**），そして，同一企業の会計情報を時系列的に比較したり他企業と比較したりする場合に比較が容易であること（**比較可能性**）が必要である。

意志決定関連性・目的適合性

信 頼 性

表現の忠実性，検証可能性，中立性

内的整合性

比較可能性

**補論：日本インベスター・リレーションズ協議会**〈http://www.jira.or.jp/〉

日本IR協議会の最新の調査は，調査対象の約98%の企業がIR活動を行い，81%の企業が専任部署あるいは専任者を置き，その目標は株主・投資家との信頼関係の構築，企業・事業内容の理解促進，適正な株価の形成で，経営トップがその実施主体であることを示している。

日本IR協議会は1996年より「IR優良企業表彰制度」を制定し，IR活動に優れた企業を表彰している。

優良企業及び優良企業特別賞受賞企業一覧（50音順，★は大賞受賞企業）

| 2018年度 | ★エーザイ，オムロン，住友化学，ソニー，ピジョン，不二製油グループ本社，三井住友トラスト・ホールディングス，三井物産，三菱商事，三菱UFJフィナンシャル・グループ，ミネベアミツミ |
|---|---|
| 2017年度 | キリンホールディングス，★コマツ（小松製作所），塩野義製薬，ソニー，ダイキン工業，大和ハウス工業，ナブテスコ，野村総合研究所，不二製油グループ本社，ポーラ・オルビスホールディングス，丸井グループ，三菱UFJフィナンシャル・グループ |
| 2016年度 | SCSK，カルビー，コマツ（小松製作所），J.フロント リテイリング，塩野義製薬，★住友金属鉱山，★東京海上ホールディングス，日本精工，富士重工業 |
| 2015年度 | ★味の素，オムロン，塩野義製薬，★シスメックス，住友化学，東鉄工業，日本電信電話，ピジョン，ポーラ・オルビスホールディングス，みずほフィナンシャルグループ |
| 2014年度 | ★アサヒグループホールディングス，味の素，塩野義製薬，セイコーエプソン，セブン&アイ・ホールディングス，東京海上ホールディングス，日本電信電話，日本ハム，三井化学，三井物産，三菱重工業，★ユナイテッドアローズ |

類似の表彰制度には日本証券アナリスト協会による「証券アナリストによるディスクロージャー優良企業選定制度」がある。

**補論：概念フレームワーク**

概念フレームワークは，企業会計（とくに財務会計）の基礎にある前提や概念を体系化したものであり，将来の基準作成に指針を与える役割も有している。わが国の会計基準設定機関である企業会計基準委員会が，2004年7月に『財務会計の概念フレームワーク〈討議資料〉』（2006年12月改訂）として公表した。

## 3-2 金融商品取引法上のディスクロージャー

### 3-2-1 金融商品取引法の目的

わが国のディスクロージャー制度（企業内容開示制度）は，アメリカの証券法（1933年），証券取引法（1934年）を参考にして，1948年に証券取引法としてスタートした。

証券取引法を引き継いだ金融商品取引法は，投資者を保護することと証券市場を通じた効率的な資源配分の確保による国民経済の適切な運営の実現を目的としている。この目的を達成するために，一定の条件を満たす会社に，事業の内容の開示を強制している。この制度を**ディスクロージャー**と呼ぶ。

ディスクロージャー

証券市場の機能は，国民の有価証券による資産運用と企業の有価証券の発行による長期安定資金調達とを適切かつ効率的に結び付ける接点となることによって，国民経済の発展に資することにある。この機能が十分に発揮されるためには，市場の公正性と健全性に対する投資者の信頼が確保されていることが必要であり，有価証券についての適切な投資判断資料が提供されていることが前提となる。

### 3-2-2 投資者保護の意義

従来，わが国は証券取引法によって証券取引や証券業者を規制することで，投資者を保護してきた（**規制主義**）。これに対して，近年では，諸規制を緩和する一方，ディスクロージャーを強化する方法（**開示主義**）が採用された。これは，投資者の意志決定に十分な情報を提供する制度を保証する代わりに，投資者にリスクを覚悟した自己責任による投資を求めたものである。

規制主義
開示主義

投資者保護の内容

証券取引審議会によると，**投資者保護の内容**は次のものである。
① 事実を知らされないことによって被る損害からの保護
② 不公正な取引によって被る損害からの保護
③ 証券会社の不適切な勧誘によって被る損害からの保護

このうち，ディスクロージャーは①の事実を知らされないことによって被る損害を，事実を知らせることによって回避しようとするものである。

---

**補論：金融商品取引法**

　金融商品取引法は「企業内容等の開示の制度を整備するとともに，金融商品取引業を行う者に関し必要な事項を定め，金融商品取引所の適切な運営を確保すること等により，有価証券の発行及び金融商品等の取引等を公正にし，有価証券の流通を円滑にするほか，資本市場の機能の十全な発揮による金融商品等の公正な価格形成等を図り，もって国民経済の健全な発展及び投資者の保護に資することを目的」（第1条）としている。金融商品取引法は，証券取引法とその他の法を，従来の業態毎の縦割り型規制ではなく，横断的な投資者保護の観点から整理統合された法律である。2006年6月に成立し，その後段階的に施行され，2007年9月30日にすべての規定が完全実施された。

また、ディスクロージャーの公平性を保つために、上場会社等又はその役員等がその業務に関して、証券会社や機関投資家に未公表の重要情報の伝達を行う場合には、原則として、その伝達と同時に、その重要情報をインターネットの利用その他の方法により公表しなければならないとする フェア・ディスクロージャー・ルール（金融商品取引法27条の36）が導入されている。

> フェア・ディスクロージャー・ルール

## 3-3 発行市場と流通市場

金融商品取引法によれば、そのディスクロージャー制度は発行市場（新規に有価証券を発行する場合）で資金の調達をする企業を対象に有価証券届出書制度等（発行開示制度）と流通市場（一旦発行した有価証券を流通させる場合）で証券が流通する企業を対象とした有価証券報告書制度（継続開示制度）から構成されている。発行市場の発展は流通市場の発展に依存するので、両市場は相互に補完的である。

### 3-3-1 発行市場における開示

金融商品取引法によれば、会社が原則として1億円以上の株式、社債等の有価証券を募集または売出しを行う場合には、内閣総理大臣に有価証券届出書（あるいは発行登録書）を提出しなければならない。提出された書類は一定の場所で公衆縦覧に供することによって、5年間投資者に開示される。

> 募集または売出し
> 有価証券届出書

有価証券届出書には、証券情報（当該募集または売出しに関する事項）と企業情報（有価証券の発行者である会社の属する企業集団及び当該会社の経理の状況、事業の内容等に関する事項）を記載することが求められている。

原則として、届出書には先の2種類の情報が要求される（通常方式）。しかし、発行手続きの簡素化の観点から、一定の条件を満たす者については、企業情報の一部あるいは全部の省略が認められている。

① 組込方式——直近の有価証券報告書等を組み込む方法
② 参照方式——直近の有価証券報告書等を参照すべき旨の記載を

> 組込方式
> 参照方式

---

補論：募集または売出しとは
　募集とは、新たに発行する有価証券の取得の申し込みの勧誘のうち「私募」以外のものをいう。ただし、多数の者（500名以上）を相手方として行う場合で、有価証券投資に関する専門的な知識及び経験を有する「適格機関投資家」のみを対象とする場合や、プロから一般多数者へ譲渡されるおそれがない場合は除く。
　売出しとは、すでに発行された有価証券の売り付けの申し込みまたは買い付けの申し込みのうち、均一の条件で多数の者（500名以上）を相手方として行う場合をいう。

補論：目論見書（もくろみしょ）
　有価証券の募集もしくは売出しのために提供される企業情報等に関する事項等を説明した勧誘文書。

| | | |
|---|---|---|
| | | する方法 |
| 発行登録制度 | | ③ **発行登録制度**——将来，有価証券の発行を予定している者が，その発行予定有価証券の種類，予定期間，予定額を記載した「発行登録書」を予め内閣総理大臣に提出（登録）することにより，その期間中に勧誘を行うことができる。これは，発行者の企業情報が継続開示されており，周知性が十分認められる者について，機動的な資金調達を可能にするための制度である。|

## 3-3-2　流通市場における開示

金融商品取引法では，①上場有価証券，②流通状況が①に準じる有価証券，③有価証券届出書を提出した有価証券及び④過去5年間の事業年度末に所有者が500人以上の株券の発行会社は，事業年度経過後3カ月以内に，その会社の属する企業集団とその会社の当該事業年度の営業の状況と経理の内容等を記載した**有価証券報告書**を内閣総理大臣に提出することが義務づけられている（金商法24条第1項）。また，これらの会社は，有価証券報告書とともに，有価証券報告書の記載内容が金融商品取引法に基づき適正であることを確認した旨を記載した確認書である**有価証券報告書等の記載内容の確認書**，その会社の属する企業集団及びその会社に係わる財務計算に関する書類その他の情報の適正性を確保するために必要な財務報告に係わる内部統制の有効性の評価に関する**内部統制報告書**を提出することが義務づけられている（金商法24条の4の2の第1項及び同24条の4の4の第1項）。

有価証券の提出会社は，その事業年度の期間を3カ月ごとに区分した各期間毎に，その会社の属する企業集団及びその会社の属する企業集団の経理の状況等を記載した連結ベースの**四半期報告書**を各期間経過後45日以内に，内閣総理大臣に提出することが義務づけられている（金商法24条の4の7第1項）。

また，有価証券の提出会社のうち，四半期報告書を提出しなければならない会社以外の会社は，その事業年度開始後6カ月にかかるその会社の属する企業団体及びその会社の経理の状況等を記載した**半期報告書**を，その期間経過後3カ月以内に内閣総理大臣に提出することが義務づけられている（金商法24条の5第1項）。

有価証券報告書提出会社は，その会社又は連結子会社の財政状態又は経営成績に重要な影響を与える事象の発生（例：外国での株式の発行，提出会社の親会社の変更，主要株主の異動，重要な災害や訴訟）があった場合，その事象発生後遅滞なく，その内容を記載した**臨時報**

告書を内閣総理大臣に提出することが義務づけられている（金商法24条の5第4項）。

金融商品取引法は経営支配権の異動を巡る透明性を高めることを目的として，**親会社等状況報告書**をその事業年度経過後3カ月以内に，内閣総理大臣に提出することを義務づけ（金商法24条の7第1項），上場している株券等を発行済株式数の5%を超えて保有することとなった株主（大量保有者）に，その大量保有者になった日から5日以内に内閣総理大臣に保有割合に関する事項，取得資金に関する事項，保有の目的等を記載した**大量保有報告書**を提出することを義務づけている（金商法27条の23第1項）。また，大量保有者は大量保有報告書提出後，保有割合の1%以上の増減があった場合や，大量保有報告書の記載内容に変更が生じた場合等にも報告が義務づけられている。

親会社等状況報告書

大量保有報告書

---

**補論：有価証券報告書の記載内容**

第一部　企業情報
　第1　企業の概況
　　1. 主要な経営指標等の推移，2. 沿革，3. 事業の内容，4. 関係会社の状況，
　　5. 従業員の状況
　第2　事業の状況
　　1. 業績等の概要，2. 生産，受注及び販売の状況，3. 対処すべき課題，4. 事業等のリスク，
　　5. 経営上の重要な契約等，6. 研究開発活動，7. 財政状態，経営成績及びキャッシュ・フローの状況の分析
　第3　設備の状況
　　1. 設備投資等の概要，2. 主要な設備の状況，3. 設備の新設，除却等の計画
　第4　提出会社の状況
　　1. 株式等の状況：(1)株式の総数等，(2)新株予約権等の状況，(3)行使価額修正条項付新株予約権付社債等の行使状況等，(4)ライツプランの内容，(5)発行済株式総数，資本金等の推移，(6)所有者別状況，(7)大株主の状況，(8)議決権の状況，(9)ストック・オプション制度の内容
　　2. 自己株式の取得等の状況
　　3. 配当政策
　　4. 株価の推移
　　5. 役員の状況
　　6. コーポレート・ガバナンスの状況等
　第5　経理の状況
　　1. 連結財務諸表等：(1)連結財務諸表
　　　　　　　　　　　①連結貸借対照表，②連結損益計算書及び連結包括利益計算書，③連結株主資本等変動計算書，④連結キャッシュ・フロー計算書，⑤連結附属明細表
　　　　　　　　　　　(2)その他
　　2. 財務諸表等：(1)財務諸表
　　　　　　　　　　①貸借対照表，②損益計算書（製造原価明細書または売上原価明細書を含む），③株主資本等変動計算書，④附属明細表
　　　　　　　　　　(2)主な資産及び負債の概要
　　　　　　　　　　(3)その他
　第6　提出会社の株式事務の概要
　第7　提出会社の参考情報
　第二部　提出会社の保証会社等の情報
　第1　保証会社情報，第2　保証会社以外の会社の情報，第3　指数等の情報
監査報告書

## 3-3-3 制度の担保

金融商品取引法による企業内容開示制度下における諸報告書の真実性を担保するために次のものがある。

① 内閣総理大臣による報告書等の訂正命令等の行政処分
② 虚偽記載に対する刑事責任
③ 虚偽記載に対する民事責任
④ 公認会計士等の監査証明制度

## 3-4 会社法上のディスクロージャー

### 3-4-1 会社法の会計目的

利害調整機能
情報提供機能
契約支援機能

会社法（旧商法）の目的は，債権者保護を中心とした**利害調整機能**にあるといわれてきた。これに対して，最近では，会計の基本的な機能を**情報提供機能**とし，会社法はその機能に加えて，たとえば，配当規制のような固有の規制を追加して課していると説明する主張もある。

第1章でも指摘したように，会計の目的は会計情報利用者の意志決定を支援するための情報提供である。会計の機能を情報提供機能と利害調整機能に分けたり，情報提供機能と**契約支援機能**に分けるのは，投資意志決定は情報提供機能と結びつき，投資意志決定以外は利害調整機能あるいは契約支援機能と結びつくからだと説明される場合が多い。ただ，情報提供機能を投資意志決定に限定しなければ利害調整機能も契約支援機能も情報提供機能に含まれることになる。

情報提供機能も有している会社法には，株主に対する直接開示，株主と債権者を対象とする間接開示及び一般大衆を対象とする公示の3種の開示が存在する。

### 3-4-2 直接開示

株主総会開催通知の添付書類

株主に対する直接開示には次のものがある。

① **株主総会開催通知の添付書類**
　計算書類及び監査役の監査報告書（大会社は更に会計監査人の監査報告書）の謄本
② 大会社の株主総会の招集通知に添付すべき参考書類

---

**補論：商法と企業会計の調整に関する研究会報告書**

1998年6月16日にこの報告書は公表されたが，証券取引法が金融商品取引法，商法が会社法に変わった今でも，その趣旨は変わっていないと考えられる。

証券取引法における会計目的――「公開会社を対象として，投資家に投資情報を提供する機能が中心といわれている。この情報提供機能の観点から，適正な会計処理を通じて企業の財政状態及び経営成績を明らかにすることが必要である。」

商法における会計目的――「公開会社のみならず非公開会社を含むすべての会社を対象として，債権者と株主の利害調整機能又は債権者保護を中心としていると一般にいわれている。しかし，これと並んで，株主に対する情報提供機能も重要な目的の一つとされており，財産計算のみならず期間損益計算が一層重視されるようになってきたと考えられる。この面では，商法の目的は，多数の株主が存在する公開会社に関する投資家に対する証券取引法の情報提供機能と実質的に同一の役割を担っていると考えられる。」

議決権を有する株主が1,000人以上の会社については書面投票制度が義務づけられたために，議決権行使に参考となる事項を記載した書面。
③　株主総会における取締役や監査役による説明

　なお，株主総会の招集通知とともに株主に提供すべき資料に表示すべき事項の一部（たとえば，連結計算書類）を，インターネットのホームページに掲載し，そのホームページのアドレスのみを株主に通知すれば，これらの事項は株主に通知されたものとみなす**Web開示制度**が認められている。

Web開示制度

　株主と債権者に対する間接開示としては，次のものがある。
①　計算書類等の備置
　　定時総会会日の2週間前より，計算書類，事業報告及び監査報告書を本店に5年間，支店に3年間備え置くことになっている。
②　合併関係書類の閲覧
　　合併承認総会会日の2週間前より，合併契約書，割当比率説明書，合併当時会社の貸借対照表や損益計算書を合併の日から6カ月間，本店に備え置くことになっている。
③　定款，株主名簿，株主総会議事録等の備置
　　定款は本店及び支店に備置
　　株主名簿，端株名簿，社債原簿は本店に備置

3-4-3　間接開示

**補論：**
　株式会社は法務省令で定めるところにより，各事業年度に係わる計算書類及び事業報告並びにこれらの附属明細書を作成しなければならない（会社法435条2項）としている。具体的には次のような書類が作成される。

```
計算書類
    貸借対照表              連結貸借対照表
    損益計算書              連結損益計算書（包括利益計算書）
    株主資本等変動計算書    連結株主資本等変動計算書
    個別注記表              連結注記表
計算書類に関わる附属明細書
    ①有形固定資産および無形固定資産の明細，②引当金の明細，③販売費および一般管理費の明細，
    ④関連当事者取引に関する注記
事業報告及び附属明細書
  1. 企業集団の現況に関する事項
    （1）当連結会計年度の事業の状況　（2）財産及び損益の状況の推移
    （3）重要な親会社及び子会社の状況　（4）主要な事業内容　（5）主要な事業所
    （6）従業員の状況　（7）主要な借入先　（8）その他企業集団の現況に関する重要な事項
  2. 会社の状況に関する事項
    （1）株式に関する事項　（2）新株予約権に関する事項　（3）会社役員に関する事項
    （4）社外役員に関する事項　（5）会計監査人に関する事項　（6）会社の体制及び方針
  3. 臨時計算書類
```

株主総会議事録は本店に10年間，謄本を支店に5年間備置
取締役会議事録は本店に10年間備置

## 3-4-4 公告

〈一般大衆に対する公告〉

取締役は定時株主総会の承認終了後，遅滞なく貸借対照表等を定款に定められた官報や日刊新聞に公告しなければならない。ただし，有価証券報告書提出会社で，ホームページで公開する旨の決定をし，その措置を講じている会社にあっては，この公告は免除される。

## 3-5 タイムリー・ディスクロージャー

前述した有価証券報告書等の法定開示によって公正で信頼性ある情報が投資者に提供されるが，この制度による情報開示は適時性の観点から十分とはいえない。流通市場においては，時々刻々と生ずる各種の会社情報によって有価証券の売買が大きな影響を受けることが多いことから，重要な会社情報を適時・適切に投資者に対して開示する**適時開示**（タイムリー・ディスクロージャー）が重要となる。この適時開示の担い手は，東京証券取引所（東証）や日本証券業協会である。

### 3-5-1 適時開示の要請
適時開示

### 3-5-2 適時開示の現状
適時開示規則

東証の「**適時開示規則**」によれば，適時開示が求められる会社情報は有価証券の投資判断に重要な影響を及ぼす会社の業務，運営又は業績等に関する情報であるとしている（補論参照）。この適時開示の典型例は，決算日後45日以内に公表される決算内容の要点をまとめた書類である**決算短信**である。また，この適時開示は後述するTDnet（適報開示情報伝達システム）によって行われている。東証は適時開示を一層有効なものとするために，次のような行動をとっている。

決算短信

① 取引所規則の遵守に関する確認書とコーポレート・ガバナンス報告書の提出

取引所規則の遵守に関する確認書

証券市場に対する信頼を確保する観点から，**取引所規則の遵守に関する確認書**を要求している。また，企業の活動の信頼を

---

**補論：適時開示情報の項目**（東証「適時開示規則」による）
① 決定事項に関する情報
　・株式等の発行，資本の減少，自己株式の取得，株式分割又は併合，合併，営業譲渡，新製品又は新技術の企業化，業務の提携又はその解消，人事削減等の合理化
② 発生事項に関する情報
　・災害による損失，上場廃止となる事実，親会社の異動，子会社に係る決定事項又は発生事項，有価証券の含み損
③ 決算に関する情報
　・決算内容，業績予想の修正等，配当予想の修正等
④ 上場外国会社に関するその他の情報
　・会計制度に関する本国の法令等の変更
　・本国の証券取引所における上場廃止の原因となる事実の発生

確保する視点から**コーポレート・ガバナンスに関する報告書**の開示を要求している。

② 上場会社に対する処分

東証は，軽微な不適正開示に対する「口頭注意処分」から「改善報告書の要請」「開示注意銘柄指定」，「上場契約違約金の請求」，そして最も重大な違反に対する「上場廃止」までの状況に応じた処分を行っている。

コーポレート・ガバナンスに関する報告書

## 3-6 ディスクロージャーの展開

情報通信技術（ICT）の急激な発展によって，インターネットやeメールが多くの人々によって日常的に利用されるようになってきた。

このような ICT の発展は会計情報の伝達にも大きな影響を及ぼしている。その典型が，電子メディアによる情報開示（**電子情報開示**）の導入である。90年代にアメリカSEC（証券取引委員会）が導入した**EDGAR（エドガー）**システムが有名である。

電子情報開示

EDGAR = Electronic Data Gathering, Analysis and Retrieval System

### 3-6-1 わが国の電子開示システム

わが国では，2001年の旧商法の改正によって電磁的方法による開示（電子公告）が導入された。さらに，今日，インターネットを利用した次の2つの電子情報開示システムが稼働中である。

① 金融庁電子開示システム**（EDINET）**2001年稼働

インターネット上での有価証券報告書等の開示書類の提出とその公開を可能にしたシステムである。

② 東証適時開示情報伝達システム**（TDnet）**1998年稼働

東証適時開示規則に基づき上場企業が情報の開示を行う場合に利用するシステムである。

さらに今日では，財務情報の二次利用やさまざまな形式へのデータ変換を容易にすることを目的に，**XBRL** が採用されている。また，このような動きを背景に，旧来の財務報告から包括的な**ビジネスレポーティング**，さらに，**Webベース・ビジネスレポーティング**に移行しつつある。従来独立して公表されていた財務情報と非財務情報を関連づけ，長期的な企業価値向上に繋がる取り組みを一覧できるように編集された**統合報告書**を作成する企業も多くなっている。

EDINET = Electronic Disclosure for Investors' NETwork

TDnet = Timely Disclosure network

XBRL

ビジネスレポーティング

Webベース・ビジネスレポーティング

統合報告書

**補論：XBRL（eXtensible Busubess Reporting Language）**
　XBRLは財務情報を電子化して開示するための世界標準のデータ形式である。従来，財務情報の利用者はPDF，HTML形式等で提供された情報を改めて入力するために多くのコストと時間を費やしていたが，XBRL形式の財務情報はそのまま表計算ソフトに取り込み，容易に分析や加工を行うことができる。国税庁は，2004年から始まった国税電子申告・納税システム（e-Tax）において，法人税申告の財務諸表部分のデータ形式としてXBRLを採用している。前述したTDnetでは2012年以降，EDINETでは2014年以降，開示書類すべてがXBRL形式に一元化されている。

## 【問　題】

1．次の電子開示システムはどのような名称で呼ばれているのか答えなさい。

（1）　わが国で2001年の旧商法の改正によって導入された電子開示システムである。

（2）　金融庁が運営する，有価証券報告書等の開示書類の提出者がそれを従来の紙媒体ではなく，インターネットを利用して提出し，モニター画面によって公衆縦覧に供するとともに，インターネットを利用して広く一般に提供する電子開示システムである。

（3）　東京証券取引所が運営する，適時開示規則に基づき，会社情報の広範かつ迅速な伝達を目的とし，会社情報の開示を行う場合に利用するシステムである。

2．次の空欄に適切な語句を記入しなさい。

（1）　企業は利害関係者に対して種々の情報を提供しているが，このような企業情報の開示を（　a　）と呼ぶ。この事業内容の開示を会社に任せると，その内容が不十分なものであったり，ウソが含まれるなどによって，その情報の利用者が損害を被る可能性があるので，法律等によって強制されている。強制される法律には，投資者の保護と証券市場を通じた効率的な資源配分の確保による国民経済の適切な運営の実現を目指した（　b　）とすべての会社を対象として主に債権者と株主間の利害調整と株主への情報提供を目指した（　c　）などがある。また，資金調達を有利にするためなどの理由で，企業によって自発的に行われる開示を（　d　）という。

（2）　金融商品取引法上，上場会社はその会社の属する企業集団とその会社の事業年度の営業の状況と経理の内容等を記載した（　e　）を提出することを義務づけられている。また，これらの会社はその事業年度の期間を3カ月毎に区分した各期間毎に，その経理の状況等を記載した（　f　）を各期間経過後45日以内に提出することが義務づけられ，その財政状態や経営成績に重要な影響を及ぼす事象の発生（重要な災害等）があった場合その事象発生後遅滞なく，その内容を記載した（　g　）を提出することが義務づけられている。また，経営支配権の異動を巡る透明性を高めるために（　h　）を事業年度経過後3カ月以内に提出することが義務づけられている。

## 【参考文献】

河﨑照行編著〔2007〕『電子情報開示のフロンティア』中央経済社。

小谷　融〔2014〕『金融商品取引法の基本知識〔4訂版〕：図解 実務がわかる』税務経理協会。

近藤光男・吉原和志・黒沼悦郎〔2015〕『金融商品取引法入門〔第4版〕』商事法務。

斎藤静樹〔2014〕『企業会計入門―考えて学ぶ』有斐閣。

坂上　学〔2011〕『会計人のためのXBRL入門（新版）』同文舘出版。

桜井久勝〔2015〕『財務会計講義（第16版）』中央経済社。

# 第4章

# 会計情報の読み方①
―経営分析の概要と収益性分析―

第1章でみたように，経営者，投資者，株主，債権者，従業員，国や地方自治体，地域住民らの利害関係者は，それぞれの意思決定のために，企業の経営分析を行うことがある。経営分析の方法の1つとして，財務諸表が用いられる。

財務諸表に計上される各数値は，企業の戦略や計画に基づいた経済活動の結果を示す。それゆえ，正しい知識のもとで適切な分析を行えば，企業の過去の経済活動の良否や将来の経済活動について成功の可否についても探ることが可能になる。

本章では，財務諸表を分析する意義とその方法の概要について概説する。また，財務諸表分析の方法の中でもとくに収益性分析について詳述する。企業が営利組織である以上，その達成度の良否を会計情報から読み取ることは，いずれの利害関係者にとっても重要な意味を持つ。本章に続く第5章では，財務諸表分析の方法のうち，安全性・成長性分析に加えて，株式投資を行う場合の代表的な指標についても取り上げる。

## 会計情報の読み方

**分析方法**
- ▶実数法
- ▶構成比率
- ▶関係比率
- ▶趨勢比率

第4章

### 収益性分析
企業の経済活動から得られる収益の良否を評価するための分析

〈主な指標〉
- ▶総資本事業利益率
- ▶自己資本純利益率
- ▶経営資本営業利益率
- ▶売上高利益率
- ▶資本回転率

第4章

### 安全性分析
企業の財務健全性（資本構成の適否，支払能力の有無等）を評価するための分析

〈主な指標〉
- ▶流動比率
- ▶負債比率
- ▶自己資本比率
- ▶有利子負債キャッシュ・フロー比率

### 成長性分析
企業の将来への成長の可能性（売上高や利益等の推移）を判断するための分析

〈主な指標〉
- ▶売上高成長率
- ▶営業利益成長率
- ▶総資産成長率

### 株式投資分析
株式投資を行う局面において，投資者が企業の価値を評価するための分析

〈主な指標〉
- ▶株価収益率（PER）
- ▶株価純資産倍率（PBR）
- ▶配当利回り

第5章

## 4-1 会計情報の分析

利害関係者
意思決定
財務諸表

　企業を取り巻く利害関係者はさまざまである。第1章でみたように，経営者，投資者，株主，債権者，従業員，国や地方自治体，地域住民らの利害関係者は，企業の経営分析をもとにさまざまな意思決定を行う。彼らのその経営分析の方法の1つとして，財務諸表を用いることがある。財務諸表から得られる会計情報を紐解き，分析することで意思決定を行うのである。財務諸表は，企業の財政状態や経営成績を示す報告書であり，企業の通信簿の役割を果たす。本章では，財務諸表を用いる分析について，誰が，どのように行うのかを簡潔に示し，また実際に企業の収益性を分析する方法について概説する。本章に続く第5章では，財務諸表を使った企業の安全性・成長性の分析と株式投資分析について取り上げる。

### 4-1-1 財務諸表分析の意義

外部分析

内部分析

　企業の経営分析は，分析を行う主体によって2つに分類することができる。投資者や債権者のような企業外部の利害関係者が主体となって分析を行うことを外部分析という。企業外部の利害関係者の中にも金融機関のように資金繰り表や資金計画などを用いることができる場合もあるが，公表財務諸表を主体として分析することが多い。企業の経営管理者などの企業内部の利害関係者が経営分析を行うことを内部分析という。内部分析は外部分析に比べて原価の細目情報や将来予測情報など豊富な資料を用いることができる。本章では，一般に入手可能な財務諸表を対象とした外部分析を行う。

　なお，本章で分析対象とする財務諸表には，第2章で概説したように，個別財務諸表と連結財務諸表がある。個別財務諸表は，個々の会社を単位として作成される。連結財務諸表は，複数の企業を経済的・実質的な支配従属関係を通じて形成される企業集団と捉え，それぞれの個別財務諸表を総合して作成される。

　企業の財務諸表を分析するうえで主として用いるのは，連結財務諸表である。というのは，適切な分析をする上で，企業集団全体による経営の実態を対象とすることが不可欠だからである。本章で分析対象とするのは，連結貸借対照表，連結損益計算書，連結キャッシュ・フロー計算書の3つである。ただし，本章では特別に説明の必要な場合

---

補論：連単倍率
　個別財務諸表の数値に対する連結財務諸表の数値の割合を連単倍率という。たとえば，利益の連単倍率が1を超えているとすれば，企業グループ全体の利益が親会社単独の利益よりも大きいことを示す。連単倍率が大きければグループ力が強く，連単倍率が小さければ子会社が親会社の足を引っ張っているといえる。

を除いて，連結という用語を外し，単に貸借対照表，損益計算書，キャッシュ・フロー計算書と記す。

企業の財務諸表を分析するにあたって，利害関係者は何らかの目的を有する。たとえば投資家は，投資の成否を考える際に，その企業の営利目的の達成度を測るだろう（**収益性**）。企業が営利組織である以上，いずれの利害関係者にとっても企業の収益性は重要である。また，企業は生産単位，つまり社会の必要とする製品やサービスを生産する組織単位としての責任も有している（**生産性**）。この観点から，企業の生産性も収益性を裏付けるという意味で，分析上欠かすことができない。さらに企業の安定性や債務返済能力を知る（**安全性**）ことも，とくに与信管理を行う者にとっては必要である。このほか，長期的な視野で投資活動を行う場合には，企業の今後の成長の可能性（**成長性**）も重視することになるだろう。

このように，分析の目的に応じて，経営分析は4つ（収益性，生産性，安全性，成長性）に分類することができる。利害関係者ごとに4つの目的の重要度はことなるが，企業全体を評価するためにはいずれの目的の分析方法も学習することが肝要である。ただし，本書では，上記のうち収益性，安全性，成長性の3つの目的に絞って概説する。本章では収益性分析について詳述し，次章では安全性，成長性について述べる。

財務諸表を使って企業の経営状況を分析する方法には，**実数法**と**比率法**がある。実数法は，財務諸表の費目の会計数値をそのまま利用するものである。ある費目について，前期の実績値と当期の実績値を比較すれば，その増減額を非常に簡単に把握することができる。ただし，競合他社と比較する場合には，実数法は規模を考慮しないため，自社と競合他社の良否を判断することが難しい。規模の大きい企業は，規模の小さい企業に比べて売上高も大きくなると想定されるが，必ずしもより大きい企業の方が高い収益性であるとは限らない。

このような企業の規模の影響を受けないためには，財務諸表に記載される費目のうち2つ以上の費目を取り上げ，その費目間の割合を比率として算出する，比率法を取る必要がある。比率法には，**構成比率**，**関係比率**，**趨勢比率**がある。

構成比率は，ある主要な項目をベースとして，その他の項目がベー

---

**4-1-2 分析の目的**

収益性

生産性

安全性

成長性

**4-1-3 分析の方法**

実数法
比率法

構成比率
関係比率
趨勢比率

ス項目の中でどれくらいの割合を示すかを分析する方法である。関係比率は，財務諸表の中からペアとすべき項目を取り上げ，その項目間の中でどれくらいの割合を示すかを分析する方法である。関係比率は，本章で取り上げる企業の収益性のほか，次章で詳述する安全性を知るための指標としても有用である。趨勢比率は，基準年度を100として，それ以降の年度の会計数値がどのように推移しているかを算定する方法である。基準年度を前年度とした場合，<u>前期比</u>の分析となる。

前期比

また，分析を進めるにあたっては，自社の1期分の財務諸表を利用するだけでは，十分な解釈を行うことができない。そのため，以下の3つのような比較を行うことが一般的である。第一に，過去と現在の会計数値を比較する，<u>時系列分析</u>がある。時系列で数値の変化を考察することで，企業が成長過程にあるのか，成熟過程にあるのか，衰退過程にあるのかを理解することに役立つ。ただし，時系列分析を行う際には，企業の景況の影響と産業構造の変化に留意しなければならない。第二に，競合他社の同時点の会計数値を比較する，<u>クロスセクション分析</u>がある。景況や産業構造に変化があったとしても，同業の競合企業であれば，ほぼ同一の条件で経営活動を行ったと仮定できるため，比較結果の解釈が容易である。クロスセクション分析を行う場合には，一定時点だけでなく，時系列分析を合わせて行うと良い。第三に，目標値との比較を行う方法がある。ここでいう目標値は，企業が設定した独自の値や，各指標において適当とされる理論値である。企業は経営理念に基づいた戦略を策定し，中期経営計画を策定する。この中期経営計画の中で各年度の具体的な目標値が掲げられることが多い。近年は中期経営計画をHP上で公表する企業も増えている。それゆえ，企業の計画（目標値）と実績を比較することも可能である。

そもそも，財務諸表に計上される各費目の数値は，各企業の戦略や計画に基づいた経済活動の結果を示す。それゆえ，正しい知識のもとで適切な分析を行えば，企業の過去の経済活動の良否や将来の経済活動について成功の可否についても探ることが可能になる。

---

**補論：経営計画における数値目標**

花王（花王株式会社）は，中期経営計画（K20：2017〜2020年度）において，2030年までに達成したい姿として売上高2.5兆円（海外1兆円），営業利益率17％，ROE20％を超えることを目標に掲げている。これらの目標値達成の成否を時系列的に確認することは，経営の良否を判断するうえで重要である。

## 4-2 収益性分析

### 4-2-1 投下資本利益率

収益性分析の代表的な指標として，**投下資本利益率**がある。投下資本利益率では，以下のような貸借対照表項目（分母）と損益計算書項目（分子）の間の相互関係比率が利用される。

$$投下資本利益率(\%) = \frac{利益}{投下資本} \times 100$$

投下資本利益率は，投下された資本から，どれだけの利益が生み出されたかを見るものであり，すなわち資本の利用効率を測定する。たとえば，たいていの人は自分の預金の利子率が気になるだろう。同じように，企業の利害関係者は，当該企業が投じた資本が何％の利益を生み出したのかに興味を持つのである。なお投下資本利益率は，分析者の目的に応じて，異なる資本と異なる利益が組み合わせられる。一般によく利用される組合せは，以下の3つである。

① $総資本事業利益率(\%) = \dfrac{事業利益}{総資本} \times 100$

② $経営資本営業利益率(\%) = \dfrac{営業利益}{経営資本} \times 100$

③ $自己資本純利益率(\%) = \dfrac{当期純利益}{自己資本} \times 100$

総資本事業利益率は，企業全体の収益性，つまり企業が経営活動で使用する資本の全体から生み出された利益額を比率で示す。総資本とは，企業が調達したすべての資本をいう。事業利益は，企業が経営活動から得られた利益をいい，営業利益に金融収益（受取利息・配当）と持分法による投資利益を加算することで算定される。なお，総資本＝総資産であることから，この比率は，総資産利益率（rate of return on assets：ROA）とも呼ばれる。

経営資本営業利益率は，企業の営業活動の収益性を示す。企業は主たる営業活動のほか，財務活動などを行っている。経営資本営業利益

---

**補論：インタレスト・カバレッジ・レシオ**

事業利益を用いた他の指標としてインタレスト・カバレッジ・レシオがある。これは事業利益を支払利息等の金融費用で割ったものであり，企業の借入金等の利息の支払能力を測るための指標である。インタレスト・カバレッジ・レシオは，事業利益が金融費用の何倍であるかを示すものである。本業の利益の範囲内で金融費用をまかなうことが好ましく，倍率が高いほど債権者にとっては企業の安全性が高いことになる。社債等の格付を行う場合にも重視される有力な指標である。

率では，財務活動に使用されている資産と遊休資産を除いた資産からどれくらいの営業利益を獲得したかを示す財務指標である。経営資本は，総資産から現金預金，有価証券，短期貸付金，建設仮勘定，投資その他の資産，繰延資産を控除した金額である。

自己資本純利益率（rate of return on equity：ROE）は，株主の観点からの収益性を表す。つまり，株主に帰属する資本部分（＝自己資本）からどれくらいの利益を上げたかを示す指標である。自己資本は，株主資本（合計額）とその他の包括利益累計額を合算することで算定される。

いずれの投下資本利益率を算定する場合にも，分母の投下資本は期首（＝前期末）と期末の平均を用いることに注意する必要がある。これは，分子の利益が1会計期間のフロー情報であるのに対し，分母の投下資本が期末時点におけるストック情報であることに起因する。1会計期間の成果である利益は，当期の平均的な投下資本と対応させなければならない。期首と期末の平均値を用いることで，分子と分母を近似的に対応させるのである。

たとえば，花王株式会社（以下，花王）の2017年度の有価証券報告書の連結財務諸表に従えば，自己資本純利益率は以下のように求められる。なお，花王では，IFRS基準を採用しており，また単位は百万円である。

自己資本純利益率（％）＝

$$\frac{147{,}010}{(679{,}842 + 806{,}381) \div 2} \times 100$$

$$= 19.8\%$$

JPX（日本取引所グループ）によれば，2017年度の東証1部上場企業の平均自己資本純利益率（製造業）は10.4％である。花王は，上場企業の平均よりも収益性が高いことがわかる。また，2016年度の同じく東証1部上場企業の平均自己資本純利益率が8.5％であるのに対して，花王の自己資本純利益率は18.6％である。花王の収益性は，

**補論：IFRS基準の自己資本利益率**

本章では日本基準に従って計算式の説明をしている。しかし，日本基準とIFRS基準では計上される項目が異なる。IFRS基準を採用する企業は，以下の式で計算すれば良い。

$$自己資本純利益率 = \frac{当期純利益}{純資産}$$

この場合の純資産には，連結貸借対照表上の「親会社の所有者に帰属する持分合計」をあてはめる。また，当期純利益には，「親会社の所有者に帰属する当期純利益」を用いる。なお，IFRS基準の概要は第7章で述べている。

少なくとも2年間に渡って平均よりも高い。時系列でみても，花王の自己資本純利益率は，16.1%（2016年）と比べても3期連続で伸び続けており，高い収益性がうかがえる。

投下資本利益率が示した企業の収益性の良否の理由を調べるためには，以下のように指標を2分解または3分解するとわかりやすい。

> ① 投下資本利益率＝売上高利益率×資本回転率
> $$= \frac{利益}{売上高} \times \frac{売上高}{投下資本}$$

**4-2-2 投資利益率の分解**

売上高利益率
資本回転率

投下資本利益率は，上記のように売上高利益率と資本回転率に分解することができる。売上高利益率は，売上高に対する利幅の大きさを示す比率であり，高い数値を示すほど販売単位当たりの収益力が大きいことがわかる。売上高利益率に関連して損益計算書の構成比について，第5章で詳述する。また，資本回転率は，投下資本によって営業循環を1会計期間に何回繰り返したかを表す。資本回転率の値は，高い方が投下資本の利用効率の良いことを明示する。なお，資本回転率の表示単位は「率」ではなく「回」である。

花王の自己資本純利益率を2つに分解すると，以下のようになる。

$$自己資本純利益率 = \frac{当期純利益}{売上高} \times \frac{売上高}{自己資本}$$

$$= \textbf{売上高純利益率} \times \textbf{自己資本回転率}$$

$$= \frac{147{,}010}{1{,}489{,}421} \times \frac{1{,}489{,}421}{(679{,}842 + 806{,}381) \div 2}$$

$$= 9.9(\%) \times 2.0(回)$$

売上高純利益率
自己資本回転率

この算定結果により，花王の製品は100円あたり9.9円の利幅であること，および花王の自己資本はその営業循環を一年間で2回以上繰り返すことができることの2点が明らかになった。

上記の2分解のほか，投下資本利益率のうち，自己資本純利益率は，下記の3つに分解することもできる。

> ② 自己資本純利益率
> ＝売上高純利益率×総資本回転率×財務レバレッジ
> $$= \frac{当期純利益}{売上高} \times \frac{売上高}{総資本} \times \frac{総資本}{自己資本}$$

総資本回転率
財務レバレッジ

この3分解は，資本構成の影響を把握することを可能にする。この方法は，アメリカのデュポン社が考案して経営管理に役立てていたことから，**デュポン・システム**とも呼ばれる。

デュポン社では，自己資本純利益率を重要業績指標（Key Performance Indicator：**KPI**）として経営上の目標値とし，その達成の成否を業績評価に用いた。その際に，自己資本純利益率を構成する上記の3つを改善することも目標として捉えた。2分解する方法と同様に，売上高純利益率は，利ざやの大きさを示し，総資本回転率は，投下した資本の全てが売上高に結びついた割合を表す。いずれの数値も大きい方が望ましい。第3の要素である財務レバレッジは（financial leverage），企業が投下した資本が自己資本の何倍に達しているかを表す尺度である。負債を主体とする他人資本は，金利が生じるが，他人資本にかかるコスト以上の収益を得ることができるならば，財務レバレッジを高める（総資本のうちの他人資本の比率を高める）ことで，自己資本純利益率を増加させることが可能となる。財務レバレッジの大きさの良否は，景況や企業の事業機会によって異なる。

花王の自己資本純利益率をデュポン・システムに従って分解すると，以下のようになる。

自己資本純利益率＝売上高純利益率×総資本回転率×財務レバレッジ

$$= 9.9(\%) \times \frac{1{,}489{,}421}{(1{,}338{,}309 + 1{,}427{,}375) \div 2}$$

$$\times \frac{(1{,}338{,}309 + 1{,}427{,}375) \div 2}{(679{,}842 + 806{,}381) \div 2}$$

$$= 9.9(\%) \times 1.1(回) \times 1.9$$

既述の通り，利幅を示す売上高純利益率は9.9％である。総資本回転率は1.1回であり，財務レバレッジは1.9である。

花王が自己資本純利益率を業績評価指標とし，数値の向上を図る場合，2分解の際にも見たように，1つには売上高利益率を向上させればよい。総資本回転率の向上，つまり売上高の向上あるいは総資本を減少させることも考えられる。3つの数値のいずれが向上しても，自己資本純利益率は向上する。

ただし，財務レバレッジは，赤字企業，すなわち当期純損失が計上される場合には，売上高利益率はマイナスとなり，財務レバレッジが大きいとマイナスがより大きくなり，ひいてはROEの値も大きなマイナスとなる。財務レバレッジが大きいと言うことは，資金調達源泉として負債に依存していることであるから，必ずしもその数値が大き

いことが望ましいわけではないことに注意しなければならない。

　本章では，利害関係者のうちおもに投資者の視点から財務諸表の分析を行った。しかし，デュポン・システムに見られるように，自己資本純利益率などは経営管理の指標としても用いられる。財務諸表分析は，企業のさまざまな利害関係者の意思決定に有用な会計情報をもたらす。次章では，経営分析のうち企業の安全性や成長性などを測定するための方法について概説する。

【問　題】

1. 以下の文章のA〜Iに適切な用語を記入しなさい。

　企業の経営分析を行う方法の1つとして，（　A　）分析がある。分析の対象となる財務諸表は，企業集団全体の良否を判断するために，（　B　）財務諸表を用いるのが一般的である。また，財務諸表分析は，分析を行う主体によって分類できる。投資家などの利害関係者が行う分析を（　C　）分析といい，経営者などの利害関係者が行う分析を（　D　）分析という。

　分析の方法には，（　E　）法と（　F　）法があるが，企業規模を考慮しなくてよいのは，（　F　）である。（　F　）法には，主要な項目をベースとして，その他の項目がベース項目の中でどれくらいの割合を示すかを分析する（　G　）比率，財務諸表の中からペアとすべき項目を取り上げ，その項目間の中でどれくらいの割合を示すかを分析する（　H　）比率，基準年度を100として，それ以降の年度の会計数値がどのように推移しているかを算定する（　I　）比率がある。

2. 以下の数値をもとに，A〜Fを埋めなさい。なお，要約貸借対照表の数値は期首と期末の平均である。

要約貸借対照表

| 総資産 | 1,000 |
|---|---|
| 自己資本 | 400 |

要約損益計算書

| 売上高 | 1,000 |
|---|---|
| 営業利益 | 400 |
| 金融収益 | 50 |
| 当期純利益 | 100 |

|  |  |
|---|---|
| ROA | A |
| 売上高事業利益率 | B |
| 総資本回転率 | C |
| ROE | D |
| 売上高純利益率 | E |
| 自己資本回転率 | F |

【参考文献】

岡本　清・廣本敏郎・尾畑　裕・挽　文子〔2008〕『管理会計（第2版）』中央経済社。
乙政正太〔2014〕『財務諸表分析（第2版）』同文舘出版。
桜井久勝〔2017〕『財務諸表分析（第7版）』中央経済社。
櫻井通晴〔2019〕『管理会計（第七版）』同文舘出版。
パナソニック株式会社ホームページ：http://panasonic.co.jp/index3.html

# 第5章

# 会計情報の読み方②
―企業の健康状態と成長―

　財務諸表は，企業の収益性や安全性や成長性などの経営状況を会計情報で表現したもので，企業の通信簿であるといわれる。企業の周りにいる投資者，消費者，学生などの利害関係者が財務諸表に記載される会計情報を効果的に利用し分析すれば，その企業が良好な状態にあるのか，あるいは不調な状態にあるのかを推し量ることができるはずである。そのことは，企業と利害関係者の間の溝を埋める重要な手がかりとなろう。

　本章では，第4章ではまだ紹介されていない会計情報の読み方について，特に，安全性・成長性分析を取り上げ，企業の健康状態と成長について説明を行う。また，株式投資を行う場合の代表的な指標についても追加的な説明を行っている。このような分析の観点から，会計情報の活用方法を理解し，企業の現状や将来の経営状況をみる眼を養うことができるようにする。

---

**会計情報の読み方（第5章の内容）**

**安全性分析**
企業の財務健全性（資本構成の適否，支払能力の有無等）を評価するための分析

〈主な指標〉
- ▶流動比率
- ▶負債比率
- ▶自己資本比率
- ▶有利子負債キャッシュ・フロー比率

**成長性分析**
企業の将来への成長の可能性（売上や利益等の推移）を判断するための分析

〈主な指標〉
- ▶売上成長率
- ▶営業利益成長率
- ▶総資産成長率

**株式投資分析**
株式投資を行う局面において，投資者が企業の価値を評価するための分析

〈主な指標〉
- ▶株価収益率(PER)
- ▶株価純資産倍率(PBR)
- ▶配当利回り

## 5-1 会社の安全性

### 5-1-1 会社の財務構造

本章では，第4章ではまだ紹介されていない会計情報の読み方について説明を加える。特に，安全性・成長性分析と株式投資分析の観点から，会計情報をいかに活かすかをみていく。その際，過去の財務諸表数値と現在の財務諸表数値を時系列的に比較分析したり，競合（同業）他社の財務諸表数値を横断的に比較分析したりすることが重要である。いずれの分析方法の結果からも，企業の将来性を予測するための基礎が得られることになるはずである。

**安全性分析**

さて，**安全性分析**についてであるが，これには主に連結貸借対照表（以下，貸借対照表と略す）を利用する。貸借対照表は，決算時点での企業の財務状況を示すものである。貸借対照表は，資産，負債，および純資産から構成されており，純資産（国際会計基準では資本）と負債がバランスしているか，不良債権があるか否か，債務超過に陥っ

**財務体質**

ていないかどうかというように，企業の**財務体質**の強さや弱さ（健康状態）を判断するために利用できる。貸借対照表から企業の財務健全性を読み取ることができるので，それは企業の健康診断書と表現されることがある。

貸借対照表は，各項目を同年度のベース項目と比較することで，より視覚的に把握することができる。貸借対照表のベース項目を総資産（つまり，総資本）とした場合，次のように構成比が求められる。

$$構成比(\%) = \frac{貸借対照表項目の金額}{総資産（総資本）} \times 100$$

たとえば，流動資産が¥10,000で総資産が¥100,000であるとすれば，流動資産は総資産の10%であることになる。総資産が100%と

**百分率貸借対照表**

なるので，この計算を基礎にした貸借対照表は**百分率貸借対照表**を示すことになる。百分率表示は企業の財務構造の大枠を把握するのに非常に便利である。求められた構成比は企業規模（総資産）で標準化（つまり，規模の影響が除去）されているので，他社との比較を行う場合にも有益である。

図表5-1に，貸借対照表の基本フォームとして花王株式会社（IFRS適用会社）の数値を用いた構成比分析の結果を示している。

---

**補論：百分率損益計算書**

損益計算書において，構成比のベース項目を売上高に設定すれば，売上高を100%とした百分率損益計算書が作成されることになる。売上高に対して他の収益，費用，利益の項目がどれほどの割合であるかが表されるので，企業の損益構造の状況や課題を探ることに役立つ。

その結果によると，流動資産が789,380百万円で，総資産が1,427,375百万円であるので，現金及び現金同等物，売掛金などの営業債権，棚卸資産などの流動資産は総資産の55.3%を占めていることになる。したがって，非流動資産は総資産の44.7%になる。その中でのれんと無形資産の割合が相対的に高くなっている。

流動負債と非流動負債はそれぞれ421,671百万円と186,340百万円で，構成比はそれぞれ29.5%と13.1%である。流動負債と非流動負債に含まれる有利子負債は138,414百万円で，構成比は9.7%である。有利子負債とは，短期借入金，社債，および長期借入金など利払いを必要とする負債のことである。

資本の合計は819,364百万円となっている。構成比は57.4%で，資本の割合は流動負債と非流動負債の合計の割合よりも高くなっている。資本のなかで利益剰余金の割合が顕著に高い。利益剰余金は，企業の損益活動から生まれたもので，株主に配当等で分配せずに社内に留保している額のことである。なお，自己株式は企業が所有する自己の株式のことで，企業が株主から株を買い戻すので，△つきで株主資本の控除項目であることを示している。

競合他社分析を行う場合，同業種のライバル企業から適切な企業の選択を行えばよい。たとえば，花王株式会社と同業種の1つと考えられる株式会社資生堂の百分率貸借対照表を作成し比較すれば，両社の財務構造の差異はより明確になるであろう。

**図表 5-1　百分率貸借対照表**

（単位：百万円）

| 項目 | | | 金額(%) | 項目 | | 金額(%) |
|---|---|---|---|---|---|---|
| 資産 | 流動資産 | | 789,380 (55.3%) | 負債 | 流動負債 | 421,671 (29.5%) |
| | | | | | 非流動負債　有利子負債 138,414(9.7%) | 186,340 (13.1%) |
| | 非流動資産 | 有形固定資産 395,800 (27.7%) | 637,995 (44.7%) | 資本 | 親会社の所有者に帰属する持分　資本金　資本剰余金　△自己株式　その他の資本構成要素　利益剰余金 634,855(44.5%) | 806,381 (56.5%) |
| | | のれんと無形資産 155,564 (10.9%) | | | | |
| | | その他の非流動資産 86,631 (6.1%) | | | 非支配持分 | 12,983 (0.9%) |
| 総資産 | | | 1,427,375 (100.0%) | 総資本 | | 1,427,375 (100.0%) |

注：数値は花王株式会社の連結貸借対照表（2017年12月期）による。

## 5-1-2 安全性の指標

次に、貸借対照表の項目相互間の関係比をみてみよう。先に貸借対照表は企業の健康診断書であると述べたが、最も注目を浴びるのは企業の財務状況が健全であるかどうかである。要するに、企業が債務の支払いに余裕があるかどうかに視点が向けられる。短期的な**債務返済能力**が企業に備わっているかどうかという安全性分析を行うには、流動資産と流動負債の大きさを比較するとよい。比較的短期間に返済期限を迎える債務に対して、返済の裏づけとなる比較的短期間に現金化される資産が存在するかどうかを**流動比率**で表す。計算式は次の通りである。

債務返済能力

流動比率

$$流動比率(\%) = \frac{流動資産}{流動負債} \times 100$$

200%以上が理想的であるといわれているが、表5-1の数値例では187.2%（789,380÷421,671）となっている。なお、流動比率の補助指標として**当座比率**が用いられることがある。これは、**当座資産**が流動負債の返済に充てられるかどうかを念頭に置いている。当座資産は、現金・預金、受取手形、売掛金、有価証券から構成されていて、流動資産のなかでも特に早期に現金化可能な資産が当てはまる。

当座比率
当座資産

なお、実際のキャッシュでどれだけ流動負債をまかなえるかを見る指標として、次の**キャッシュ・フロー版当座比率**がある。

キャッシュ・フロー版
当座比率

$$キャッシュ・フロー版当座比率(\%) = \frac{営業活動によるキャッシュ・フロー}{流動負債} \times 100$$

営業活動によるキャッシュ・フローは、連結キャッシュ・フロー計算書より入手可能である。この営業キャッシュ・フローが、流動負債を上回るほど財務上の安全性は高いと判断できる。

つづいて、長期的な安全性を見る指標として、貸借対照表上の右側を構成する負債と資本に目を向ける。負債には、株主以外の外部の第

---

**補論：運転資本**

流動資産の額から流動負債の額を差し引いた額は運転資本と呼ばれる。数値そのものの差額をみる分析は実数法の実践であるが、運転資本は企業の支払能力を判定するための有力な指標となっている。なお、企業の支払能力をもう少し厳密に考慮した正味運転資本は、売上債権と棚卸資産の合計から仕入債務をマイナスして求められる。

三者から調達した負債（社債，金融機関からの借入金，仕入先からの買掛金・支払手形，経費の未払金など）が含まれ，将来的には返済しなければならない。一方，資本は親会社株主に帰属する部分と考えられる「親会社の所有者に帰属する持分」（以下，この部分を自己資本と呼ぶ）と非支配持分から構成される。

　調達された総資本のうち負債（＝流動負債＋非流動負債）と資本がどのような関係になっているかを評価する指標として，次にあげるような**自己資本比率**と**負債比率**がある。なお，日本基準の場合，株主資本とその他の包括利益累計額を合算したものを自己資本と呼んでいる。

自己資本比率
負債比率

$$自己資本比率(\%) = \frac{自己資本}{総資本} \times 100$$

$$負債比率(\%) = \frac{負債}{資本合計}$$

$$= \frac{総資本 - 自己資本}{資本合計}$$

$$= \frac{1}{自己資本比率} - 1$$

　自己資本比率が高まるほど，負債の返済に対する不確実性が減少するので，企業経営の安定性が保持される。分子となる資本合計は，株主が払い込んだ資本金や資本準備金，利益の一部を積み立てた利益剰余金などからなり，自己資本比率が高いほど，企業について財務体質が健全になることを示す。とくに収益性の高い企業であれば，それだけ資本の蓄積が大きくなり，総資本に占め自己資本の比率は高くなってくる。なお，自己資本比率が高いほど，負債への依存度は低下して

**補論：債務超過**
　赤字が続けば純資産比率が低下し，倒産の可能性が高まってくる。同時に，債務返済能力も低下してくる。累積損失が純資産を食い潰した場合，債務超過という状態に陥ることになる。債務超過のケースでは，資産よりも負債が多くなり，貸借対照表の純資産の部の金額はマイナスになる。
　証券取引所は，投資者の保護が確保されることを目的として運営されており，この目的を実現させるために株式の上場廃止基準を定めている。東京証券取引所の場合，企業が1カ年以内に債務超過の状態を解消できないと上場廃止としている。

**補論：固定比率**
　安全性分析の指標として，企業の設備投資に無理がないかどうかを見る固定比率がある。固定比率は，どの程度返済不要な自己資本で非流動資産がまかなわれているかを算出するもの（非流動資産÷自己資本）で，100%を切るほど好ましい。固定負債も組み入れた指標は非流動長期適合率（＝非流動資産÷（自己資本＋非流動負債））という。なお，日本基準では非流動資産と非流動負債をそれぞれ固定資産と固定負債と呼ぶ。

くるので，負債比率は逆に低くなる。

表5-1の数値例では，自己資本比率は56.5%（＝806,381÷1,427,375）である。資本が負債よりも大きいので，負債比率は1倍を下回り，0.77倍（＝1/56.5%-1）となる。なお，総資本に占める有利子負債の割合は，**有利子負債依存度**という指標として使用される。有利子負債依存度が高い企業は，金利上昇局面で利払い負担が増加し，それが収益を圧迫する要因となる。

有利子負債依存度

逆に，余剰資金が借金返済に回されれば財務改善が進み，有利子負債依存度は下がってくる。また，有利子負債から手元流動性（現金・預金と有価証券の合計）を差し引いた額を純有利子負債という。純有利子負債がマイナスであれば，**実質無借金企業**であり，事業拡大や配当などに機動的に資金を使うことが可能となる。

実質無借金企業

営業キャッシュ・フローに対してどれだけ借入金や社債などの有利子負債を抱えているかを表す指標として，以下のような**営業キャッシュ・フロー対有利子負債比率**がある。営業キャッシュ・フローのすべてを有利子負債の返済に充てることはあり得ないが，営業キャッシュ・フロー何年分で有利子負債が返済可能かを計算することは重要なことである。求めた数値が低いほど安定した経営を行っていることになる。

営業キャッシュ・フロー対有利子負債比率

$$営業キャッシュ・フロー対有利子負債比率(\%) = \frac{有利子負債（期中平均）}{営業キャッシュ・フロー} \times 100$$

---

**補論：実質無借金企業**

上場企業の財務データを集計したところ，2017年度末に2,071社となり最多となっている。手元資金額が有利子負債の残額を超える実質無借金企業は上場企業全体の59%を占める。上場企業の資金余力は高まっており，資金の有効活用が求められるようになってきている。なお，有利子負債がゼロの完全無借金企業もこの中に含まれている（日本経済新聞朝刊2018年6月26日付）。

## 5-2 成長性分析

### 5-2-1 過去のデータによる分析

企業の将来性を予測するには企業がどのように成長しているかを把握する必要がある。成長性分析は，企業の時系列の変化をとらえるためのもので，成長過程にあるのか，成熟過程にあるのか，あるいは衰退過程にあるのかといった現在までの経緯を理解することに役立つ。成長性分析ために，過去のデータを基礎に業績の推移（過去からの成長状況）を測定し，今後も順調に伸びていくかどうかを理解することが重要になる。収益性分析や安全性分析と同様に，成長性分析による財務指標は企業内外の利害関係者にとって関心の的であろう。一般的に，企業の成長性として，次のように売上（売上高，売上収益，営業収益などの呼び名があるが，ここではそれらを売上と略す）や営業利益の成長率が分析される。

$$売上成長率(\%) = \frac{当期売上 - 前期売上}{前期売上} \times 100$$

$$= \left(\frac{当期売上}{前期売上} - 1\right) \times 100$$

$$営業利益成長率(\%) = \frac{当期営業利益 - 前期営業利益}{前期営業利益} \times 100$$

これらの指標は当期の実績値が前期の実績値と比べてどれだけ増減したかという前期比を示す。過去5年程度の成長率を並べて，その傾向を探ることも欠かせない手続きである。また，前期との比較だけではなく，3～5期前のデータと比較すれば，趨勢比分析を行うことができる。さらに，同業他社の平均成長率との比較でも今後の成長性の大切な判断材料が得られるであろう。

### 5-2-2 売上高と利益の推移

売上成長率

**売上成長率**は増収率とも呼ばれており，成長性判断のうち最も知名度の高い指標である。売上は総資産と同様に企業規模を代理しており，時系列的にみて売上成長率が安定的に上昇していると，事業規模が拡大していることがわかる。急激な増収はその後の反落に対する懸念材料となるので，その動きが一時的であるか恒久的であるかを常に

---

**補論：セグメント情報**
　連結財務諸表にはセグメント情報の開示がなされている。子会社や在外子会社は親会社の事業内容と著しく異なることがある。セグメント情報では，企業グループがどの事業部門で成長しているのか，どの地域や国で成長しているのかなどを知ることができる。セグメント情報の充実とともに，連結財務諸表の利用者は多角化・国際化した企業の業績ついて有用な情報を得ることができる。

判断するよう心がけておくことが肝要である。

　当然ながら，売上の成長に利益が追いついてこない状況は望ましいものではない。売上成長率が伸びているにもかかわらず**営業利益成長率**（増益率ともいう）がリンクしていないならば，企業は安売りで売上高を稼いだだけかもしれない。売上と営業利益がバランスよく成長している状態，つまり，**増収増益**の状態が望ましい。逆に，売上と利益が共に減少する**減収減益**の状態が継続するようであれば，事業の立て直しに着手しているかどうかを見極めなければならない。

　また，減収増益や増収減益という状況も起こりうる。前者の場合は，製造コストの削減等の事業のスリム化が進めば減収でも収益改善が見込まれることがある。後者の場合は，外注費や人件費などコストが増大し，事業の拡大が利益と結びついておらず，明確な成長戦略（設備増強など）がないのであれば大幅な軌道修正が必要となろう。

　営業利益成長率のほかに，当期（純）利益成長率を計算することも勧められる。また，利益項目だけではなく，費用項目（たとえば，売上原価や販売費及び一般管理費）が時系列的にどのように増減している

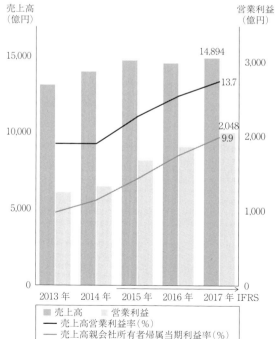

図表5-2　売上高と利益の動向

注）　2015年12期からIFRSに基づく連結財務諸表。
出所：https://www.kao.com/jp/corporate/investor-relations/financial/financial-informat/，2018年10月22日。

かを分析することで，企業の経営状況を詳細に把握することが可能になるであろう。

　図表5-2に花王株式会社の売上と営業利益の動向を示している。それによると，売上は2013年からほぼ右肩上がりである（2015年からIFRS適用）。同時に，営業利益も同じように上昇している。2016年と2017年の間では，売上高は0.9%しか伸びていないが，営業利益はそれを上回って10.4%でプラスに成長している。

　なお，売上収益成長率を参考に，予測売上を確定することが予測財務諸表を作成する出発点となる。過去の売上費用率や売上利益率の平均値をもとに，それらに予測売上を乗じれば，予測費用と予測利益を算出することができる。

　最後に，企業の長期的な展望を探るには，設備投資と研究開発投資の動向を考察するとよい。これらの投資は短期的には利益を圧迫する要因となるが，今後の収益の拡大や競争力のアップに貢献する公算が濃い。成長事業領域にどれだけ重点的にかつ継続的に投資が行われているかを観察することは非常に有益である。通例，売上が伸びれば総資産（企業規模）も拡大する。ただし，**総資産成長率**が売上成長率以上に伸びている場合には，過剰な設備投資や借入金等の無理な資金調達があるかもしれないので注意が必要である。

　　　　　　　　　　　　　　　　　　　　　総資産成長率

**補論：予測財務諸表**
　損益計算書と貸借対照表の各項目の対売上高比率に予測売上高を乗じると，各項目の数値が算出される。たとえば，従来の売上債権の水準が売上高の20%であり，次期の売上高が100億と予測される場合，次期の売上債権の水準は，100億×20%＝20億円となる。
　なお，売上債権÷売上高に365日を乗じた指標を売上債権回転日数と呼ぶ。これは売上債権が現金化するまでの平均的な日数を示す。

## 5-3 株式投資分析

企業外部の利害関係者にとって，財務諸表を読むことは意思決定を行うための重要なことである。ここでは，投資者（株主）の視点から，株式投資に欠かせない代表的な指標をとりあげておこう。具体的には，次の3つの指標について解説する。

$$\text{PER（倍）} = \frac{\text{株価}}{1\text{株当たり利益}}$$

$$= \frac{\text{株式時価総額}}{\text{当期(純)利益}}$$

$$\text{PBR（倍）} = \frac{\text{株価}}{1\text{株当たり自己資本}}$$

$$\text{配当利回り（\%）} = \frac{1\text{株当たり配当金}}{\text{株価}} \times 100$$

株価は企業の将来の収益力を見込んだものといえるが，いずれの指標も株価と財務諸表に表記される数値を基礎にして求められる。**PER** は株価収益率（price earnings ratio）の英略号であり，株価を1株当たり利益で割って算出される。単位は「倍」である。当期(純)利益は，配当に回されようが，あるいは内部留保に回されようが，いずれにしても株主に対する利益であり，PER の理論的意味は，投資額（＝株式時価総額：株価×発行済株式数）を当期(純)利益によって何年で回収できるかということである。

PER

計算上，当期(純)利益は直近期の実績値や次期の予想利益が使用される。株価が1,000円で，1株当たり当期(純)利益（予想値）が50円であるならば，（予想）PER は20倍である。将来の利益の20年分を株価が織り込んでいることになる。この数値を用いて株価の高低の目安とすることができるが，この数値の絶対基準はなく，その企業が属している市場（東証1部，マザーズなど）や同業他社の水準と比較することが有効である。株式市場での企業価値の評価が正しいという前提に立てば，上場している同業他社の PER の平均に評価対象企業の当期純利益を乗じることによって，その企業の適正な株式時価総額が

---

**補論：1株当たり当期純利益（earnings per share：EPS）**

$$1\text{株当たり利益(円)} = \frac{\text{普通株式に係わる当期(純)利益}}{\text{普通株式の期中平均株式数}}$$

当期(純)利益が増加したとしても，増資，第三者割当，株式交換等で分母の発行済株式数が増えれば，1株当たり当期純利益は下がることがある。

いくらになるかを算定するこができる。

なお、PERを補完する指標として、株価を一株当たりキャッシュ・フローで除した**株価キャッシュ・フロー倍率**（PCFR：price to cash flow ratio）が利用されることがある。キャッシュ・フロー数値が利益数値よりも会計操作などの影響を受けにくいという観点からいえば、この指標は有益であると考えられる。 株価キャッシュ・フロー倍率

次に、**PBR**であるが、これは株価自己資本倍率（price book-value ratio）の英略号である。PBRは株価を1株当たり自己資本で割って計算される。単位は「倍」である。1株当たり自己資本の何倍まで株価が買われているのかを見る指標である。株価が1,000円で、1株当たり純資産が800円ならば、PBRは1.25倍である。理論上、その企業が解散したと仮定した場合に、その時に残る自己資本の価値（**解散価値**）が1株当たりどの程度であるかを表す。 PBR<br>解散価値

したがって、PBRがちょうど1倍であるということは、1株当たりの企業の自己資本の簿価と株価が同じであるということになる。PBRが1倍を割るということは、株価が企業の1株当たり自己資本よりも低いことを意味する。理論上、株主は投資額よりも多くの分配を得ることができるので、株価が割安であると判断される。ただし、安く売られすぎている場合には、単に人気がなく出遅れているだけかもしれない。

**配当利回り**は、株価に対する1株当たり配当金の割合である。つまり、配当利回りは、ある企業に投資した場合に得られる配当の率である。預金でいえば利子率に相当する。現在の株価が1,000円で、配当が年1株当たり10円であった場合、配当利回りは1%（10円÷1,000円）となる。株価が下落すると配当利回りは上昇するので、単年度の配当利回りだけをみるだけではなく、業績の推移予測を行い、今後も企業が安定的に配当を増やしたり、維持していくことができるかの判断をしなければならない。 配当利回り

---

**補論：株主優待**

　買収防衛などを意識して、個人投資家を安定株主として呼び込もうとするために株主優待制度を導入する企業がある。株主優待制度は株主に対して企業が感謝の意を込めて贈り物（特典）を提供する仕組みである。全国共通のギフト券や金券、一部の地域でしか使えない自社優待商品券・割引券・食事優待券、一般には手に入らない企業独自の限定品などが提供される。全般的に、外食産業や食品メーカーのように消費に密着した企業が実施するケースが多い。

　なお、配当利回りのように、株主優待の収益性を数値化したものとして株主優待利回りがある。この指標は1株当たりの優待の換算額を株価で割って算出される。

【問題】

1. 次に示す財務指標から，（ ）内の数値を求めなさい。

| 流動比率 | 150% | 総資本営業利益率 | 4% | 非流動資産回転率 | 4回 |
| 当座比率 | 90% | 売上総利益率 | 30% | 自己資本比率 | 40% |

貸借対照表　　　　　（単位：百万円）

| 資　産　の　部 | 負債・資本の部 |
|---|---|
| 流動資産　（①　750　） | 流動負債　（④　500　） |
| 　当座資産　（②　450　） | 非流動負債　（⑤　250　） |
| 　棚卸資産　（③　300　） | |
| 非流動資産　　500 | 資本合計　（⑥　500　） |
| 合　　計　（⑦　1250　） | 合　　計　（⑦　1250　） |

損益計算書　（単位：百万円）

| 売　上　高 | （⑧　2000　） |
|---|---|
| 売　上　原　価 | （⑨　1400　） |
| 　売　上　総　利　益 | （⑩　600　） |
| 販売費および一般管理費 | （⑪　550　） |
| 　営　業　利　益 | 50 |

＊非流動資産回転率(回)＝非流動資産／売上

2. 従来の売上原価と販売費及び一般管理費の対売上に対する比率は45％と30％である。次期の売上高が300億と予測される場合，次期の営業利益はいくらになると予測されるかを計算しなさい。

3. 下記の資料から，①PERと②PBRを計算しなさい。なお，株価は500円，発行済株式数は2億株とする。

| 〈資料〉 | 帳簿価額 | 時　価 |
|---|---|---|
| 資　産 | 450億円 | 550億円 |
| 負　債 | 50億円 | 50億円 |
| （予想）当期利益 | 20億円 | |

【参考文献】

太田康広〔2018〕『ビジネススクールで教える経営分析』日本経済新聞出版社。
桜井久勝〔2017〕『財務諸表分析（第7版）』中央経済社。

# 第6章

# 会計情報の信頼性

　本章では，さまざまな利害関係者に公表される会計情報に対してどのようにその信頼性が保証されるのかを学習する。

　まず，財務諸表と呼ばれる会計情報の信頼性が確保されることによって，財務諸表の作成者と利用者の双方の利益が守られることを説明する。次に，情報の信頼性を保証するシステムとして，わが国の法定監査制度をとりあげる。

　さらに，監査はどのような手法で進められるのか，その基本的な仕組みを明らかにしたうえで，監査の結論としての意見がどのように表明されるのかを説明する。

　最後に，不正をなくすための仕組みとして内部統制をとりあげ，内部統制が導入された背景とわが国における制度を概観する。

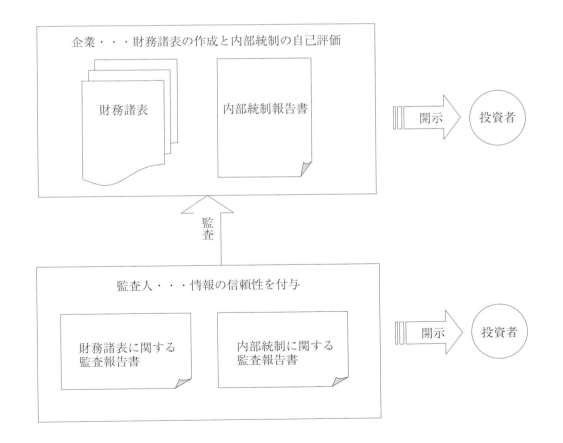

## 6-1 会計情報と監査の必要性

財務諸表と呼ばれる会計情報は，企業内外のさまざまな**利害関係者**に色々な目的で利用される。たとえば，投資者や銀行や取引相手などの利用者は，会社の成績表である財務諸表を投資や融資や商取引に役立つ情報としてそれぞれ利用する。また，財務諸表の作成者である経営者は，自分の会社の経営管理のためや経営業績を示すために財務諸表を必要とする。特に，証券取引所に上場している会社は，誰でも見ることができるように財務諸表を開示している。

このような財務諸表は，信頼できるものでなければ意味がない。しかし，そもそも作成者である経営者と利用者の間では利害が対立しており（**利害対立**），近年の**粉飾決算事件**に見られるように，経営者が会社の業績をよく見せようと財務諸表の数値を書き換える場合もある。利用者は，財務諸表が信頼できるかどうかを確かめることができるだろうか。特に，一般の投資者を例に考えてみよう。財務諸表は投資意思決定のために重要な影響を有しているが（**影響の重要性**），財務諸表の内容は複雑であり，投資者はその内容について調査する専門的能力や手段を持っていない（**複雑性**）。そのうえ，企業の規模が大きくなるほど，投資者は国内外に散在しており，直接会社に出向いて調査するのはコストがかかりすぎる（**遠隔性**）。つまり，一般の投資者が財務諸表の真偽を判断するのは容易ではない。

そこで，会社から独立した第三者の立場で財務諸表の信頼性を保証する仕組みが必要となる。この信頼性を提供するのが**監査**である。経営者にとっても，財務諸表の監査を受けることで，投資者や銀行などの利害関係者から信頼を得ることができ相応の資金調達が可能となる。つまり，会社と利害関係者は，財務諸表の信頼性が確保されることによって，相互に利益を守ることが可能となる。ここに，監査の存在意義がある。

監査とは，会社から独立した立場にある第三者が会社の財務諸表が正しく作成されているかどうかについて，自ら入手した証拠に基づい

---

**補論：粉飾決算事件**
　近年発生した粉飾決算事件として，オリンパス事件，東芝事件などが挙げられる。例えば，東芝事件では，金融庁が新日本有限責任監査法人に対して，契約の新規締結に関する業務停止（3カ月）および業務改善命令の処分を行うとともに，7人の公認会計士に対して懲戒処分（1カ月から6カ月の業務停止）を行った。

**補論：監査が成立するための4要件**
　上で説明した，①利害対立，②影響の重要性，③複雑性，④遠隔性は，監査が成立するための4要件である。

て判断した結果を利害関係者などに意見として報告することをいう。

これを，「財務諸表の適正性について合理的な保証を与える」ともいう。ここで，監査は絶対的な正しさの保証ではないという点に注意が必要である。つまり，財務諸表は「100％正しい」，「正確である」との保証はできない。その理由の1つは，財務諸表の性格に起因する。

財務諸表は，「記録と慣習と判断の総合的表現」といわれる。貸借対照表を例に考えてみよう。貸借対照表の資産項目と負債項目の金額は，現金と預金を除いて，経営者の主観的な判断や慣習として各会社が採用する会計処理方針によって決定されているものが多い。また，資産項目と負債項目の評価は，損益計算書の当期純利益の算定に大きな影響を及ぼす。このため，財務諸表の正しさを検討した結果である保証は，絶対的な正しさの追求ではなく，あくまでも相対的な正しさの保証となる。

さらに，監査の対象は多くの場合は大企業であり，証拠書類は膨大な量になるので，日数や費用など限られた条件のもとで絶対的な正しさを追求することは不可能である。後述するように，監査では，投資者を含む利害関係者が財務諸表に依拠して意思決定できるかどうかの情報を監査報告書という書類で提供する。

記録と慣習と判断の総合的表現

監査報告書

### 6-2　わが国の監査制度

わが国では，法律に基づいて強制されている監査制度として，金融商品取引法に基づく監査制度と，会社法に基づく監査制度の2つがある。

金融商品取引法

会　社　法

#### 6-2-1　金融商品取引法に基づく監査制度

金融商品取引法は，有価証券の発行および売買その他の取引の公正化と有価証券の流通の円滑化を図ることによって，投資者の保護に資することを目的とした法律である。この法律の目的は，投資者が安心して投資情報としての財務諸表に依拠した投資判断を行える環境を整

---

**補論：記録と慣習と判断の総合的表現**
　財務諸表の作成にあたっては，取引を仕訳や転記というプロセスを経て会計データとして帳簿に記録し，一般に認められた会計原則に従って会計処理を行う。しかし，会社にはそれぞれが採用している独自の会計処理方針や，ルールが存在しない領域における実務の積み重ねなどがあり，これらが会計データに影響を及ぼす。さらに，会計データを財務諸表に集約するにあたり，売上債権や繰延税金資産の回収可能性，固定資産の減損などには経営者の見積りが入ることは避けられない。したがって，このような要素を前提に作成された財務諸表の監査は，絶対的保証の提供ではなく，合理的保証の提供となる。

え，投資者を保護することにある。投資者の保護とは，有価証券の価値を保護することではなく，また，自らの判断で損失を被った投資者を保護することでもない。すなわち，投資にはリスクが伴い，自己が行った投資の結果について自らが責任を負うという**自己責任の原則**を投資者に負担させるためには，その前提としての情報公開制度を整備し，その信頼性を担保する必要がある。さらに，証券市場の公正性を維持するために，**インサイダー取引**を禁止する方策が採られている。

　金融商品取引法は，上場会社や店頭登録会社等に**有価証券報告書**を内閣総理大臣に提出することを義務づけている。有価証券報告書は，会社の営業状況や事業の内容，および財務諸表を含む書類であり，金融庁の電子開示システム（EDINET）により誰でも閲覧できる。また，ここに含まれる財務諸表は，その会社と特別の利害関係のない**公認会計士**または**監査法人**の監査証明を受けなければならない。このように，同法は，有価証券発行会社の情報開示の充実を図るとともに，投資意思決定情報としての財務諸表の信頼性を保証するための監査を法定化している。

## 6-2-2　会社法に基づく監査制度

　会社法は，株主や債権者の利益を保護し，経営者に対するガバナンス機能を意図した法律である。株式会社は，株主と債権者から調達した資金を経営者が管理・運用し，その成果を株主には**配当金**として分配し，債権者には利子として支払う組織である。経営者には，委託された資金を管理・運用して最大の利益を得るために経営活動を行う責任がある。しかし，経営者と株主，債権者の間には利害の対立があ

---

**補論：金融商品取引法の立法趣旨**
　金融商品取引法は，次のように同法の立法趣旨を規定している。
　金融商品取引法第1条
　「この法律は，企業内容等の開示の制度を整備するとともに，金融商品取引業を行う者に関し必要な事項を定め，金融商品取引所の適切な運営を確保すること等により，有価証券の発行及び金融商品等の取引等を公正にし，有価証券の流通を円滑にするほか，資本市場の機能の十全な発揮による金融商品等の公正な価格形成等を図り，もって国民経済の健全な発展及び投資者の保護に資することを目的とする。」

**補論：インサイダー取引の禁止**
　たとえば，売上高が予想以上に好調である，新製品が開発される，会社が合併するなど，企業と株価に重要な影響を及ぼす内部情報を一般に公表される前に知った者が，その情報を利用して株式を売買すれば，他の投資者を出しぬき大きな利益を得ることになる。このような行為は，証券市場への信頼を著しく失わせる行為であり，金融商品取引法で規制されている。

**補論：監査法人**
　5人以上の公認会計士が集まった公認会計士法上の法人をいう。

り，経営者が委託者である株主や債権者の利益になるように行動しない場合もある。そこで，このような利害を調整する役割を果たすのが会計である。経営者は，経営活動の結果を明らかにするために**株主総会**において会計報告を行う。また，会社法は，株主総会に参加できない債権者の権利を保護するために，株主への配当金に上限を課している。

以下では，主に株主や債権者が多数にのぼる**大会社**について，会社法が経営者の行う業務をどのようにチェックすると規定しているのかをみてみよう。

大会社である株式会社の機関は，図表6-1のように，株主総会，**取締役（会）**，**代表取締役**，**監査役（会）**から構成されることが多い（後述のように，機関設計の選択肢は3つある）。

株主総会は，会社の最高意思決定機関であるが，**所有と経営の分離**を前提とする株式会社においては，会社の日常的な経営活動に関する決定権は経営者（代表取締役）に委託されている。取締役を含めて，経営者の行う業務をチェックする役割を担うのが監査役である。監査役は，会社内部の情報に精通しているが，会計や監査の専門家であることを要していない。会計報告は株主にとって重要であり，特に大会社が作成する**計算書類**については，これに加えて会社外部の**会計監査人**（公認会計士または監査法人）の監査が義務づけられている。株式

| 側注 |
|---|
| 株主総会 |
| 大 会 社 |
| 取締役（会） |
| 代表取締役 |
| 監査役（会） |
| 所有と経営の分離 |
| 計算書類 |
| 会計監査人 |

**図表6-1　わが国の大会社の機構**

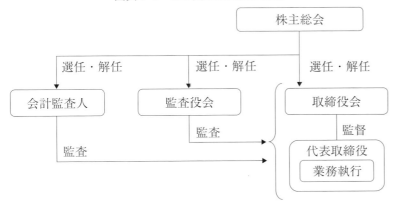

補論：大会社
　資本金5億円以上または負債総額が200億円以上の株式会社をいう。

会社に会計監査人の監査制度が導入されたのは1974年の商法改正によるが，これは1960年代に粉飾決算事件が多発し，監査役制度の形骸化が指摘され批判が高まったことによる。なお，2001年の商法改正により，大会社では，監査役の半数は**社外監査役**でなければならず，会社から独立した第三者の視点で，経営者の意思決定や行動を監視する役割に期待が高まっている。また，2002年商法改正により，監査役を設置せずに**監査委員会**を設ける委員会設置会社（2014年会社法改正により**指名委員会等設置会社**）へ移行した会社もある。さらに，2014年会社法改正により，新たな機関設計として，**監査等委員会設置会社**制度が導入され，機関設計の選択肢は拡がった。

　公開会社である大会社は，会社法が規定する機関設計のうち上記の3つ（監査役会設置会社，指名委員会等設置会社，監査等委員会設置会社）のいずれかを選択することになる。

　なお，会社法により，公開会社である大会社等で有価証券報告書の提出義務がある会社が**社外取締役**を置いていない場合には，社外取締役を置くことが相当でない理由を説明しなければならない。さらに，**コーポレートガバナンス・コード**は，上場会社に対して，独立社外取締役を少なくとも2名以上選任するよう要請しており，コーポレートガバナンスのあり方が見直されてきている。

　次節では，公認会計士や監査法人の行う監査がどのように進められるのか，その基本的な仕組みを説明する。

(余白キーワード: 社外監査役／監査委員会／指名委員会等設置会社／監査等委員会設置会社／社外取締役／コーポレートガバナンス・コード)

---

**補論：計算書類**
　会社法では，貸借対照表，損益計算書，株主資本等変動計算書，個別注記表を計算書類という。

**補論：社外取締役**
　社外取締役は，外部の目から経営を監視する者として，コーポレートガバナンスを強化する重要な担い手の一人であると考えられている。
　社外取締役には要件があり，その会社や親会社，子会社，兄弟会社の関係者や経営者の近親者等は社外取締役になることができない。独立性の強化の観点から社外取締役の要件は一部厳格になったが，他方で過去の就任期間を限定する緩和措置も講じられている。
　改正会社法の施行後，コーポレートガバナンス・コードの導入ともあいまって，社外取締役を選任している会社は大幅に増加した。

**補論：コーポレートガバナンス・コード**
　金融庁と東京証券取引所が取りまとめた上場企業のガバナンスのあり方を示した行動規範のことをいう（東京証券取引所が公表している）。実効的なコーポレートガバナンスの実現に資する主要な原則を取りまとめたものである。上場会社は，「コンプライ・オア・エクスプレイン（comply or explain）」の原則の下，コーポレートガバナンス・コードを遵守するか，さもなければ遵守しない理由を説明することを求められている。

監査の対象となる会社の多くは巨大な企業であり、さまざまな種類の事業を営んでいるため、コストの制約があるなかで膨大な会計記録と証拠書類とをすべて細かく照合することは不可能である。通常、会社は、会計記録の正確性を確保するための**内部統制**を備えているので、監査は、この内部統制の存在を前提として抜き取り検査（**試査**）を原則としている。このように、監査では、すべての会計記録や証拠書類を万遍なく調べるのではなく、財務諸表の**重要な虚偽表示**に関係しそうな事項、つまり財務諸表の信頼性を大きく損なうようなリスクの高い事項を重点的に調べるという戦略的な方法を用いる。このような監査の手法を**リスク・アプローチ**という。

**監査人**は、重要な虚偽表示が生じる可能性が高い領域をどのように識別するのだろうか。まず、監査人は、たとえば業種的に会社の景気が良くないなどの経営環境のリスク要因や、技術革新の速い産業で棚卸資産が陳腐化しているなど財務諸表の項目に内在するリスク要因を調べて、そもそも財務諸表に重要な虚偽表示が行われる可能性（**固有リスク**）を調べる。通常、会社は、このような虚偽表示が行われる可能性を防止し、または早期に発見するための対策として内部統制を構築している。そこで、監査では、会社の内部統制が実際にどの程度機能しているのか、その性能を調べる。どのような内部統制も完璧なものではないので、重要な虚偽表示が見逃されたり、防止されない可能性（**統制リスク**）がある。たとえば、担当者の単純な間違いにより、内部統制が機能しなくなる場合がある。また、経営者が内部統制を無視したり、従業員が共謀する場合には内部統制は機能しない。内部統制をくぐり抜けた重要な虚偽表示を見つけるのが監査である。しかし、監査を実施しても重要な虚偽表示が発見されない可能性があり、これを**発見リスク**という。

このように、監査人は、固有リスクと統制リスクの評価を統合して、会社に内在する**重要な虚偽表示リスク**として評価し、このリスク評価に対応して、発見リスクの程度を調整し、どの程度厳密な監査を行うかを決める。リスク・アプローチの特徴は、勘案したリスクの程度に応じて、監査範囲や適用する**監査手続**を変化させて効果的かつ効率的に監査を実施するという点にある。

監査の実施結果は、監査意見としてまとめられ、**監査報告書**という書類に記載される。監査報告書は、監査人が財務諸表に対する意見を

## 6-3 監査の方法と監査結果

### 6-3-1 監査の方法
内部統制
試　査
重要な虚偽表示

リスク・アプローチ
監　査　人

固有リスク

統制リスク

発見リスク

重要な虚偽表示リスク

監査手続

### 6-3-2 監査の結果
監査報告書

表明する手段であるとともに，監査人と財務諸表の利用者を結ぶ唯一の接点となる。

図表6-2は，金融商品取引法における監査報告書である。これは，有価証券報告書の中で財務諸表と一緒に内閣総理大臣に提出され，インターネットを通じて誰でも見ることができる。この監査報告書では，ソフトバンク株式会社の経営者が作成した財務諸表がわが国において一般に公正妥当と認められる企業会計の基準に準拠して，同社の財政状態および経営成績をすべての重要な点において適正に表示していると監査法人が判断したという意見が表明されている。この例は，**無限定適正意見**を表明した監査報告書であり，ソフトバンク株式会社の財務諸表は，利用者の意思決定の判断資料として信頼できるということを示している。

監査意見には，財務諸表に与える信頼性の程度により，大きく分けて4つの種類がある。たとえば，会社の会計処理が企業会計の基準に準拠していないという重要な虚偽表示の可能性があったり，利益が過大に表示されているなどの重要な虚偽表示の可能性があれば，監査人はその問題事項（**除外事項**）を監査報告書に書く。このような問題事項がある場合には，**限定付適正意見**が表明される。また，その問題事項が財務諸表に及ぼす影響が重要かつ広範である場合には，財務諸表は不適正であるという意見，つまり**不適正意見**が表明される。この他に，たとえば経営者が監査に協力せず必要な資料の提出を拒否したため，十分かつ適切な**監査証拠**が得られず，財務諸表に重要な虚偽表示の可能性がある場合もある。この場合には，財務諸表に及ぼす影響の範囲に応じて，その影響が広範でない場合には限定付適正意見が表明され，その影響が広範である場合には，監査人は監査意見を表明することはできないので，その旨とその理由を書いた監査報告書を発行する。後者を**意見不表明**という。

不適正意見や意見不表明の監査報告書を提出した会社に対しては，証券取引所が有価証券の取引を停止する場合があるので，通常，会社は監査人が指摘した問題事項を修正する。このため，実際に公表される監査報告書は，ほとんどが無限定適正意見監査報告書である。

**補論：監査手続**
　監査証拠を入手するための手続をいう。たとえば，監査人が現金や預金を直接に実地調査したり（実査），預金や売掛金について銀行や得意先に文書で問い合わせて文書による回答を求めたり（確認），領収書や請求書と帳簿を突き合わせて記録の成否を明らかにする（突合）という手続がある。

## 図表6-2 監査法人の無限定適正意見報告書

独立監査人の監査報告書

2018年6月20日

ソフトバンクグループ株式会社
取締役会　御中

有限責任監査法人　トーマツ
指定有限責任社員
業務執行社員　公認会計士　中川　正行㊞
指定有限責任社員
業務執行社員　公認会計士　山田　政之㊞
指定有限責任社員
業務執行社員　公認会計士　酒井　　亮㊞
指定有限責任社員
業務執行社員　公認会計士　平野　礼人㊞

　当監査法人は，金融商品取引法第193条の2第1項の規定に基づく監査証明を行うため，「経理の状況」に掲げられているソフトバンクグループ株式会社の2017年4月1日から2018年3月31日までの事業年度の財務諸表，すなわち，貸借対照表，損益計算書，株主資本等変動計算書，重要な会計方針，その他の注記及び附属明細表について監査を行った。

財務諸表に対する経営者の責任
　経営者の責任は，我が国において一般に公正妥当と認められる企業会計の基準に準拠して財務諸表を作成し適正に表示することにある。これには，不正又は誤謬による重要な虚偽表示のない財務諸表を作成し適正に表示するために経営者が必要と判断した内部統制を整備及び運用することが含まれる。

監査人の責任
　当監査法人の責任は，当監査法人が実施した監査に基づいて，独立の立場から財務諸表に対する意見を表明することにある。当監査法人は，我が国において一般に公正妥当と認められる監査の基準に準拠して監査を行った。監査の基準は，当監査法人に財務諸表に重要な虚偽表示がないかどうかについて合理的な保証を得るために，監査計画を策定し，これに基づき監査を実施することを求めている。
　監査においては，財務諸表の金額及び開示について監査証拠を入手するための手続が実施される。監査手続は，当監査法人の判断により，不正又は誤謬による財務諸表の重要な虚偽表示のリスクの評価に基づいて選択及び適用される。財務諸表監査の目的は，内部統制の有効性について意見表明するためのものではないが，当監査法人は，リスク評価の実施に際して，状況に応じた適切な監査手続を立案するために，財務諸表の作成と適正な表示に関連する内部統制を検討する。また，監査には，経営者が採用した会計方針及びその適用方法並びに経営者によって行われた見積りの評価も含め全体としての財務諸表の表示を検討することが含まれる。
　当監査法人は，意見表明の基礎となる十分かつ適切な監査証拠を入手したと判断している。

監査意見
　当監査法人は，上記の財務諸表が，我が国において一般に公正妥当と認められる企業会計の基準に準拠して，ソフトバンクグループ株式会社の2018年3月31日現在の財政状態及び同日をもって終了する事業年度の経営成績をすべての重要な点において適正に表示しているものと認める。

利害関係
　会社と当監査法人又は業務執行社員との間には，公認会計士法の規定により記載すべき利害関係はない。

以　上

なお，国際的に，監査報告書の記載内容は見直しが行われ，制度上も実務上も情報内容が拡充されている。わが国においても，監査基準が改訂されて2020年3月決算にかかる監査から記載区分等にかかる改訂が行われるとともに，2021年3月決算にかかる監査から，「**監査上の主要な検討事項**」（監査人が当年度の財務諸表の監査において特に重要であると判断した事項）が監査報告書に記載されることになる。

## 6-4 内部統制

前節で説明したように，監査は財務諸表の信頼性を確認するために行われるが，財務諸表の数値を裏づけるすべての会計記録や証拠書類を調べることは不可能であり，試査により全体が正しいかどうかを確かめている。試査が成立するためには，その前提として会社が信頼できる手続で会計処理を行って会計記録を作成していることが必要である。ここでいう会社内部の業務の一連の手続や処理システムを内部統制という。

内部統制の仕組みはアメリカで発展したものであり，アメリカでは1970年代に内部統制に関する法的なルールが定められている。その後1992年に，**トレッドウェイ委員会組織委員会**（COSO）が「内部統制の統合的枠組み」という報告書を公表し，その概念や考え方は事実上の世界標準として取り入れられている。ここでの内部統制の議論が2002年にアメリカで制定された**企業改革法**を契機に広がり，わが国の内部統制の制度化にも影響を及ぼすこととなった。

内部統制がアメリカや日本で大きく注目されるきっかけとなったの

**補論：トレッドウェイ委員会組織委員会（The Committee of Sponsoring Organizations of the Treadway Commission）**
　アメリカ公認会計士協会，アメリカ会計学会，アメリカ内部監査人協会，アメリカ管理会計士協会，アメリカ財務担当経営者協会の5つの団体を構成メンバーとして立ち上がった委員会をいう。2013年5月に，当該委員会は，改訂版の内部統制のフレームワークを公表している。なお，従来のフレームワークの基本的な部分は，踏襲されている。

**補論：企業改革法**
　サーベンス＝オクスリー法（SOX）とも呼ばれる。アメリカのディスクロージャー制度改革であり，会計上の改革，監査上の改革，および内部統制を中心としたコーポレート・ガバナンス上の改革の3つの議論を骨子としている。証券取引委員会登録企業の経営者に財務報告にかかる内部統制の有効性を評価した内部統制報告書の作成が義務づけられ，これについて公認会計士等の監査を受けることとされている。

**補論：**アメリカではエンロンの粉飾決算事件をきっかけに企業改革法が制定され，わが国では西武鉄道による有価証券報告書の不実記載事件やカネボウの粉飾決算事件などが内部統制の議論を本格化させる契機となった。

**補論：**会社法では，内部統制という用語は使用されていないが，会社法第362条第4項第6号で定められている体制は，内部統制を指すと解釈されている。

は，粉飾決算などを中心とする大手企業の相次ぐ不実開示とそれによる証券市場への信頼失墜である。そこで，会計と情報開示，コーポレート・ガバナンスをめぐる問題を改善し，不正を防止することを目的として，内部統制の枠組みが法律で義務づけられている。わが国では会社法と金融商品取引法において，内部統制が制度化されている。すなわち，会社法は，大会社等を対象に取締役会で内部統制システム構築の基本方針を決定することを2006年5月から義務づけている。また，金融商品取引法は，上場会社等を対象に財務報告にかかる内部統制の経営者による評価と公認会計士等による監査を2008年4月1日以後開始する事業年度から義務づけている（図表6-3）。

コーポレート・ガバナンス

**図表6-3 内部統制の監査**

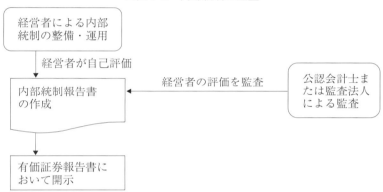

では，不正を防止するという目的を達成できるような仕組みを会社内に構築し運用していくには具体的に何をすればよいだろうか。これを考えるうえで，金融商品取引法の内部統制は，COSOの内部統制のフレームワークをベースにし，次のような考え方に立っている。内部統制が有効に機能するためには，①業務の有効性および効率性，②財務報告の信頼性，③事業活動にかかわる法令等の遵守，および④資産の保全，という4つの目的がすべて達成された状態で業務活動が行われる必要がある。内部統制の有効性を判断する規準として，次の6つの基本的要素，すなわち統制環境，リスクの評価と対応，統制活動，情報と伝達，モニタリング，およびITへの対応がある。内部統制の目的を達成するためには，これらの6つの基本的要素が組み込まれたプロセスを整備し，そのプロセスを適切に運用することが必要となる。

業務の有効性および効率性

財務報告の信頼性

事業活動にかかわる法令等の遵守

資産の保全

統制環境

リスクの評価と対応

統制活動

情報と伝達

モニタリング

ITへの対応

## 【問　題】

1. 次の文章中の括弧 A～I を適切なことばで埋めなさい。

　財務諸表の信頼性について合理的な保証を付与する業務を（　A　）という。わが国では，法律に基づいて強制されている制度として，（　B　）法に基づく監査制度と，（　C　）法に基づく監査制度の2つがある。

　通常，企業は会計記録の正確性を確保するための仕組みとして（　D　）を備えているので，監査は，すべての会計記録や証拠書類を調べるのではなく，（　E　）によって行うことを原則としている。監査は，戦略的に実施され，財務諸表の重要な虚偽表示に関係しそうな事項を分析し，リスクの評価を重視するという手法をとる。この手法を（　F　）という。

　（　A　）の実施結果は，（　G　）として表明され，（　H　）という書類に記載される。財務諸表には全体として重要な虚偽表示がなく，利用者の意思決定の判断資料として信頼できると監査人が判断した場合には，（　I　）意見が表明される。

2. 次の記述のうち，正しいものには○を，間違っているものには×をつけなさい。
    （1）　監査では，財務諸表の信頼性を100%間違いないという正しさで保証できる。
    （2）　監査人は，監査意見表明のための合理的な基礎を得られなかったと判断した場合には，監査意見を表明してはならない。

## 【参考文献】

盛田良久・百合野正博・朴大栄編著〔2017〕『はじめてまなぶ監査論』中央経済社。

第 7 章

# 会計情報の作り方①

　企業は，利益獲得を目指して，さまざまな経済活動を営んでおり，この経済活動を効率的に実施するために，経理業務を行っている。経理部門では企業の経済活動を記録し，利益の額を算定するために，経済活動を簿記の手法を用いて記録，整理して，一定期間ごとにこれらのデータを集約し，会計情報を作成している。

　会計情報を作成するのに簿記の手法を欠かすことはできないが，簿記だけで会計情報を作成することはできない。外部に報告する会計情報を作成するには，会計を規制する様々な規則に準拠することが必要である。

　本章では，まず簿記について説明する。つぎに損益計算書の作成に必要な収益と費用に関する基本的なルールを説明し，さらに貸借対照表作成の基本的なルールの1つとして，資産の貸借対照表価額について説明する。本章では，個別財務諸表の作成について述べているが，これらの個別財務諸表を基礎にして親会社によって作成される連結財務諸表の作り方およびキャッシュフロー計算書の作り方については次の第8章で述べられている。

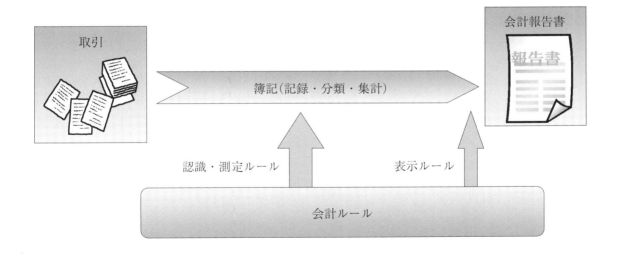

## 7-1 取引の記帳方法(その1)
### —日常の記帳手続—

企業は、その経済活動を貨幣額で記録・分類し、一定期間ごとに集計したうえで、企業を取り巻く利害関係者に伝達（報告）している。記録・分類・集計のための技術が「簿記」である。

### 7-1-1 記帳手続

簿記　取引　勘定

簿記では、企業の財産（資産、負債、純資産）に増減をもたらす事項（「取引」）を記録の対象とする。取引が発生した際、①財産の増減、および②これに伴う他の財産の増減または財産の増減をもたらした原因の2つの要素が一対としてとらえられ、「勘定」に記録される。勘定とは、取引によって増加または減少する項目を記録する場所であり、記録の最小単位である。勘定の記録は、一定期間行われた後に集計され、当該集計結果に基づいて企業の財政状態と経営成績が作成される。

簿記では、次のような記帳手続が行われる。
（1）日常の記帳手続
　①取引の仕訳　②仕訳の勘定への転記　③補助簿への記入
（2）決算手続
　①試算表の作成　②棚卸表の作成　③決算整理　④決算振替　⑤帳簿締切　⑥精算表の作成
（3）財務諸表の作成

本書では、（1）については①および②、（2）については①、③、および⑥について説明する。

### 7-1-2 日常の記帳手続

T型勘定

先に述べたように、企業の取引は勘定に記録される。勘定の構造を最も簡潔に示したものが、T型勘定である。

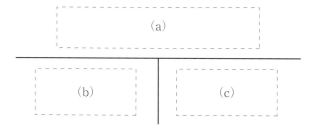

勘定科目

(a)、(b)、および(c)で表しているように、勘定には、記入する場所が3箇所ある。勘定の(a)には、取引によって増加または減少した項目（現金、借入金、資本金など）が記入される。これらの項目を勘定科目という。勘定科目ごとに1つの勘定を作成した後、勘定の(b)および(c)には、当該科目の増加額または減少額を記入する。

たとえば，現金取引を記録する場合，(a) の場所に現金と記し，「現金勘定」を作成する。現金が増加した場合，現金勘定の (b) に増加額を記入する。一方，現金が減少した場合，(c) に減少額を記入する。なお，勘定の (b) すなわち左側を**借方**，勘定の (c) すなわち右側を**貸方**という。

借　　方
貸　　方

現金取引を記録する場合には，勘定の借方に増加額を記入し，貸方に減少額を記入するが，勘定への記入の仕方は，取引によって増減する要素（資産，負債，純資産，収益，費用）によって異なる。

これらを借方の要素と貸方の要素に分類すれば，次のとおりである。

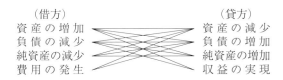

取引によって，ある要素の増加また減少が生じるとともに，これに伴う他の要素の増加または減少が生じる。たとえば，ある取引によって資産が増加した場合，これに伴って資産の減少，負債の増加，純資産の増加，または収益の発生（実現）のいずれかが生じる。また，ある取引によって資産の減少が生じた場合，これに伴って資産の増加，負債の減少，純資産の減少または費用の発生が生じる。すなわち，取引は，上図に示す借方の要素と貸方の要素の組み合わせ（13通り）から成り立っており，これを**取引の結合関係**という。

取引の結合関係

取引が行われると，取引の結合関係に基づいて勘定への記入が行われる。毎日数多く行われる多種多様な取引を正確に勘定に記入するために，あらかじめ取引を分解・分類しておく。取引を上述した5つの要素の増加または減少に分解・分類することを**仕訳**（しわけ）という。取引を記録する際には，まず仕訳を行い，その仕訳に基づいて勘

仕　　訳

| 勘定への転記 | 定への記入（**勘定への転記**）を行う。

次の取引を仕訳するとともに，勘定に転記してみよう。

4/1　現金¥100,000を元手として営業を開始した。
4/10　¥80,000と¥20,000の商品を仕入れ，代金は掛とした。
4/20　¥80,000の商品を¥150,000で販売し，代金は掛とした。
4/25　給料¥15,000を現金で支払った。

≪仕訳≫

4/1　（借）現　金　100,000　（貸）資本金　100,000
この取引は，現金（資産）の増加と資本金（純資産）の増加に分解・分類される。
4/10　（借）仕　入　100,000　（貸）買掛金　100,000
掛とは，後日代金の授受を行うことをいう。商品を掛で仕入れた場合，その金額を買掛金（後日，仕入代金を支払う義務）として記録する。この取引は，仕入（費用）の発生と買掛金（負債）の増加に分解・分類される。
4/20　（借）売掛金　150,000　（貸）売　上　150,000
商品を掛で販売した場合，その金額を売掛金（後日，売上代金を受け取る権利）として記録する。この取引は，売掛金の増加と売上の発生（実現）に分解・分類される。
4/25　（借）給　料　15,000　（貸）現　金　15,000
この取引は，給料（費用）の発生と現金の減少として分解・分類される。

≪勘定への転記≫

```
           現　金                              売掛金
4/1 資本 100,000 | 4/25 給料 15,000    4/20 売上 150,000 |

           買掛金                              資本金
               | 4/10 仕入 100,000                     | 4/1 現金 100,000

           仕　入                              給　料
4/10 買掛金 100,000 |                  4/25 現金 15,000 |

           売　上
               | 4/20 売掛金 150,000
```

---

**補論：簿記上の取引**

　簿記にいう取引は，日常で用いられる取引という言葉と意味内容が若干異なっている。簿記上の取引は，資産，負債，および純資産の増加または減少（ならびに，これらの帰結としての収益または費用の発生）をもたらす事象をいう。電話による仕入商品の注文などは，未だ商品を仕入れておらず，仕入代金も支払っていないので，簿記上の取引とならない。一方，火災による店舗の焼失や商品の盗難は，簿記上の取引となり，記録の対象となる。

このように，取引は借方要素と貸方要素に分解・分類され，勘定の借方の金額（または合計額）と貸方の金額（または合計額）が一致する。これを**貸借一致の原則（貸借平均の原理）**という。

企業は，原則として1年ごとに「**決算**」を行う。決算では，勘定に記録された金額の集計が行われる。集計された金額は，財務諸表を作成する際の基礎データとなる。それゆえ，勘定の記録は正確でなくてはならない。そこで，決算にあたっては，まず仕訳から勘定への転記が正しく行われたかどうかを検証する。そのために作成されるのが，「**試算表**」である。

試算表は，下に示すように，各勘定の結果の一覧表である。試算表のすべての勘定の借方合計額（または借方残高の合計額）と貸方合計額（または貸方残高の合計額）が一致すれば，勘定への転記が正しく行われたことを意味する。先に述べた貸借一致の原則により，すべての勘定の借方の合計額と貸方の合計額は必ず一致する。それゆえ，仕訳から勘定への転記が正しければ，試算表で計算したすべての勘定の借方合計額と貸方合計額もまた一致するはずである。このように，貸借一致の原則を用いて，記録が正確であるか否かを検証する機能を**自己検証機能**という。自己検証機能は，簿記の重要な機能の1つである。

### 図表7-1　試算表

合計残高試算表

| 借方 | | 勘定科目 | 貸方 | |
|---|---|---|---|---|
| 残高 | 合計 | | 合計 | 残高 |
| 85,000 | 100,000 | 現　　　金 | 15,000 | |
| 150,000 | 150,000 | 売　掛　金 | | |
| | | 買　掛　金 | 100,000 | 100,000 |
| | | 資　本　金 | 100,000 | 100,000 |
| | | 売　　　上 | 150,000 | 150,000 |
| 100,000 | 100,000 | 仕　　　入 | | |
| 15,000 | 15,000 | 給　　　料 | | |
| 350,000 | 365,000 | | 365,000 | 350,000 |

勘定記録のなかには，決算日時点における事実を反映していないものがある。たとえば，決算日において現金勘定の残高と実際の現金有高が一致していない場合，これを一致させるための調整を行わなければならない。これを「**決算整理**」という。決算整理が必要な項目を

---

第7章　会計情報の作り方①　83

貸借一致の原則
（貸借平均の原理）

## 7-2　取引の記帳方法（その2）
―決算手続―

### 7-2-1　試算表の作成

決　　算

試　算　表

自己検証機能

### 7-2-2　決算整理

決算整理

決算整理事項
棚卸表

「**決算整理事項**」といい，「**棚卸表**」という一覧表によって示される。

決算整理事項は，上述した取引と同様に仕訳を行い，勘定に転記する。これによって，勘定の残高が決算日現在の経済的事実を正しく反映することになる。なお，決算整理後の各勘定の残高の正確性を検証するために，決算整理後に再び試算表が作成されるが，これが財務諸表の基礎データとなる。

上記の取引例によれば，決算整理事項として，売上原価の計算および期末商品棚卸高をあげることができる。仕入れた商品￥100,000のうち，￥80,000が販売され，￥20,000が次期に繰り越されることから，￥80,000を売上原価，￥20,000を繰越商品として記録する。決算整理仕訳および決算整理後合計残高試算表を示せば，次のとおりである。

4/30 （借）繰越商品 20,000 （貸）仕 入 20,000

**図表7-2 決算整理後試算表**

決算整理後合計残高試算表

| 借 方 | | 勘定科目 | 貸 方 | |
|---|---|---|---|---|
| 残 高 | 合 計 | | 合 計 | 残 高 |
| 85,000 | 100,000 | 現　　金 | 15,000 | |
| 150,000 | 150,000 | 売 掛 金 | | |
| 20,000 | 20,000 | 繰越商品 | | |
| | | 買 掛 金 | 100,000 | 100,000 |
| | | 資 本 金 | 100,000 | 100,000 |
| | | 売　　上 | 150,000 | 150,000 |
| 80,000 | 100,000 | 仕　　入 | 20,000 | |
| 15,000 | 15,000 | 給　　料 | | |
| 350,000 | 385,000 | | 385,000 | 350,000 |

### 7-2-3 財務諸表

損益計算書
貸借対照表
財務諸表

決算整理後の正しい勘定残高に基づいて，**損益計算書**や**貸借対照表**といった「**財務諸表**」が作成される。損益計算書は収益および費用から作成され，貸借対照表は資産，負債，および純資産から作成される。

**図表7-3 財務諸表**

損益計算書
平成X年4月1日～4月30日

| 売上原価 | 80,000 | 売 上 高 | 150,000 |
|---|---|---|---|
| 給　料 | 15,000 | | |
| 当期純利益 | 55,000 | | |
| | 150,000 | | 150,000 |

貸借対照表
平成X年4月30日

| 現　金 | 85,000 | 買 掛 金 | 100,000 |
|---|---|---|---|
| 売 掛 金 | 150,000 | 資 本 金 | 100,000 |
| 繰越商品 | 20,000 | 当期純利益 | 55,000 |
| | 255,000 | | 255,000 |

試算表の作成から，決算整理を経て，財務諸表を作成するまでの一連の過程は，「**精算表**」を作成することによって概観することができる。精算表の作成は正式な決算手続きではないが，それによって決算過程の全体を迅速に把握することが可能となる。上述の取引例を用いて精算表を作成すれば，次のとおりである。決算整理事項は，修正記入欄に記入される。

### 7-2-4 精算表

精　算　表

**図表7-4　精算表**

精　算　表　　　　　　　（単位：千円）

| 勘定科目 | 残高試算表 || 修正記入 || 損益計算書 || 貸借対照表 ||
|---|---|---|---|---|---|---|---|---|
| | 借方 | 貸方 | 借方 | 貸方 | 借方 | 貸方 | 借方 | 貸方 |
| 現　　　金 | 85 | | | | | | 85 | |
| 売　掛　金 | 150 | | | | | | 150 | |
| 繰越商品 | | | 20 | | | | 20 | |
| 買　掛　金 | | 100 | | | | | | 100 |
| 資　本　金 | | 100 | | | | | | 100 |
| 売　　　上 | | 150 | | | | 150 | | |
| 仕　　　入 | 100 | | | 20 | 80 | | | |
| 給　　　料 | 15 | | | | 15 | | | |
| 当期純利益 | | | | | 55 | | | 55 |
| | 350 | 350 | 20 | 20 | 150 | 150 | 255 | 255 |

　財務諸表を作成するには，そのための技術として簿記は不可欠であるが，簿記だけで財務諸表が作成されるわけではない。企業は，企業外部の様々な関係者との間で利害関係をともないながら経済活動を行っている。一方，利害関係者は，自身の経済的意思決定のために企業に関する情報を必要としている。こうした情報の1つとして**財務諸表**が機能しているのであり，企業は，財務諸表を作成するにあたって諸法令に準拠しなくてはならない。

　法規制に準拠して行われる会計を「**制度会計**」という。制度会計は，その根拠となる法律によって，会社法による会計（**会社法会計**），金融商品取引法による会計（**金融商品取引法会計**），および税法による会計（**税務会計**）に分類される。これら3つの制度会計の特徴を示

## 7-3　会計のルール

### 7-3-1　制度会計

財務諸表

制度会計
会社法会計
金融商品取引法会計
税務会計

---

**補論：簿記の歴史**

　複式簿記について記載された世界最古の書物は，1494年ヴェニスで出版されたルカ・パチョーリ（Luca Pacioli）著『算術・幾何・比および比例全書』（Summa de Arithmetica, Geometria, Proportioni et Proportionalita）であり，この書の簿記の箇所は「計算記録詳論」の25頁分である。

　一方，わが国で最初に西洋簿記を紹介した翻訳書は，福澤諭吉訳『帳合之法』（単式簿記は明治6年6月刊，複式簿記は明治7年6月刊）である。

せば，次のとおりである。

図表7-5 制度会計とそれぞれの役割

| | 会計の役割 |
|---|---|
| 会社法会計 | 経営者・株主・債権者の利害調整。債権者保護に重点を置く。 |
| 金融商品取引法会計 | 投資者保護を目的とした，証券市場に対する情報提供 |
| 税務会計 | 課税所得の計算 |

なかでも，金融商品取引法に基づいて行われる企業の財務情報の公表制度は，**企業内容開示制度**またはディスクロージャー制度とよばれる。

### 7-3-2 一般に認められた会計原則

上述した諸法令には，財務諸表を作成するにあたって準拠すべき規定のすべてが記されているわけではない。会社法では，会計の原則として，「株式会社の会計は，一般に公正妥当と認められる企業会計の慣行に従うものとする」（会社法第431条）としている。また，金融商品取引法によって提出を要求される財務諸表は，「財務諸表等の用語，様式及び作成方法に関する規則」（財務諸表規則）に準拠しなければならないが，「この規則において定めのない事項については，一般に公正妥当と認められる企業会計の基準に従うものとする」（財務諸表規則第1条）。

ここに記載されている「一般に公正妥当と認められる企業会計の慣行」および「一般に公正妥当と認められる企業会計の基準」に該当する会計基準として，**『企業会計原則』**および**『企業会計基準』**がある。

### 7-3-3 企業会計原則

企業会計原則は，「企業会計の実務の中に慣習として発達したもののなかから，一般に公正妥当と認められたところを要約したもの」であり，「**一般原則**」，「**損益計算書原則**」，および「**貸借対照表原則**」からなる。また，これら3つの原則に対する補足的な説明が「**注解**」として示されている。

企業会計原則は，現在の金融庁・企業会計審議会の前身である経済安定本部・企業会計制度対策調査会によって1949年（昭和24年）に制定された，わが国で最初の会計基準である。その目的は，戦後の経済再建を目的として，外貨の導入，企業の合理化，課税の公正化，証

券投資の民主化，産業金融の適正化などを促進できるように，企業会計制度を改善統一することにあった。

　企業会計原則は，会社法会計，金融商品取引法会計，および税務会計の根幹をなし，企業会計の実務指針や公認会計士による監査の判断基準として機能してきた。必要に応じて改正されるとともに，これを補足する多数の会計基準が公表されている。たとえば，「連結財務諸表規則」，「リース取引に係る会計基準」，「固定資産の減損に関する会計基準」などがあげられる。

　金融商品会計などの特定の会計問題については，企業会計原則ではなく，後述する企業会計基準が優先的に適用される。この点をみる限り，企業会計原則は企業会計基準より劣位に置かれている。しかし，企業会計基準が設定される際に，企業会計原則が参照されるだけでなく，企業会計基準に規定されていない会計処理については，企業会計原則を適用または参照することが期待されている。企業会計原則をめぐっては，時代に適合していないという批判もあるが，その存在意義がまったく失われたわけではない。

　企業会計基準は，「企業会計基準委員会」（ASBJ）によって設定・公表される会計基準である。企業会計基準のほかに，企業会計基準適用指針および実務対応報告がASBJによって作成・公表される。2018年11月現在，企業会計基準は第29号まで，企業会計基準適用指針は第30号まで，実務対応報告は第38号まで公表されている。

　ASBJは2001年，財務会計基準機構を運営母体とし，民間の会計基準設定機関として設立された。ASBJは，国内基準を設定・公表するだけでなく，会計基準の国際的統一にも対応している。今日，グローバル化した経済に対応するため，「国際会計基準審議会」（IASB）によって「国際財務報告基準」（IFRS）が設定・公表され，会計基準の国際的統一化が推進されている。各国では，国内基準を設定するに際し，IFRSにいかに対応するか，選択が求められる。わが国では，国内基準と国際基準の主要な差異を解消し，両者を実質的に合致させるコンバージェンス（収斂）が進められてきたが，これを担ってきたのがASBJである。

　なお，わが国では，企業会計基準のほかに，IFRSとアメリカ基準の任意適用が認められている。IFRSの任意適用は，2010年3月期決算の連結財務諸表から認められている。さらに，国内基準に照らして

### 7-3-4　企業会計基準

企業会計基準委員会（ASBJ）

企業会計基準適用指針

実務対応報告

財務会計基準機構

会計基準の国際的統一

国際会計基準審議会（IASB）

国際財務報告基準（IFRS）

コンバージェンス（収斂）

IFRSの一部を改訂した「**修正国際基準」（JMIS）**（いわゆる日本版IFRS）の開発が現在，進められている。それゆえ，わが国では，4つの会計基準（企業会計基準，IFRS，修正国際基準，およびアメリカ基準）が並存している。

## 7-3-5 中小企業の会計基準

＊中小企業の会計

＊中小企業版IFRS (IFRS for SMEs)

＊修正国際基準 (JMIS)

会計基準の国際的統一化への対応が進められるなかで，**中小企業の会計**に対する関心が高まっている。上述したIASBでは，IFRSのほかに，**中小企業版IFRS（IFRS for SMEs）**を設定・公表している。わが国においても，中小企業に対する会計基準の整備が進められており，まず2005年8月に，日本公認会計士協会，日本税理士会連合会，日本商工会議所，およびASBJによって「中小企業の会計に関する指針」が公表されている。その後，中小企業庁において中小企業の会計に関する検討会が設置され，2012年2月に「中小企業の会計に関する基本要領」が公表されている。

## 7-4 損益計算書作成に関する基本ルール

＊発生主義会計

＊現金主義会計

企業は，経営成績を明らかにするために，損益計算を行う。損益計算は，「**発生主義会計**」によって行われる。発生主義会計とは，現金による収入または支出が生じた時点ではなく，財やサービスの経済価値の増減が生じた時点で記録を行い，その記録に基づいて損益計算を行う会計をいう。これに対して，現金による収入または支出が生じた時点でその事実を記録し，当該記録に基づいて収支計算を行う会計を「**現金主義会計**」いう。

経営成績を明らかにするという観点からすれば，現金主義会計にはつぎのような問題点がある。経営成績は，経済活動の成果（収益）と努力（費用）を対応づけて利益を計算するものであるが，現金収支では成果と努力の適正な対応が行われない。これは，掛取引によって，商品の仕入・販売時点と現金の支出・収入時点が異なるためである。

そこで，発生主義会計では，収益は，現金収支の時点ではなく，経営活動の成果に関連する事実すなわち財・サービスの提供が行われた時点で認識される。一方，費用は，現金支出の時点ではなく，収益の獲得のために財・サービスを費消した時点で認識される。このように，発生主義会計では，収益や費用をそれらが生じたことを示す事実が発生した時点で認識し，両者の対応関係を重視する。

また，発生主義会計では，現金の収入および支出は，収益と費用を計上する時点を決定する認識基準にはならないが，収益および費用の

金額を決定する測定基準として用いられる。たとえば，売上（収益）の金額は，売掛金が将来回収される時点の現金収入額に基づいて決められ，売上原価（費用）は，販売された商品の仕入時点での現金支出額に基づいて決定される。

　発生主義会計は，「**発生原則**」，「**実現原則**」，および「**対応原則**」の3つの原則から成り立っている。以下，これらの原則を説明する。

発生原則
実現原則
対応原則

## 7-4-1　発生原則

　発生原則によれば，すべての収益および費用は，それらが発生した事実に基づいて計上される。収益が発生した事実とは，企業活動による経済的価値の増加（生成）を意味し，費用が発生した事実とは，経済的価値の減少（費消）をいう。製造業を営む企業では，原材料の仕入，製品の製造，製品の販売，および販売代金の回収といった過程（営業循環過程）が繰り返される。一方，小売業を営む企業では，商品の仕入，商品の販売，および販売代金の回収という営業循環過程が繰り返される。製造業において，費用は，仕入れた原材料（資産）が製造過程に投入（費消）されることによって，材料費（費用）となる。小売業では，仕入れた商品（資産）を販売することによって，販売した商品の仕入原価が売上原価（費用）となる。このように，原材料や商品等の経済的価値の費消に基づいて費用が計上される。

## 7-4-2　実現原則

　上記の発生原則を厳密に適用すれば，収益は製品が製造されるたびに計上されることになる。しかし，製品がすべて予定した価格で販売されるとは限らないため，収益を発生原則に基づいて計上することは適正ではない。そこで，収益は，財・サービスが実際に市場で取引されるまで認識されない。より具体的にいえば，①財・サービスが顧客に引き渡され，②その対価として現金や売掛金等の貨幣性資産を受け取ったときに収益を計上する。これが，「**実現原則**」である。ここにいう貨幣性資産とは，最終的に収入となって貨幣を増加させる資産であり，売掛金や受取手形のほか，保有株式や貸付金等があげられる。

実現原則

　上記①および②の要件は，製品または商品の販売によって満たされる。製造した製品，または仕入れた商品が必ず売れるという保証がない状況にあって，販売という財・サービス生成の事実は，収益獲得と金額の両方の確実性を確保するうえで決定的に重要である。また，②の要件は，利益の処分可能性を確保するうえで必要である。利益から配当金の支払いが行われる以上，利益計算の基礎となる収益が貨幣性

**財務会計の概念フレームワーク**

**投資のリスクからの解放**

資産によって裏付けられる必要があるからである。

なお，先述したASBJによって公表されている討議資料『財務会計の概念フレームワーク』では，実現原則に代わって「投資のリスクからの解放」という考え方を示している。

投資のリスクとは，投資の成果の不確定性をいう。企業によって行われる投資には，製品の製造販売や商品の仕入販売に資金を投下する事業投資と，余剰資金を売買目的有価証券などの金融資産に投下する金融投資がある。事業投資には，製品や商品が販売前に陳腐化し，売れ残るなどのリスクが伴う。一方，金融投資には，保有している売買目的有価証券などの金融資産の価額が取得原価より値下がりするというリスクがある。こうしたリスクから解放された時点で収益を認識する考え方が，投資のリスクからの解放である。

事業投資では，製品・商品が販売によって現金や売上債権（売掛金・受取手形）に転換されれば，これを投資のリスクからの解放とみなし，この時点で収益を認識する。金融投資では，金融資産の時価

---

**補論：実現原則の例外**

長期の請負工事に工事進行基準が認められる理由は，次のとおりである。実現原則を適用した工事完成基準では，着工から完成までの期間にわたって収益は計上されず，それゆえに利益の変動が激しくなり，利害関係者の業績評価に誤解を生じさせたり，配当政策上の問題が生じる可能性がある。しかし，工事が請負であれば，収益の実現は確実であり，そのうえ工事途中で請負価額の一部が入金され，利益の裏付けである貨幣性資産を受け取ることが可能であるため，工事進行基準が認められているのである。

**割賦販売**に回収基準等が認められているのは，割賦販売では代金の回収期間が長期にわたり，代金回収上のリスクを伴うので，収益を慎重に認識することが求められるためである。

割賦販売のほかに，商品の給付時点以外が収益認識時点として認められている商品売買取引として，**委託販売**（受託者が委託品を販売した日），**試用販売**（得意先が買取りの意思を表示した日）があげられる。

2018年3月に公表された企業会計基準第29号「収益認識に関する基準」では，顧客との契約から生じる収益の会計処理を規定している。その特徴は，履行義務を充足したときに収益を認識する点にある。履行義務とは，顧客との契約において財またはサービスを顧客に移転する約束をいう（企業会計基準第29号，第7項）。

当該基準では，約束した財またはサービスの顧客への移転を，当該財またはサービスと交換で企業が得ると見込まれる対価の額で描写することを基本原則としたうえで（同基準，第16項），当該原則に従って収益を認識するためのステップとして，つぎの5つを示している（同基準，第17項）。

（1）顧客との契約を識別する。
（2）契約における履行義務を識別する。
（3）取引価格を算定する。
（4）契約における履行義務に取引価格を配分する。
（5）履行義務を充足したときに，または充足するにつれて収益を認識する。

上述した長期請負工事についていえば，履行義務の充足に係る進捗度すなわち工事進捗度を合理的に見積もることが可能な場合に，工事進行基準が適用されることになる（同基準，第35項および第44項）。

（公正価値）が当期末に値上がりしていれば，これを投資のリスクからの解放とみなし，値上がり益を収益として認識する。金融投資では，当該金融資産を売却していなくても，その値上がりが生じたことをもって投資のリスクからの解放とみなされる。

適正な損益計算を行うには，経済活動の成果としての収益に対して，それを得るための努力である費用を対応づける必要がある。上述したように，費用は発生原則に基づいて計上されるが，すべての発生費用が当期の収益獲得と対応させられるわけではない。収益と費用を厳密に対応させるには，発生費用のうち当期の収益獲得に貢献した部分を当期の費用すなわち期間費用として計上する。たとえば小売業では，仕入れた商品が販売されなければ，当該商品は資産として次期に繰り越される。これに対して，販売された商品の仕入原価すなわち売上原価は，当期の売上獲得に貢献した部分であることから，期間費用とされる。これを「対応原則」（**費用収益対応の原則**）という。

収益と費用の対応には，**直接的対応（個別的対応）** と **間接的対応（期間的対応）** の2つがある。前者は，製品または商品を媒介にして収益と費用の対応関係を直接的に把握する方法であり，売上と売上原価の関係がこれに該当する。後者は，会計期間を媒介にして収益と費用の対応関係を把握する方法である。広告宣伝費や店舗の賃借料などの費用は，売上等の収益との間に直接的な因果関係を識別することが難しい。それゆえ，同一期間に計上された収益と費用は，当期の経済活動を通じて間接的に対応しているとされる。

企業の財政状態を明らかにするうえで最も重要な点は，資産の金額をどのようにして決定するかである。資産の金額は，当該資産に対する投資の成果をどのように測定するかによって，取得原価または時価（公正価値）のいずれかに大きくわけられる。投資のリスクからの解放で述べたように，製品・商品等の事業資産への投資は，販売によって当該資産が現金や売上債権といった当座資産に転換したことをもって成果が上がったとみなされる。こうした投資の成果を測定するために，事業資産は取得原価で測定される。一方，金融資産への投資の成果は，金融資産の値上がり益である。これを測定するために，金融資産は時価で評価される。

貸借対照表に記載される資産の金額（貸借対照表価額）は，資産の

**7-4-3 対応原則**

費用収益対応の原則

直接的対応
（個別的対応）

間接的対応
（期間的対応）

**7-5 貸借対照表作成に関する基本ルール**

種類によって異なる。資産は，それが取得されたときの価額すなわち取得原価で測定されるが，取得原価がそのまま貸借対照表価額となるわけではなく，上述したように，当該資産に対する投資の成果によって，時価（公正価値）が適用される以外に取得原価から関連する費用額を控除した金額が用いられる場合がある。以下では，この点を中心に説明する。

### 7-5-1 資産の内容

貨幣性資産

費用性資産

現金預金，売掛金，受取手形，有価証券などは，最終的に収入となって貨幣を増加させる資産であり，「**貨幣性資産**」とよばれる。これに対して，上述した製品，商品，原材料，さらに建物や機械等の有形固定資産，創立費等の繰延資産は，経済活動を通じて将来費用となる資産であり，「**費用性資産**」とよばれる。

### 7-5-2 貨幣性資産の貸借対照表価額

債権

貨幣性資産のうち，売掛金，受取手形，貸付金等の「**債権**」の貸借対照表価額は，取得原価から貸倒引当金を控除した金額となる。ただし，債権を債権金額より低い価額または高い価額で取得した場合，取得原価と債権価額との差額の性格が金利の調整と認められるときは，償却原価法に基づいて算定された価額（償却原価）から貸倒引当金を控除した金額を貸借対照表価額とする。なお，貸倒引当金は，貸倒見積高に基づいて算定される。有価証券は，保有目的の観点から4種類に分類されるが，種類によって貸借対照表価額の決定方法が異なる。

**図表 7-6 有価証券の貸借対照表価額**

| 有価証券の種類 | 有価証券の特徴 | 貸借対照表価額 | |
| --- | --- | --- | --- |
| | | 評価基準 | 減損 |
| 売買目的有価証券 | 余剰資金を運用して時価の変動による利益獲得を目的として保有する市場性のある有価証券 | 時価（公正価値） | 減損は行わない |
| 満期保有目的債券 | 満期まで所有する目的で保有する社債，その他の債券 | 取得原価または償却原価 | 次のとおり，減損を行う。市場価格が存在するものは，その時価が著しく下落した場合，回復の見込みがあると認められる場合を除いて，時価（公正価値）を貸借対照表価額とする。市場価格がないものは，その会社の財政状態が悪化し，発行する株式の実質価額が著しく低下した場合に，相当の減額を行う |
| 子会社・関連会社株式 | 支配目的で保有する株式 | 取得原価 | |
| その他有価証券 | 上記以外の有価証券。事業上の関係を強化する目的で相手企業と相互に保有し合う「持合い株式」など | 時価（公正価値） | |

## 7-5-3 費用性資産の貸借対照表価額

費用性資産は，その取得時は，原則として取得原価（付随費用を含む）で計上される（原価基準）が，その後，経済活動を通じて費消された部分を各年度の費用として配分しなければならない。これを「費用配分の原則」（または原価配分の原則）という。費用配分の原則が適用されることによって，費用性資産の取得原価は，当期に費消した部分と次期に繰り越される部分に分類される。次期に繰り越される部分が資産として，貸借対照表に計上される。すなわち，費用性資産の金額は，原価基準と費用配分の原則によって決定されることになる。

費用配分の方法は，費用性資産の種類によって異なる。上述した製品，商品，原材料などの「棚卸資産」は，製品・商品の払出数量の把握方法である継続記録法と払出単価の決定方法（個別法，先入先出法，平均原価法（移動平均法，総平均法）等）を適用して，売上原価と次期繰越額を決定し，後者を貸借対照表に計上する。ただし，取得原価から売上原価を差し引いた残額がすべて時期に繰り越されるわけではなく，盗難等や価値の下落によって生じた損失額（棚卸減耗，棚卸評価損）が，当該残額から差し引かれる。また，期末時点で，棚卸資産の帳簿価額と正味売却価額を比較し，正味売却価額が帳簿価額より下落している場合，当該正味売却価額を貸借対照表価額とする。さらに，トレーディング目的で保有する棚卸資産は，市場価格に基づく価額すなわち期末時点の時価をもって貸借対照表価額とする。

建物，備品，機械装置などの「有形固定資産」は，製造活動や販売活動に利用されることによって，売上獲得に貢献している。それゆえ，有形固定資産の取得原価は，「減価償却」によって各年度に配分され，売上収益と対応づけられる。減価償却の方法には，定額法，定率法，生産高比例法，級数法といった方法がある。減価償却によって算定される減価償却費の過年度累計額（減価償却累計額）を取得原価から控除した金額が，有形固定資産の貸借対照表価額となる。

特許権，商標権，営業権（のれん）等の「無形固定資産」もまた，当該資産の有効期間にわたり償却を行い，その取得原価を各年度に配分する。無形固定資産の貸借対照表価額は，当該資産の帳簿価額から償却額を差し引いた残額となる。

支出の効果が将来にわたって発現すると期待される「繰延資産」では，その支出額を効果が及ぶ将来期間に費用として配分される。繰延資産は，その種類に応じて定められた期間内に償却を行い，当該資産の帳簿価額から償却額を差し引いた残額をもって貸借対照表価額とする。

## 【問　題】

1. 次の文章の（　）内に適当な用語を入れなさい。

　制度会計の根拠となる法律には，（　A　），（　B　），（　C　）がある。また，法律ではないが，（　A　）会計，（　B　）会計，（　C　）会計の根幹にあって，企業会計の実務指針や公認会計士の監査指針として機能しているものに（　D　）がある。（　D　）は，パブリックセクターである金融庁の（　E　）によって管轄されている。一方，2001年には，民間の会計基準設定機関として（　F　）が設立され，当該機関によって（　G　），（　H　）および実務対応報告が設定・公表されている。

2. 次の文章が正しい場合には，（　）内に○を入れなさい。間違っている場合には（　）内に×を記入するとともに，間違っている箇所を修正しなさい。

　① （　）試算表は，仕訳が正しいかどうかを検証する目的で作成する計算書である。

　② （　）決算整理前の各勘定の残高は，決算日時点の経済的事実を正しく反映している。

　③ （　）建物や備品といった有形固定資産は，その取得原価が定額法や定率法等の方法によって，当該資産の耐用年数にわたって配分される。こうした手続きを減価償却という。

　④ （　）実現原則とは，すべての収益および費用を，それらが発生した事実に基づいて計上することを要請する原則である。

　⑤ （　）費用収益対応原則によれば，収益と費用の対応には，直接的対応と間接的対応の2種類がある。前者は，売上高と売上原価のように，直接的な因果関係が認められるものであり，個別的対応ともいわれる。後者は，一期間に計上された収益と費用が当期の経済活動を通じて間接的に対応していることをいい，期間的対応ともよばれる。

## 【参考文献】

伊藤邦雄〔2018〕『新・現代会計入門（第3版）』日本経済新聞出版社。
桜井久勝〔2018〕『財務会計講義（第19版）』中央経済社。
藤井秀樹〔2017〕『入門財務会計（第2版）』中央経済社。

# 第8章

# 会計情報の作り方②
―連結財務諸表―

　現在，大企業の多くは，多数の企業を傘下に抱え，企業集団として経済活動を行っている。企業間の経済的結びつきが極めて緊密である企業グループは，親会社を企業集団の頂点とする単一の組織体としてみなすことができる。

　このような企業集団の親会社の業績を判断するにあたっては，その企業の個別財務諸表に依拠した分析では限界があることに留意しなければならない。なぜなら，個別財務諸表は法律上の個々の企業を会計単位として作成される書類であり，企業集団としての業績を評価する範囲が限定的になる恐れがあるためである。

　そこで，企業集団を1つの会計単位とみなして作成される連結財務諸表が重要となる。連結財務諸表は，個別財務諸表からは得られない情報を含み，親会社の経営成績と財政状態を適切に評価するうえで重要な情報源となる。

　本章では，連結財務諸表の作り方の基礎について学習する。学習にあたっては，連結財務諸表と個別財務諸表の違いに注目してほしい。

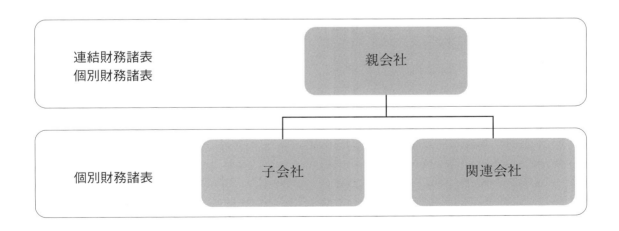

## 8-1 連結財務諸表の作成ルール

### 8-1-1 連結財務諸表とは

連結財務諸表とは，支配従属関係にある2つ以上の企業からなる集団（企業集団）を単一の組織体とみなして，親会社が当該企業集団の財政状態，経営成績およびキャッシュ・フローの状況を総合的に報告するために作成するものである（連結財務諸表に関する会計基準）。連結財務諸表は，主に次の書類で構成されている。なお，個別財務諸表の種類については，第2章を参照してほしい。

（1） 連結貸借対照表
（2） 連結損益及び包括利益計算書
（3） 連結株主資本等変動計算書
（4） 連結キャッシュ・フロー計算書
（5） 連結附属明細表

連結財務諸表原則

連結財務諸表に関する会計処理および開示については「**連結財務諸表原則**」等で規定されている。しかし，平成9年に「連結財務諸表原則」が改訂されて以降，会計基準の国際的なコンバージェンスの議論や，さまざまな会計基準の新設・改正に伴い，「連結財務諸表原則」の見直しが必要とされた。この結果，企業会計基準第22号「**連結財務諸表に関する会計基準**」（以下本章では，連結会計基準と略称する）

連結財務諸表に関する会計基準

持分法に関する会計基準

および第16号「**持分法に関する会計基準**」（以下本章では，持分法会計基準と略称する）が平成20年に公表された。これらの会計基準は，「連結財務諸表原則」等の規定よりも優先して適用される。

### 8-1-2 連結の範囲

連結財務諸表は，企業集団における個々の企業の個別財務諸表を総合して作成するものである。したがって，連結財務諸表の作成にあたっては，親会社や子会社など，企業集団を構成する個々の企業を決定しなければならない。連結財務諸表に総合すべき企業群を**連結の範囲**と呼ぶ。

連結の範囲

ここで，親会社とは，他の企業の意思決定機関を支配している企業をいい，支配されている企業を子会社という。親会社は原則としてすべての子会社を連結の範囲に含める必要がある。企業が他の企業の意思決定機関を支配しているかどうかを判断する基準は，**支配力基準**と

支配力基準

---

**補論：包括利益の表示**

企業会計基準第25号「包括利益の表示に関する会計基準」では，包括利益を表示する計算書として，次の2つの形式のいずれかを採用することとしている。すなわち，①当期純利益を表示する損益計算書と，包括利益を表示する包括利益計算書からなる形式（2計算書方式），②当期純利益の表示と包括利益の表示を1つの計算書（損益及び包括利益計算書）で行う形式（1計算書方式）の2つの形式である。

呼ばれている。

支配力基準では，①他の企業の議決権の過半数を所有している場合，②他の企業の議決権の所有割合が50％以下であっても，当該企業の意思決定機関を支配している一定の要件が認められる場合には，親会社と子会社の関係があると判断される。たとえば，親会社に協力的な株主が存在することにより，子会社の株主総会において議決権の過半数を占めることができる場合がそれに該当する。このように，連結の範囲に含められる子会社を連結子会社という。また，親会社および連結される子会社を総じて連結会社という。

連結子会社

連結会社

ここで，下記の図表8-1を用いて，連結の範囲を具体的に考えてみよう。P社はA社の株式70％を直接保有することにより，A社の議決権の過半数を占めている。また，A社を通じて60％の議決権を保有することにより，P社はB社を間接的に支配している。さらに，P社は，C社の株式30％を直接所有するだけではなく，A社を通じて間接的に25％所有している。したがって，P社はA社，B社およびC社の議決権の過半数を有していることから，いずれの会社もP社の連結子会社となる。

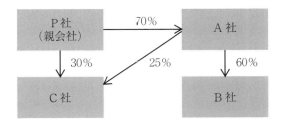

図表8-1　連結の範囲

注意すべきは，子会社のうち，連結の範囲から除かれる子会社も存在することである。すなわち，①支配が一時的であると認められる企業，②①以外の企業であって，連結することにより利害関係者の判断を著しく誤らせるおそれのある企業は連結の範囲に含めない。さらに③資産，売上高等を考慮して，重要性が乏しい子会社であると判断した場合には，連結の範囲に含めないことができる。このように連結の範囲から除かれる子会社を非連結子会社という。

非連結子会社

### 8-1-3　持分法の適用

親会社と連結子会社の関係にある企業群は，単一の組織体とみなされ，それぞれの個別財務諸表が連結財務諸表に総合される。しかしな

がら，連結財務諸表の対象となる企業集団はいっそう広い。すなわち，一定の条件の下で連結から除外された非連結子会社や，親会社が重要な影響を及ぼす関連会社についてもその対象となる。このような企業間の投資の評価にあたっては，原則として**持分法**を適用しなければならない（持分法会計基準）。

<small>持 分 法</small>

ここでいう持分法とは，非連結子会社と関連会社の純資産および損益のうち，親会社に帰属する部分の変動に応じて，その投資の金額を各事業年度に修正する方法である。また，**関連会社**とは，親会社が（単独あるいは子会社と協力して）財務や営業の方針決定に対して重要な影響を及ぼすことができる企業をいう。

<small>関連会社</small>

このように実質的な影響力を勘案して関連会社かどうかを判定する基準は**影響力基準**と呼ばれている。影響力の判定にあたっては，出資・人事・資金・技術・取引などの関係が考慮されるが，とりわけ議決権が重視される。すなわち，①議決権の20％以上50％以下を所有している場合，または，②議決権は20％未満であるが，大きな影響力を有すると認められる場合，その影響を受ける企業は関連会社とみなされる。

<small>影響力基準</small>

以上のように，連結財務諸表の対象となる企業集団は，親会社，子会社および関連会社で構成される。連結子会社の業績は，親会社と個別財務諸表を結合する手続きで連結財務諸表に反映され，非連結子会

**図表8-2 連結財務諸表の対象となる企業集団**

```
┌─────────────────────────────────────────────┐
│ 親会社と連結子会社の                         │
│ 個別財務諸表を合算                           │
│   ┌──────┐    支配    ┌──────────┐        │
│   │ 親会社 │──────────▶│ 連結子会社 │        │
│   └──────┘            └──────────┘        │
└─────────┬───────────────────────────────────┘
          │
┌─────────┴───────────────────────────────────┐
│ 非連結子会社と関連会社に  影響力  ┌────────────┐│
│ 持分法を適用             ────────▶│ 非連結子会社 ││
│                                   └────────────┘│
│                          影響力   ┌──────────┐  │
│                          ────────▶│ 関連会社  │  │
│                                   └──────────┘  │
└─────────────────────────────────────────────────┘
```

**補論：子会社数と関連会社数（ソニーの事例）**

ソニー株式会社の有価証券報告書【事業の内容】を確認すると，2018年3月31日現在におけるソニーの子会社数は1,334社であり，関連会社数は119社であることが分かる。このうち連結子会社（変動持分事業体を含む）は1,304社，持分法適用会社は107社と記載されている。

社と関連会社の業績は，持分法を通じて連結財務諸表に組み込まれる（図表8-2を参照）。以下の節では，連結貸借対照表，連結損益計算書ならびに連結キャッシュ・フロー計算書を取り上げて，企業集団の業績が連結財務諸表に反映されるプロセスを簡潔に解説する。

## 8-2 連結貸借対照表の作成

連結貸借対照表は，企業集団の資産・負債・純資産を基礎として，企業集団としての財政状態を示す書類である。連結貸借対照表は，①親会社と連結子会社の個別貸借対照表に基づき，同一項目の金額を合算するとともに，②企業集団の内部での取引から生じた資本・負債・純資産を相殺消去して作成し，③非連結子会社と関連会社の投資について持分法を適用する，というプロセスで作成される。

この中の②と③が作成のポイントになる。②では，親会社と子会社の間で生じた債権と債務を相殺消去するとともに，親会社が子会社に出資した部分を相殺消去する必要がある。以下では，後者の親会社から子会社への出資に関連する相殺消去の簡単な例を取り上げる。③については，後述の8-4持分法による投資利益で説明する。

### 8-2-1 投資と資本の相殺消去

連結貸借対照表を作成する場合，企業集団の内部で行われた取引により生じた資産・負債・純資産は相殺消去しなければならない。これは，親会社の子会社に対する投資とこれに対応する子会社の資本についても当てはまる。

個別企業の視点からは，親会社が子会社に資本を提供し，子会社から株式を取得した場合，親会社の個別貸借対照表に子会社株式が固定資産として計上される。また，子会社の個別貸借対照表には，親会社からの出資額が株主資本として計上される。これらの取引を企業集団の視点から捉えると，企業集団の内部における資金の振替にすぎないから，親会社の個別貸借対照表に計上された子会社株式と，子会社の個別貸借対照表に記載された株主資本は，相殺消去する必要がある。この作業を**投資と資本の相殺消去**と呼ぶ。

投資と資本の相殺消去

いま，親会社が子会社の全株式を時価で取得し，子会社の純資産額もまた時価で評価されていると仮定する。この場合の作業はシンプルで，親会社と子会社の資産・負債・純資産を合算した後，子会社の資本と親会社の投資を相殺消去すればよい。具体的な仕訳を示せば次のようになる。

```
(借) 資 本 金  ×××   (貸) 子会社株式  ×××
    資本剰余金  ×××
    利益剰余金  ×××
```

前記の例では，親会社の子会社に対する投資と，子会社の資本がともに時価で評価されている点に注目してほしい。もし，親会社の個別貸借対照表との合算の前に，子会社の個別貸借対照表上の資産及び負債の金額が支配獲得日の時価と相違していれば，その金額を時価で評価する必要がある。子会社の資産と負債のすべてを時価により評価する方法は**全面時価評価法**といい，時価評価で生じた差額は**評価差額**という。なお，理解を容易にするために，本章の後述で取り上げる事例は，評価差額がゼロであると仮定する。

### 8-2-2 非支配株主持分

続いて，投資と資本の相殺消去が複雑になる2つの例を取り上げる。具体的には，①子会社に親会社以外の株主が存在する場合と，②親会社が出資した金額と子会社の資本の額が異なる場合を取り上げ，それぞれを簡単に説明しよう。

親会社が子会社の株式を100％所有していなければ，子会社には親会社以外の株主が存在する。この株主を**非支配株主**という。たとえば，親会社が子会社の株式を80％所有している場合，残りの子会社株式20％は非支配株主の持分になる。投資と資本の相殺消去にあたっては，子会社の資本のうち，非支配株主の持分に対応する部分を，子会社の資本から控除し，**非支配株主持分**として表示する。

たとえば，親会社が子会社株式の80％を800で取得しており，子会社の純資産の部が，資本金500，資本剰余金400，利益剰余金100であるとしよう。この場合における，相殺消去の仕訳は下記のようになる。

```
(借) 資 本 金   500   (貸) 子会社株式    800
    資本剰余金  400       非支配株主持分  200
    利益剰余金  100
```

### 8-2-3 のれん

投資と資本の相殺消去にあたり，親会社が子会社株式のために投資した金額が，子会社の資本の金額と一致せず，差額が生じる場合がある。たとえば，成長著しい企業を子会社にするため，親会社がその企業の純資産額を上回る金額で株式を取得したとしよう。この場合に生じた差額は，親会社がその企業の支配権を獲得するために支払った金額を意味するから，**のれん**として表示する。反対に，純資産額よりも

小さい金額で株式を取得することもある。この場合に生じた差額は割安で取得したと捉え，**負ののれん**として示す。

負ののれん

## 8-3 連結損益計算書の作成

連結損益計算書は，企業集団の収益・費用を基礎として，企業集団としての経営成績を示す書類である。連結損益計算書は，①親会社と連結子会社の個別損益計算書に基づき，同一項目の金額を合算するとともに，②企業集団の内部での取引から生じた収益・費用などを相殺消去し，③持分法の適用による投資損益を計上し，さらに④当期純利益から非支配株主利益を控除する，というプロセスで作成される。本節では上記②と④のプロセスに焦点を当てる。③については次節を参照してほしい。

### 8-3-1 連結会社相互間の取引高の相殺消去

連結損益計算書を作成するにあたっては，商品の売買といった，親会社と連結子会社の間で行われた取引により生じた収益・費用を相殺消去しなければならない。

たとえば，親会社が子会社に商品を売上げ，その商品を子会社が外部に販売したとしよう。親会社の個別損益計算書には，子会社への売上が計上され，子会社の個別損益計算書には，親会社からの仕入が計上される。これらの取引は，企業集団の視点から捉えると，企業集団の内部における商品の移動にすぎないから，親会社の損益計算書に計上された売上高と，子会社の損益計算書に記載された仕入は，相殺消去する必要がある。この作業を**連結会社相互間の取引高の相殺消去**という。

連結会社相互間の取引高の相殺消去

親会社が子会社に商品を 1,500（@150×10 個）で販売し，この商品を子会社が企業集団の外部に販売した場合の相殺消去の仕訳は下記のようになる。

（借）売　　上　　1,500　　（貸）売上原価　　1,500

なお，連結会社以外の企業との取引であっても，相殺消去の対象に含める場合が有りうる。もし連結会社以外の企業を通じて行われている取引が，実質的に連結会社間の取引であることが明確であれば，その取引も連結会社間の取引とみなして相殺消去しなければならない。

### 8-3-2 未実現損益の消去

続いて，親会社が子会社に利益を上乗せして販売した商品が売れ残ったケースを検討しよう。このように企業集団の内部で売買された商品が売れ残った場合，親会社の個別損益計算書には売上総利益が計

上され，子会社の個別損益計算書には棚卸資産が計上される。しかし，この取引を企業集団の観点から捉えると，取引された商品は企業集団の内部において移動したにすぎず，企業集団の外部に販売して得た利益もない。すなわち，親会社が計上した利益は実現しておらず，子会社が保有している在庫も親会社が利益を上乗せした分だけ金額が大きくなっている。このような未実現利益が商品在庫に含まれれば，その分だけ商品在庫の金額が過大となり，その額を仕入から控除して売上原価が算定されるから，算定された売上原価は過少となる。これを連結ベースに修正するためには，未実現利益の額だけ棚卸資産を減額し，売上原価を増額する必要がある。このような作業を **未実現損益の消去** という。

前記の例で，親会社が1個あたり100で仕入れた商品に50の利益を加算した商品10個を子会社に販売し，子会社がその商品2個を在庫として保有していたとする。この場合には，下記のように仕訳を行う。

(借) 売　　　　上　　1,500　　(貸) 売上原価　　1,500
　　 売上原価　　　　100　　　　　　商　　品　　　100

これにより，子会社の棚卸資産の金額300（@150×2）から未実現利益100（@50×2）が控除され，その分売上原価が増額される。また，親会社の期末棚卸資産の額はゼロと仮定すると，未実現利益を控除した子会社の棚卸資産200（300－100）が連結財務諸表上の棚卸資産の金額と一致することになる。

### 8-3-3　非支配株主利益

連結貸借対照表の作成と同様に，子会社に非支配株主が存在すれば，子会社の損益計算書上の当期純利益のうち，非支配株主に帰属する金額を考慮しなければならない。非支配株主に帰属する子会社の利益を **非支配株主利益** と呼ぶ。

たとえば，親会社が子会社の株式を80％保有しており，子会社の当期純利益は1,000であったとしよう。このうち，子会社の非支配株主の持株比率に相当する200（1,000×20％）が非支配株主利益である。非支配株主利益は，親会社と子会社の当期純利益を合算した金額から控除するとともに，その金額を非支配株主持分に加える。具体的には，次のようになる。

(借) 非支配株主利益　　200　　(貸) 非支配株主持分　　200

第8章 会計情報の作り方②—連結財務諸表— 103

連結子会社の業績は，親会社と連結子会社の個別財務諸表を合算し，必要な調整を加えたうえで，連結財務諸表に反映される。他方，非連結子会社と関連会社の業績は，持分法を通じて，個別財務諸表の項目をすべて合算せずに，連結財務諸表に反映される（持分法会計基準）。

ここで，**持分法**とは，投資会社（親会社）が被投資会社（非連結子会社と関連会社）の純資産及び損益のうち，投資会社に帰属する部分の変動に応じて，その投資の額を連結の決算日ごとに修正する方法をいう。

たとえば，親会社が関連会社の株式20%を1,000で取得しているとしよう。このとき，親会社の個別貸借対照表には，関連会社株式1,000が固定資産として計上される。また，この関連会社が100の当期純利益を獲得したならば，そのうち親会社の持分に帰属する額は20（100×20%）となる。この場合に持分法を適用すれば，親会社の持分相当額である20だけ関連会社株式の評価額が増加し，それに見合う額の投資利益が連結損益計算書の当期純利益を高めることになる。このように計算される利益を**持分法による投資利益**と呼ぶ。ここでの例に基づく仕訳は下記のようになる。

（借）関連会社株式　20　　（貸）持分法による投資利益　20

また，持分法の適用にあたっては，原則として，連結子会社の業績を連結財務諸表に反映する場合と同様の処理を行う必要がある。たとえば，①投資会社（親会社）の投資と，これに対応する被投資会社（非連結子会社と関連会社）の資本との間に差額がある場合には，その差額はのれんと同様に処理すること，②連結会社と持分法の適用会社の間の取引に係る未実現損益を消去するための修正を行うことなどがある。

以上のように，非連結子会社と関連会社の業績は，持分法の適用を通じて連結財務諸表に反映されていく。連結の手続きとは異なり，持分法が適用された企業の業績は，当該企業の当期純利益に占める親会社の持分額が連結財務諸表に組み込まれる。このことから，連結子会社と親会社の個別財務諸表を合算のうえ，いくつかの修正を加える通常の連結に対して，持分法は純額連結あるいは一行連結と呼ばれることがある。

**8-4　持分法による投資利益**

持　分　法

持分法による投資利益

## 8-5 連結キャッシュ・フロー計算書の作成

連結キャッシュ・フロー計算書は，企業集団の1会計期間におけるキャッシュ・フローの状況を示す書類である。この書類により，キャッシュの受取と支払に関する情報が明らかにされるため，当期純利益にキャッシュの裏付けがあるかどうかを判断することが可能となる。

連結キャッシュ・フロー計算書等の作成基準

連結キャッシュ・フロー計算書の作成にあたっては，「**連結キャッシュ・フロー計算書等の作成基準**」に準拠する必要がある。なお，個別ベースのキャッシュ・フロー計算書は，連結キャッシュ・フロー計算書に準じて作成される。

### 8-5-1 資金の範囲

現金および現金同等物

連結キャッシュ・フロー計算書が対象とする資金（キャッシュ）の範囲は，**現金および現金同等物**である。ここでの現金には，手許現金と，当座預金や普通預金といった，要求払預金が含まれる。また，現金同等物には，取得日から満期日までの期間が3ヶ月以内の投資である定期預金，譲渡性預金，およびコマーシャル・ペーパーなどが含まれる。ただし，価値の変動リスクが高い株式などは，容易に換金可能であっても，現金同等物に含まれない。

### 8-5-2 表示区分

3つのキャッシュ・フロー

キャッシュ・フロー計算書では，上述のように定義されたキャッシュの増減が表示される。キャッシュの増減を企業の活動別に表示するために，①**営業活動によるキャッシュ・フロー**，②**投資活動によるキャッシュ・フロー**および③**財務活動によるキャッシュ・フロー**の区分が設けられている。上記3つの区分に記載される具体的な項目は，第2章を参照してほしい。

### 8-5-3 直接法と間接法

直接法
間接法

キャッシュ・フロー計算書の作成と表示方法には，**直接法**と**間接法**がある。直接法は主要な取引ごとに収入額と支出額の総額を表示することで，キャッシュの増減を直接的に明らかにする方法である。他方，間接法は損益計算書の（税金等調整前）当期純利益に必要な調整を加えることで，キャッシュの増減を間接的に表示する方法である。

営業活動によるキャッシュ・フローの表示方法は，直接法と間接法の2通りが認められているのに対して，投資活動によるキャッシュ・フローと財務活動によるキャッシュ・フローの表示方法は，直接法のみ認められている。

キャッシュ・フロー計算書を，下記に示した簡単な取引例の仕訳にもとづき，直接法により作成してみよう。

① 現金100,000円を元手として営業を開始した。
  (借) 現　　　金　100,000　(貸) 資　本　金　100,000
② 商品100,000円を仕入れ，代金は掛けとした。
  (借) 仕　　　入　100,000　(貸) 買　掛　金　100,000
③ 商品を150,000円で販売し，代金は掛けとした。
  (借) 売　掛　金　150,000　(貸) 売　　　上　150,000
④ 給料50,000円を現金で支払った。
  (借) 給　　　料　 50,000　(貸) 現　　　金　 50,000
⑤ 買掛金40,000円を現金で支払った。
  (借) 買　掛　金　 40,000　(貸) 現　　　金　 40,000
⑥ 売掛金100,000円を現金で回収した。
  (借) 現　　　金　100,000　(貸) 売　掛　金　100,000
⑦ 銀行から300,000円を借り入れ，普通預金に預け入れた。
  (借) 普通預金　300,000　(貸) 借　入　金　300,000
⑧ 株式80,000円を購入し，代金は現金で支払った。
  (借) 有価証券　 80,000　(貸) 現　　　金　 80,000
⑨ 土地を200,000円で購入し，代金は普通預金から支払った。
  (借) 土　　　地　200,000　(貸) 普通預金　200,000

> 簡単なキャッシュ・フロー計算書の作成例

上記の仕訳を現金および現金同等物に関する勘定に転記すると，次のようになる。

現金及び現金同等物

| | | | | | |
|---|---|---:|---|---|---:|
| ① | 資　本　金 | 100,000 | ④ | 給　　　料 | 50,000 |
| ⑥ | 売　掛　金 | 100,000 | ⑤ | 買　掛　金 | 40,000 |
| ⑦ | 借　入　金 | 300,000 | ⑧ | 有価証券 | 80,000 |
| | | | ⑨ | 土　　　地 | 200,000 |
| | | | | 残　　　高 | 130,000 |
| | | 500,000 | | | 500,000 |

同様に，上記の仕訳に基づきキャッシュ・フロー計算書を作成すると下記のようになる。

キャッシュ・フロー計算書

| | | | |
|---|---|---|---:|
| Ⅰ | 営業活動によるキャッシュ・フロー | | |
| | ⑥ | 商品の販売による収入 | 100,000 |
| | ⑤ | 商品の購入による支出 | △40,000 |
| | ④ | 人件費支出 | △50,000 |
| | | 営業活動によるキャッシュ・フロー | 10,000 |
| Ⅱ | 投資活動によるキャッシュ・フロー | | |
| | ⑧ | 有価証券の取得による支出 | △80,000 |
| | ⑨ | 土地の取得による支出 | △200,000 |
| | | 投資活動によるキャッシュ・フロー | △280,000 |
| Ⅲ | 財務活動によるキャッシュ・フロー | | |
| | ⑦ | 借入れによる収入 | 300,000 |
| | ① | 元入れによる収入 | 100,000 |
| | | 財務活動によるキャッシュ・フロー | 400,000 |
| Ⅳ | 現金及び現金同等物の増加額 | | 130,000 |
| Ⅴ | 現金及び現金同等物期首残高 | | 0 |
| Ⅵ | 現金及び現金同等物期末残高 | | 130,000 |

## 【問　題】

1　次の文章中の（　）を適当な言葉で埋めなさい。

① 連結財務諸表は，支配従属関係にある2つ以上の企業からなる集団（企業集団）を単一の組織体とみなして，（　　　　　）が当該企業集団の財政状態，経営成績および（　　　　　）の状況を総合的に報告するために作成するものである。

② 連結財務諸表は，企業集団に属する親会社及び子会社が一般に公正妥当と認められる企業会計の基準に準拠して作成した（　　　　　）を基礎として作成しなければならない。

③ 親会社の子会社に対する投資とこれに対応する子会社の資本との相殺消去にあたり，差額が生じる場合には，当該差額を（　　　　　）または（　　　　　）とする。

④ 子会社の資本のうち親会社に帰属しない部分を（　　　　　）という。

⑤ 投資会社が被投資会社の資本及び損益のうち投資会社に帰属する部分の変動に応じて，その投資の額を連結決算日ごとに修正する方法を（　　　　　）という。

2　次の文章中が正しい場合には（　）の中に○を，間違っている場合には×をつけなさい。

① （　）　すべての子会社は，原則として，連結の範囲に含めなければならない。

② （　）　実質的な影響力を勘案して関連会社かどうかを判定する基準は支配力基準と呼ばれている。

③ （　）　子会社の資産と負債のすべてを時価により評価する方法は全面時価評価法といい，この時価評価で生じた差額は評価差額という。

④ （　）　非支配株主に帰属する子会社の利益を非支配株主利益と呼ぶ。

⑤ （　）　営業活動によるキャッシュ・フローは，必ず直接法で表示しなければならない。

## 【参考文献】

企業会計基準委員会〔2008〕「企業会計基準第16号：持分法に関する会計基準」（最終改正2008年）。

企業会計基準委員会〔2008〕「企業会計基準第22号：連結財務諸表に関する会計基準」（最終改正2013年）。

企業会計基準委員会〔2010〕「企業会計基準第25号：包括利益の表示に関する会計基準」（最終改正2013年）。

企業会計審議会〔1998〕「連結キャッシュ・フロー計算書等の作成基準」。

桜井久勝〔2015〕『財務会計講義（第16版）』中央経済社。

桜井久勝・須田一幸〔2015〕『財務会計・入門（第10版）』有斐閣。

広瀬義州編著〔2012〕『連結会計入門（第6版）』中央経済社。

# 第9章

# 会計情報と原価管理

本章では，製造業の原価情報作成プロセスについて説明する。製造業では企業外部から原材料を購入し，労働力，機械・設備などにより原材料が加工され，製品が完成し，市場へ販売されていく。つまり，製造業は購買活動，製造活動，販売活動で構成されており，とりわけ製造活動に注目する。

製造業における製造活動では，製品を製造するのにいくらお金がかかったのかを自ら正確に計算しなければならない。製品を製造するためにかかった金額を製造原価といい，製造原価を正確に計算するための手続きを製品原価計算という。

まずそもそも原価とは何なのかを検討し，あらゆる原価の分類について説明する。原価計算の手続きは3つのプロセスで成り立っており，費目別計算，部門別計算，製品別計算である。このようなプロセスを経て，製品1個当たりの原価を計算することができる。

また製造業の原価管理目的で注目されているコスト・マネジメント手法として，ABCや原価企画についても説明する。

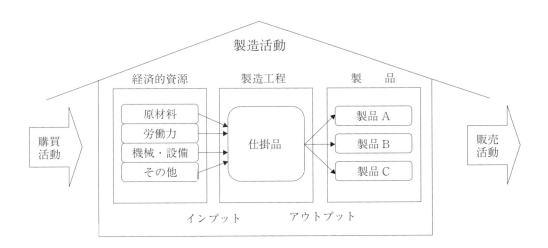

## 9-1 原価計算制度と特殊原価調査

### 9-1-1 原価計算制度

原価計算基準
財務諸表作成
価格計算
原価管理
予算管理
経営基本計画設定
原価計算制度

実際原価計算制度

標準原価計算制度

工業簿記

原価計算とは，製品の製造活動において，経済的資源の投入額を測定し（インプット），その消費額を費目別，部門別，製品別に集計することである（アウトプット）。

わが国では，原価計算に関して，1962（昭和37）年，旧大蔵省企業会計審議会より，「原価計算基準」が公表された。「原価計算基準」によれば，原価計算の目的として，①財務諸表作成，②価格計算，③原価管理，④予算管理，⑤経営基本計画設定，があげられている。また，「原価計算基準」において原価計算とは，制度としての原価計算（原価計算制度）をいい，「財務諸表の作成，原価管理，予算統制等の異なる目的が，重点の相違はあるが，相ともに達成されるべき一定の計算秩序」のことであり，「財務会計機構と有機的に結びつき常時継続的に行なわれる計算体系」のことである。わが国の原価計算制度として，実際原価計算と標準原価計算とがある。

実際原価計算制度は，製品の実際原価を計算し，これを財務会計の主要帳簿に組み入れ，製品原価の計算と財務会計とが実際原価をもって有機的に結合する原価計算制度である。標準原価計算制度は，製品の標準原価を計算し，これを財務会計の主要帳簿に組み入れ，製品原価の計算と財務会計とが，標準原価をもって有機的に結合する原価計算制度である。標準原価計算制度は，必要な計算段階において実際原価を計算し，これと標準原価との差異を分析し，報告する計算体系である。

原価計算制度と工業簿記との関係であるが，製造業の製造活動を記録するための簿記を工業簿記という。工業簿記は，企業外部との購買

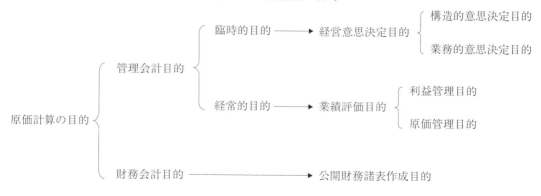

図表9-1　原価計算の目的

出所：岡本清〔2000〕『原価計算（六訂版）』国元書房，5頁。

活動，販売活動に関する会計数値のみならず，企業内部での**製造活動**に関する原価数値を記録の対象にしており，これらの数値を記帳・計算する技術である。工業簿記では原価計算制度により算出された数値を用い，原価計算制度は工業簿記を通じて財務会計システムと結合している。財務会計システムでは，通常，1年という会計期間で財務諸表を作成するが，原価計算制度は，製品の販売価格の決定や原価管理を実施するために原価情報を早く知る必要があるため，**原価計算期間**として，**1カ月**で区切って原価を計算する。

　原価計算の手続きは，3つのステップを経て実施される。一般に原価の発生額をまず**費目別**に計算し，ついで**部門別**に集計し，最後に**製品別**に計算される。

　また，**特殊原価調査**とは，「制度としての原価計算の範囲外に属する」もので，主として「随時断片的に行われる原価の統計的，技術的計算ないし調査」のことである。この中心的な内容は，差額原価収益分析（意思決定会計）である。そこで用いられる特殊原価概念として，差額原価，埋没原価，機会原価などがあげられる。

　**差額原価**とは，増分原価とも呼ばれ，代替的な意思決定案を採択すれば発生し，採択しなければ発生しない原価である。代替案を評価する場合，差額収益から差額原価を控除した差額利益をもって意思決定される。**埋没原価**とは，無関連原価とも呼ばれ，意思決定に関係のない原価のことであり，代替案を選択してもしなくても発生する原価である。**機会原価**とは，複数ある代替案のうち1つを選択した場合，それによって断念され失われた機会から得られたであろう最大の利益額のことである。この概念は，実際の貨幣支出を伴うものではないため，支出原価とは対照的な原価概念であり，代替案の選択には欠かせない概念である。たとえば，高校を卒業後，大学に進学し4年間の大学生活を送った場合，もし仮に高卒後就職して企業で働いていたならば，4年間で得られるであろう給料は機会原価となる。

### 補論：原価計算基準

　現在わが国では，「企業会計原則の一環を成し，そのうちとくに原価に関して規定したもの」として1962年に制定された「原価計算基準」がある。これは，「実践規範として，わが国現在の企業における原価計算の慣行のうちから，一般に公正妥当と認められるところを要約して設定されたもの」であり，原価計算の理論と実務に重要な影響を与えてきたが，制定以来一度も改定されておらず，その後の経済・経営環境の変化に対応した改定が望まれている。

## 9-2 原価の分類

### 9-2-1 原価の定義

貨幣価値的

「原価計算基準」によれば，原価とは「経営における一定の給付にかかわらせて，は握された財貨又は用役の消費を，貨幣価値的に表したものである」と定義づけされている。原価の本質として，経済価値の消費，給付関連性，経営目的関連性，正常性を有するものであり，この基準に適合しないものが非原価項目と呼ばれている。また，原価とは「特定の目的を達成するために，犠牲にされる経済的資源の，貨幣による測定額」（岡本清一橋大学名誉教授）という。

### 9-2-2 原価の分類

形態別分類
材料費
労務費
経費

製造原価の分類基準は，①形態別分類，②機能別分類，③製品との関連における分類，④操業度との関連における分類，⑤原価の管理可能性に基づく分類，がある。

①**形態別分類**とは，財務会計における費用の発生を基礎とする分類，すなわち原価発生の形態による分類であり，原価要素は，**材料費**，**労務費**および**経費**に属する各費目に分類する。材料費とは，物品の消費によって生ずる原価をいい，具体的には，素材費（または原料費），買入部品費，燃料費，工場消耗品費，消耗工具器具備品費がある。労務費とは，労働用役の消費によって生ずる原価をいい，具体的には，賃金，給料，雑給，従業員賞与手当，退職給与引当金繰入額，福利費がある。経費とは，材料費，労務費以外の原価要素をいい，具体的には，減価償却費，棚卸減耗費，福利施設負担額，賃借料，修繕料，電力料，旅費交通費などがある。

機能別分類

②**機能別分類**とは，原価が経営上のいかなる機能のために発生したかによる分類であり，原価要素は，これを機能別に分類する。この分類基準によれば，たとえば，材料費は，主要材料費，および修繕材料費，試験研究材料費等の補助材料費，ならびに工場消耗品費等に，賃金は，作業種類別直接賃金，間接作業賃金，手待賃金等に，経費は，各部門の機能別経費に分類される。

製品との関連
における分類
直接費
間接費

③**製品との関連における分類**とは，製品に対する原価発生の態様，すなわち原価の発生が一定単位の製品の生成に関して直接的に認識されるかどうかの性質上の区別による分類であり，原価要素は，**直接費**と**間接費**とに分類する。直接費は直接材料費，直接労務費，直接経費に，また，間接費は間接材料費，間接労務費，間接経費に分類される。直接材料費以外の原価要素を総括して，これを加工費として分類することができる。

操業度との関連
における分類

④**操業度との関連における分類**とは，操業度の増減に対する原価発

生の態様による分類であり，原価要素は，**固定費**と**変動費**とに分類する。操業度とは，生産設備を一定とした場合におけるその利用度をいう。固定費とは，操業度の増減にかかわらず変化しない原価要素をいい，変動費とは，操業度の増減に応じて比例的に増減する原価要素をいう。また，ある範囲内の操業度の変化では固定的であり，これを超えると急増し，再び固定化する原価要素を**準固定費**といい，操業度が零の場合にも一定額が発生し，同時に操業度の増加に応じて比例的に増加する原価要素を**準変動費**という。

⑤**原価の管理可能性に基づく分類**とは，原価の発生が一定の管理者層によって管理しうるかどうかの分類であり，原価要素は，**管理可能費**，**管理不能費**とに分類する。下級管理者層にとって管理不能費であるものも，上級管理者層にとっては管理可能費となることがある。

以上，製造原価の分類基準について見てきたが，実際原価の計算において，製造原価は材料費，労務費，経費という形態別分類を基礎として，それぞれを製品との関連における分類である直接費，間接費に大別し，さらに機能別分類を加味した上で，原価計算の手続き（費目別計算→部門別計算→製品別計算）が実施される。

| |
|---|
| 固定費 |
| 変動費 |
| |
| 準固定費 |
| |
| 準変動費 |
| 原価の管理可能性に基づく分類 |
| 管理可能費 |
| 管理不能費 |

図表9-2　原価の概念的な構成図

| | | | | | |
|---|---|---|---|---|---|
| | | | | 利　益 | |
| | | | 一般管理費 | | 販売価格 |
| | | | 販売費 | | |
| | 間接材料費 | 製造間接費 | | 総原価 | |
| | 間接労務費 | | 製造原価 | | |
| | 間接経費 | | | | |
| 直接材料費 | 製造直接費 | | | | |
| 直接労務費 | | | | | |
| 直接経費 | | | | | |

## 9-3　個別原価計算

**個別原価計算**
**総合原価計算**

### 9-3-1　個別原価計算の計算方法

原価計算の第3次手続きは，製品別計算である。製品別計算は製品の生産形態の相違によって，**個別原価計算**と**総合原価計算**に大別される。

個別原価計算とは，「種類を異にする製品を個別的に生産する生産形態に適用する」（原価計算基準）方法であり，例えば，船舶，航空機，建物，ソフトウェアなどのように，1つ1つの製品が特徴的かつ多額な一品生産の受注品に適用される（**個別受注生産**）。したがってそこでは，個々の製品ごとに原価を集計しなければならない。このため**特定製造指図書**が発行され，これに基づいて**原価計算表**を作成し，そこに製品の製造原価を集計する。製造指図書とは，製造現場に対する製造命令書であり，製品項目ごとに作成され，指図書の作成日，指図書番号，製造品目の名称，製造数量，完成日，各種材料所要量，作業手順などが記載される。個別原価計算において作成される特定製造指図書とは，個々の生産に対して個別的に発行する製造指図書であり，その効力は生産が終了するまで継続する。原価計算表には，その製品に直接跡づけることができて**賦課**（直課）される製造直接費（直接材料費，直接労務費，直接経費），および製品に直接跡づけることができないため，特定の**配賦基準**を基礎として**配賦**される**製造間接費**がある。

**賦　課**

**配賦基準**
**配　賦**
**製造間接費**

個別原価計算で最も重要なポイントは，製造間接費の配賦計算である。配賦基準としては，従来，価額法（直接材料費，直接労務費，直接原価などを基準とする）あるいは時間法（直接作業時間，機械運転時間などを基準とする）などが用いられてきた。また個別原価計算の原価計算表と仕掛品勘定の関係は，図表9-3のように表される。

**図表9-3　個別原価計算の構造**

原価計算表

| 製造指図書 | #101 | #102 | #103 |
|---|---|---|---|
| 前月繰越 | 100 | 80 | — |
| 直接材料費 | 120 | 130 | 150 |
| 直接労務費 | 80 | 100 | 120 |
| 直接経費 | 150 | — | 100 |
| 製造間接費 | 100 | 160 | 140 |
| 合　計 | 550 | 470 | 510 |

仕掛品

| | | | |
|---|---|---|---|
| 前月繰越 | 180 | 製　品 | 1,020 |
| 直接材料費 | 400 | 次月繰越 | 510 |
| 直接労務費 | 300 | | |
| 直接経費 | 250 | | |
| 製造間接費 | 400 | | |
| | 1,530 | | 1,530 |

（なお#101と#102は完成している。）

仕損（しそんじ）とは，製品の製造段階において，材料の不良，作業員の過失，機械の不具合によって，品質などの規格に適合しない不合格品が生じることをいう。また仕損により生じた原価を仕損費という。

個別原価計算において，仕損が発生する場合，原則として以下の手順により仕損費を計算する。

①仕損が補修によって回復でき，補修のために補修指図書を発行する場合には，補修指図書に集計された製造原価を仕損費とする。

②仕損が補修によって回復できず，代品を製作するために新たに製造指図書を発行する場合において，

ⅰ）旧製造指図書の全部が仕損となったときは，旧製造指図書に集計された製造原価を仕損費とする。

ⅱ）旧製造指図書の一部が仕損となったときは，新製造指図書に集計された製造原価を仕損費とする。

③仕損の補修または代品の製作のために別個の指図書を発行しない場合には，仕損の補修等に要する製造原価を見積ってこれを仕損費とする。

また上記②，③の場合において，仕損品が売却価値または利用価値を有する場合には，その見積額を控除した額を仕損費とする。

仕損費の処理は，次のいずれかの方法で処理される。

①仕損費の実際発生額または見積額を，当該指図書に賦課する。

②仕損費を間接費とし，これを仕損の発生部門に賦課する。この場合，間接費の予定配賦率の計算において，当該製造部門の予定間接費額中に，仕損費の予定額を算入する。

## 9-3-2 仕損の計算と処理

仕損
仕損費

### 図表9-4 原価計算表（仕損が発生した場合）

| 製造指図書 | ＃101 | ＃101-1 | ＃102 | ＃102-1 | ＃103 | ＃103-1 |
|---|---|---|---|---|---|---|
| 前月繰越 | 100 | — | 80 | — | — | — |
| 直接材料費 | 120 | 30 | 130 | 150 | 150 | 50 |
| 直接労務費 | 80 | 20 | 100 | 120 | 120 | 60 |
| 直接経費 | 150 | 40 | — | — | 100 | 50 |
| 製造間接費 | 100 | 30 | 160 | 200 | 140 | 70 |
| 合計 | 550 | 120 | 470 | 470 | 510 | 230 |
| 仕損品評価額 | — | 0 | △100 | — | — | △50 |
| 仕損費 | 120 | △120 | △370 | 370 | 180 | △180 |
| 製造原価 | 670 | 0 | 0 | 840 | 690 | 0 |
| 備考 | 完成 | ＃101へ賦課 | ＃102-1へ賦課 | 完成 | 次月繰越 | ＃103へ賦課 |

## 9-4　総合原価計算

### 9-4-1　総合原価計算の計算方法

総合原価計算とは、「同種製品を反復連続的に大量に製造する生産形態に適用される」（原価計算基準）方法であり、たとえば、カメラ、パソコン、日用品などのように、標準的な大量生産品に対して適用される（**大量見込生産**）。したがって、総合原価計算においては、個別原価計算とは異なって一般に、製品を一定の期間継続して製造することを命令する**継続製造指図書**が発行され、その効力は指示されている一定期間持続し、生産や作業の中止命令によって失われる。総合原価計算は、個別原価計算のように原価要素を個々の製品ごとに集計せず、1原価計算期間（1カ月）に発生したすべての原価要素を集計して**当月製造費用**を求め、これに月初仕掛品原価を加え、この合計額を**当月総製造費用**という。そして、この当月製造費用を、完成品と月末仕掛品とに分割計算することにより、製品原価の合計（**完成品総合原価**）を算定し、これを完成品数量で割れば、製品の単位原価（**完成品単位原価**）を計算することができる。なお、仕掛品とは、加工中の未完成品をいう。

総合原価計算の計算方法であるが、製造原価を**直接材料費**とそれ以外の原価である**加工費**に分けて計算を行う。加工費は製造活動が開始されてから完成するまで比例して発生する原価である。直接材料費は、製造工程の始点で材料の全てを投入した後に追加的な投入がない場合、工程の始点ですべて発生する。それゆえ、直接材料費の計算は、製品の数量を基礎として行われる（**数量基準**）。一方、加工費は、**加工進捗度**に応じて徐々に発生する。加工進捗度とは、加工の進み具合や仕上がり具合を示す係数をいう。それゆえ、加工費の計算は、製品の**完成品換算量**を基礎として行われる（**換算量基準**）。完成品換算量とは、製品数量に加工進捗度を乗じて求められる数値をいう。

こうした総合原価計算の基本的な計算方法は、算式で表現すれば、次のようになる。

> ① 当月製造費用＝直接材料費＋加工費
> ② 当月総製造費用＝月初仕掛品原価＋当月製造費用
> ③ 完成品総合原価＝当月総製造費用－月末仕掛品原価
> ④ 完成品単位原価＝完成品総合原価÷完成品数量

## 9-4-2 総合原価計算における原価配分方法

平　均　法
先入先出法

総合原価計算を実施するにあたりポイントになるのが，③の式にある月末仕掛品原価の算定である。月末仕掛品原価の算定方法には，**平均法**と**先入先出法**がある。

平均法とは，月初仕掛品と当月投入分が，平均的に完成品になると仮定する方法であり，月初仕掛品原価と当月製造費用を完成品数量と月末仕掛品数量（完成品換算量）とで均等に按分して完成品総合原価と月末仕掛品原価を計算する。

月末仕掛品の直接材料費＝
$$\frac{月初仕掛品原価＋当月製造費用}{完成品数量＋月末仕掛品数量}×月末仕掛品数量$$

月末仕掛品の加工費＝
$$\frac{月初仕掛品原価＋当月製造費用}{完成品数量＋月末仕掛品の完成品換算量}×月末仕掛品の完成品換算量$$

一方，先入先出法とは，先に製造を着手した月初仕掛品から先に完成品になると仮定する方法であり，まず当月製造費用から月末仕掛品原価を算出し，当月総製造費用から月末仕掛品原価を控除することで，完成品総合原価を計算する。

月末仕掛品の直接材料費＝
$$\frac{当月製造費用}{完成品数量－月初仕掛品数量＋月末仕掛品数量}×月末仕掛品数量$$

月末仕掛品の加工費＝
$$\frac{当月製造費用}{完成品数量－月初仕掛品の完成品換算量＋月末仕掛品の完成品換算量}×月末仕掛品の完成品換算量$$

**図表 9-5　平均法と先入先出法**

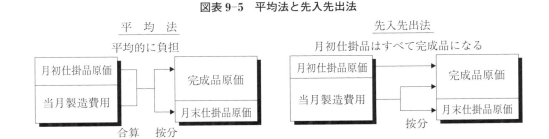

## 9-5 標準原価計算

### 9-5-1 標準原価計算の計算方法

標準原価計算
原価差異
原価標準



原価管理
標準原価カード

標準原価計算とは、経営活動に先だって算定された標準原価と実際原価とを比較し、両者の差異（**原価差異**）を把握してその原因を分析し、報告する原価計算システムである。この標準原価とは、単なる見積もりではなくて「科学的、統計的な調査」（原価計算基準）によって設定された**原価標準**（製品1単位当たりの製造するために必要とされる原価）に基づくものである。

標準原価計算の目的としては、①効果的な原価管理、②棚卸資産と売上原価の算定、③予算編成、④記帳の簡略化・迅速化、が「原価計算基準」に挙げられているが、最も重要な目的は**原価管理**にある。

標準原価計算の手続きは、①会計年度開始前、原価標準を決定し**標準原価カード**を作成する、②原価計算期間中、製品が完成する度に完成品に関する期間標準原価を計算し、月末には月末仕掛品に関する期間標準原価を算定する、③実際原価と標準原価の原因別差異分析（直接材料費、直接労務費、製造間接費）、④会計年度末、集計された原価差異の会計処理、がある。

標準原価カードとは、原価標準を構成する直接材料費、直接労務費、製造間接費の内訳を示したカードであり、具体的には以下のようなものである。

**図表9-6 標準原価カード**

| 標準原価カード | | | | |
|---|---|---|---|---|
| 直接材料費 | 標準価格<br>@ ¥400 | ×<br>× | 標準消費数量<br>50 kg | = ¥20,000 |
| 直接労務費 | 標準賃率<br>@ ¥800 | ×<br>× | 標準作業時間<br>6 時間 | = ¥4,800 |
| 製造間接費 | 標準配賦率<br>@ ¥900 | ×<br>× | 標準作業時間<br>6 時間 | = ¥5,400 |
| 原価標準 | | | | ¥30,200 |

### 9-5-2 標準原価計算における差異分析

直接材料費差異
直接労務費差異
製造間接費差異
価格差異
数量差異

標準原価計算における原価差異は、**直接材料費差異**、**直接労務費差異**、**製造間接費差異**に分けて分析される。

直接材料費差異は、**価格差異**と**数量差異**とに区分される。

> 直接材料費差異＝標準直接材料費－実際直接材料費
> 価格差異＝（標準価格－実際価格）×実際消費数量
> 数量差異＝標準価格×（標準消費数量－実際消費数量）

図表 9-7　価格差異と数量差異

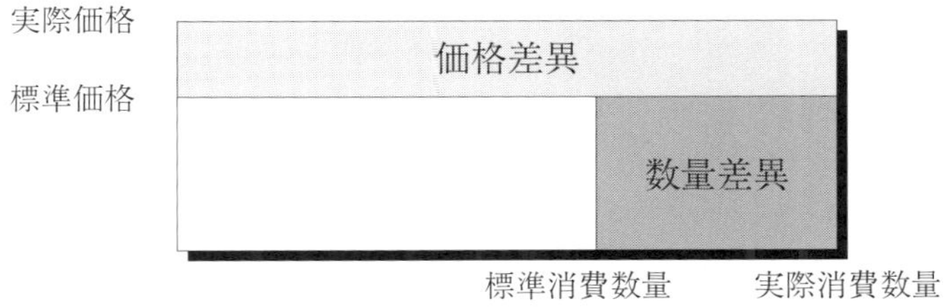

（実際価格／標準価格／価格差異／数量差異／標準消費数量／実際消費数量）

直接労務費差異は，**賃率差異**と**時間差異**とに区分される。

賃率差異
時間差異

> 直接労務費差異＝標準直接労務費－実際直接労務費
> 賃率差異＝（標準賃率－実際賃率）×実際直接作業時間
> 時間差異＝標準賃率×（標準直接作業時間－実際直接作業時間）

図表 9-8　賃率差異と時間差異

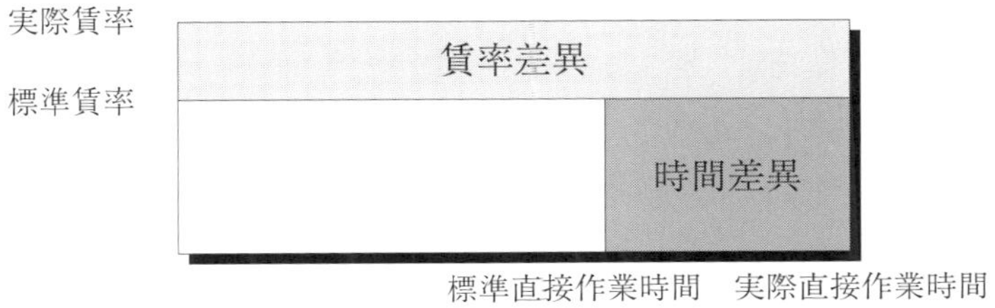

（実際賃率／標準賃率／賃率差異／時間差異／標準直接作業時間　実際直接作業時間）

製造間接費差異（変動予算，四分法）は，**操業度差異**，**変動費能率差異**，**固定費能率差異**，**予算差異**とに区分される。

操業度差異
変動費能率差異
固定費能率差異
予算差異

> ① 操業度差異＝固定費率×（実際操業度－基準操業度）
> ② 変動費能率差異＝変動費率×（標準操業度－実際操業度）
> ③ 固定費能率差異＝固定費率×（標準操業度－実際操業度）
> ④ 予算差異＝実際操業度について許容された製造間接費予算額
> 　　　　　　－製造間接費実際発生額

図表 9-9　製造間接費の差異分析

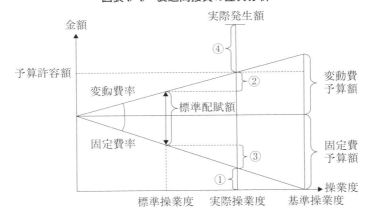

## 9-6　ABCと原価企画

### 9-6-1　製造間接費配賦計算の今日的問題点

FA
CIM

### 9-6-2　ABC

ABC
活動基準原価計算
アクティビティ
コスト・プール
コスト・ドライバー
資源ドライバー
活動ドライバー

　今日，工場のオートメーション化の進展と多品種少量生産の増加は，製品の原価構造を大きく変えてきた。工場の **FA**（factory automation）や **CIM**（computer-integrated manufacturing）により直接労務費はウエートを引き下げ，他方，製造間接費が大幅に増大し，しかも複雑になってきている。今日まで利用されてきた原価計算は手作業が中心であった時代に開発された原価計算手法であり，従来までの製造間接費の配賦方法では，製品原価を正しく計算できず，歪められた原価情報を提供していると批判されてきた。たとえば，製造間接費の配賦にあたり，直接作業時間などの操業度基準を用いれば，大量生産品に製造間接費が過大に配賦されるのに対して，少量生産品は製造間接費が過少に配賦されることになってしまう。しかし，実際の製造現場では，少量生産品の方が，段取替え等の時間やコストが多くかかっており，その結果，製品原価が歪んでしまう。

　このような問題点を克服し，新しい製造間接費の配賦方法を提唱したのが，キャプラン（R. S. Kaplan）とクーパー（R. Cooper）であり，その新しい原価計算手法が **ABC**（activity-based costing：**活動基準原価計算**）なのである。ABCは，より実態に近い製品原価を把握するために，従来の部門別計算や直接作業時間などの配賦基準を用いずに原価を活動（**アクティビティ**）ごとに分析・集計し（**コスト・プール**），活動に密接に関係する数量データ（**コスト・ドライバー**）（活動に集計するとき：**資源ドライバー**，各製品に割当するとき：**活動ドライバー**）を配賦基準として各製品に配賦する方法である。

図表9-10　伝統的原価計算とABC

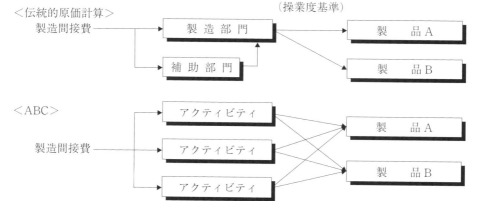

## 9-6-3 原価企画

**原価企画**とは，製品の量産体制以前の製品開発，設計あるいは企画段階における**原価の作り込み活動**を行うことにより，原価の低減と管理を進めていく技法である。日本会計研究学会〔1996〕によれば，原価企画とは「製品の企画・開発にあたって，顧客ニーズに適合する品質・価格・信頼性・納期等の目標を設定し，上流から下流に及ぶすべてのプロセスでそれらの目標の同時的な達成を図る，**総合的利益管理活動**」をいう。これは，企業の中・長期的な製品別利益計画に基づく総合的な利益管理の一環として実際される。そのためにまず製品別の**目標利益**が設定され，その後，**目標原価**が算定されることになる。目標原価の算定方法としてはいくつかの事例がみられるが，基本的な方法は，次のような算式で示されるものである。

> 伝統的原価計算方式：原価＋利益＝販売価格
> 原価企画方式：予想売価－目標利益＝目標原価

　原価企画は，製品を生産し市場に出した時にいくらの売価がつくかを同業他社との競争条件等も考慮して予測する（**予想売価**）。そこから製品別利益計画の結果として製品から期待される目標利益を指し引くと，その差額は企業が達成すべき目標原価となる。この数式は，従来までの価格設定の方法である「製造原価プラス利益」とは違って**市場指向的**であり，必要な利益を獲得するためには製造原価をどれだけに抑えなければならないのかを示しており，言い換えれば，目標原価は**許容原価**なのである。この目標原価を達成することができるように，製品の設計図面を描くこと，材料サプライヤーと協力すること，製造部門における優れた工程設計などを行うことが原価企画を実施していく上で必要不可欠となる。

**図表 9-11　原価企画による原価管理**

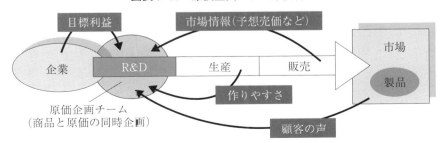

出所：加登・李〔2011〕『ケースブック コストマネジメント（第2版）』新世社，16頁。

## 【問　題】

1. 次の文章中の括弧を適当なことばで埋めなさい。

　（1）　『原価計算基準』によれば，原価計算の目的は，（　A　）作成目的，（　B　）計算目的，（　C　）管理目的，予算管理目的，経営基本計画設定目的，という5つがあげられている。

　（2）　製造原価は，形態別分類において，以下のように分類することができる。

　　　　（　D　）…物品の消費によって生ずる原価

　　　　（　E　）…労働用役の消費によって生ずる原価

　　　　（　F　）…D，E以外の原価要素

　　　　また，製品との関連における分類（製品の生成に関して直接に認識されるかどうか）において（　G　），（　H　）に分類することができる。なお，個別原価計算において，Gは製造指図書ごとに（　I　）され，Hは特定の配賦基準を基礎として製造指図書ごとに（　J　）される。

　（3）　原価計算の手続きは，第1段階：（　K　）別計算，第2段階：部門別計算，第3段階：（　L　）別計算で実施する。

2. 次の文章中の括弧の中から適当な記号を選びなさい。

　（1）　製品別計算は個別原価計算と総合原価計算に区分することができるが，個別原価計算は①（ア．個別受注，イ．大量見込）生産，総合原価計算は②（ウ．個別受注，エ．大量見込）生産する場合に適用される。

　（2）　標準原価とは，単なる見積もりではなくて「科学的，統計的な調査」によって設定された（ア．原価標準，イ．標準原価）に基づくものである。

## 【参考文献】

浅田孝幸編〔2011〕『テキスト原価計算入門』中央経済社。
岡本　清〔2000〕『原価計算（六訂版）』国元書房。
岡本　清・廣本敏郎編〔2017〕『検定簿記講義2級　工業簿記』中央経済社。
岡本　清・廣本敏郎・尾畑　裕・挽　文子〔2008〕『管理会計（第2版）』中央経済社。
加登　豊編〔2008〕『インサイト原価計算』中央経済社。
加登　豊・李　建〔2011〕『ケースブック　コストマネジメント（第2版）』新世社。
小菅正伸〔2007〕『原価会計の基礎』中央経済社。
清水　孝・長谷川惠一・奥村雅史〔2004〕『入門　原価計算（第2版）』中央経済社。
園田智昭・横田絵理〔2010〕『原価・管理会計入門』中央経済社。
日本会計研究学会〔1996〕『原価企画研究の課題』森山書店。
廣本敏郎・挽　文子〔2015〕『原価計算論（第3版）』中央経済社。

第 10 章

# 会計情報と利益管理

本章では，企業内部の経営者が経営管理のためにどのような会計情報を作成し，活用しているかを説明する。「会計がわからんで経営ができるか」というのは，京セラ名誉会長の稲盛和夫氏の著書の中での言葉であるが，まさにこの通りで，経営には会計が不可欠である。会計情報を使いこなせないまま経営管理を進めていくのは，羅針盤のない航海であり，真夜中を無灯火で運転するようなものである。もちろん企業の目的は利益だけではないが，株式会社のような営利企業の経営管理を考えれば，その中心は利益管理に他ならない。

経営管理とりわけ利益管理のための会計情報は，主として管理会計（Management Accounting）に属するものであり，その理論と技法は1920年代より発展してきた。

現代の企業経営が複雑化，大規模化，集団化，国際化する中で，利益管理のための会計情報とその技法も変貌を遂げつつある。本章ではその基本的な内容をできるだけ簡潔に解説するように努めてみた。経営者がさまざまな会計情報を収集し，加工し，どのように利益管理に，意思決定に活用しているかを学習していただきたい。

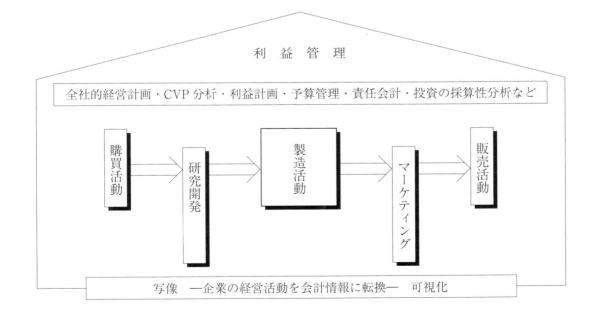

## 10-1 直接原価計算と貢献利益

### 10-1-1 変動費と固定費

直接原価計算

限界利益（貢献利益）

TOC
スループット会計

変動費
固定費

変動製造マージン

**直接原価計算**とは，原価を直接原価（変動費）と期間原価（固定費）とに区分し，売上高から直接原価を差引いて**限界利益（貢献利益）**を計算し，更にそこから期間原価を控除して営業利益を算定する原価会計システムである。この直接原価計算は，10-2で取り上げる損益分岐点分析を会計システムの中で恒常的に利用できるように構築された計算制度である点に重要な特徴がある。したがって直接原価計算は原価計算の一方法というよりもむしろ損益計算の一方法ということができる。また近年，**TOC**（theory of constraint：制約理論）を理論的基礎とした**スループット会計**（throughput accounting）が注目されてきているが，これは売上高から直接材料費を控除したスループットを新たな経営成果概念と考えるもので，直接原価計算に類似した計算システムである。

直接原価計算における直接原価とは，一般に変動費を指し，期間原価は固定費のことをいう。そのため，直接原価計算は，変動原価計算とも呼ばれている。直接原価計算の手続きは，基本的には次のようになるであろう。

①原価要素を**変動費**と**固定費**に区分する（図表10-1参照）。②仕掛品および完成品の原価を材料費，労務費，経費の変動費だけで計算する。③固定製造間接費および固定販売費・一般管理費を期間原価として処理する。④売上高から変動売上原価を差し引いて変動製造マージンを算出する。⑤**変動製造マージン**から変動販売費を差し引いて限界

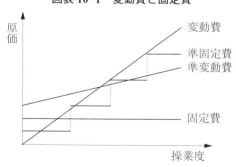

図表10-1　変動費と固定費

---

**補論：TOC（theory of constraint：制約理論）**
　これは，1990年代に入ってアメリカで急速に台頭してきた生産管理や経営管理に関する理論の1つであり，生産や経営のボトルネックに注目し，それを取り除く活動を繰り返しながら，企業の目標であるキャッシュの獲得を目指すものである。この理論は，ゴールドラット（Goldrattt, E.）が『目標（The Goal）』というベストセラー小説で提唱したものである。日本TOC推進協議会（http://www.j-toc.jp）

利益を計算する。⑥限界利益からすべての固定費を差し引いて営業利益を算出する。

こうした直接原価計算の構造を損益計算書形式であらわすと次の様式のようになる。

**10-1-2　直接原価計算と全部原価計算**

損益計算書（直接原価計算様式）

```
Ⅰ  売上高                              ×××
Ⅱ  変動売上原価
      期首製品棚卸高      ××
      当期製品製造原価    ×××
        合　　計          ×××
      期末製品棚卸高      ××      ×××
      変動製造マージン              ×××
Ⅲ  変動販売費                       ×××
      限 界 利 益                    ×××
Ⅳ  固定製造間接費        ×××
    固定販売費および
      一般管理費          ×××      ×××
      営 業 利 益                    ×××
```

直接原価計算様式

この直接原価計算を**全部原価計算**から区別する基本的な相違点は、製造上の固定費を製品原価に含める（全部原価計算）か、期間原価として処理する（**直接原価計算**）かにある。

全部原価計算

直接原価計算

両計算システムにおいて販売費や一般管理費は、変動費であろうと固定費であろうと期間原価になり、他方変動製造原価は、いずれの計算システムにおいても製品原価とされるからである。すなわち全部原価計算では、製造原価のうちの固定費は製品原価とされ、棚卸資産原価を構成するが、直接原価計算では期間原価として処理される。

そのため、売上数量と生産数量が同一の場合、つまり在庫の変動がない場合、利益は両計算システムにおいて同一になるが、そうでない場合、全部原価計算と直接原価計算とでは在庫製品に配賦されている固定製造原価の金額だけ、利益が相違してくるのである。

---

**補論：全部原価計算と直接原価計算の利益の相違**

　両計算において問題となるのは固定製造原価であり、利益の差は次のように算定される。
　　全部原価計算による利益－直接原価計算による利益
　　　＝製品単位当たり固定製造原価×在庫量の当期増加数量

## 10-2 損益分岐点分析と利益図表

### 10-2-1 損益分岐点図表

損益分岐点

CVP分析

**損益分岐点**とは，損失と利益が分岐する点つまり利益がゼロになる点を意味し，損益分岐点分析とは，損益分岐点を算出する過程を通して，原価や費用，売上高や操業度，利益の関係を分析しようとするものである。この損益分岐点分析は，厳密には，**CVP分析**（cost-volume-profit analysis）の一分析手法として位置づけることができるが，一般にはCVP分析と同様のものとして広義に理解されている。

CVP分析とは，volume（操業度）が変化するのに従って，cost（費用または原価）とprofit（利益）がどのように変化していくのかを分析する技法である。なお，ここでvolumeを操業度としたが，営業量，売上高，産出高，取引高，販売数量および活動量などと表現されることも多い。

損益分岐点図表

損益分岐点は，**損益分岐点図表**（break-even chart）から算出できる。次の図表10-2は，最も基本的な損益分岐点図表である。

**図表10-2 損益分岐点図表**

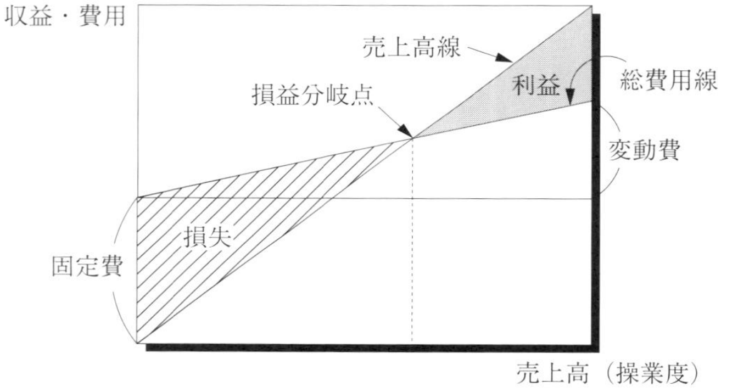


総費用線

売上高線

この損益分岐点図表は，まず横軸に売上高ないし操業度など活動量を表わす線を引き，ついで縦軸に費用・収益など金額を表わす線を描く。そして固定費線を横軸に平行に引き，固定費線が縦軸に交わる点から変動費線を引く。これが**総費用線**となる。最後に，**売上高線**を原点からの45度線で書き加える。売上高線と総費用線との交点が損益分岐点である。シャドウ（陰影）で示した部分が利益ゾーンを表わし，利益は損益分岐点を超えたところで初めて生じてくることがわかる。

**補論：利益工学（Profit Engineering）**

利益図表をマネジメントのツールとして開発し発展させてきたネッペル（Knoeppel, C. E.）は，利益工学ということを強調し，「利益は，我々の工場での生産がそうであるように，前もって計画され，コントロールされなければならない」と述べている（*Profit Engineering*, 1933, p. 13）。利益計画や利益図表の意味をよくあらわした言葉である。

さらに、損益分岐点図表の展開として、限界利益図表あるいはP/V図表（profit volume chart）と呼ばれる図表10-3もよく利用されている。

10-2-2 限界利益図表

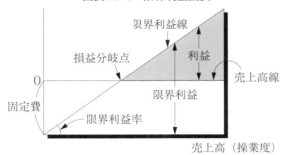

図表10-3 限界利益図表

限界利益線

限界利益率

この図表は原点から縦軸のマイナス方向に固定費線を引き、横軸を売上高線として描く。そして固定費額から売上高線に向けて限界利益線を引くことにより、限界利益と利益を表示できる。横軸の売上高線との交点が損益分岐点である。すなわちこの限界利益図表では売上高と限界利益、利益と損失の関係が一層明確なものとなっている。

以上の図表は、総称されて利益図表と呼ばれている。

また損益分岐点は、次の公式によっても算定することができる。

> 損益分岐点販売数量＝固定費÷単位当たり限界利益 ……………①
> 損益分岐点売上高＝固定費÷(1－単位当たり変動費/売価) ………②
> 　　　　　　　　＝固定費÷(1－変動費/売上高)
> 　　　　　　　　＝固定費÷限界利益率

損益分岐点販売数量
損益分岐点売上高

---

**補論**：上記の公式は、式の変形によって導き出される。たとえば、$X$を販売量、$p$を販売価格、$v$を1個あたり変動費、そして$F$を固定費とする。$P-v$は単位当たり限界利益であり、$Xp-Xv-F=$利益 とあらわすことができる。損益分岐点は利益がゼロの場合のため、$Xp-Xv-F=0$となる。

そこでこの式の$Xv$と$F$を右辺に移項すると$Xp=Xv+F$となる。ここで損益が分岐する販売量を$X$と考え、これについて解くと次のようになる。

$X(p-v)=F$から$X=F\div(p-v)$つまり①式になるのである。

また$X=F\div(p-v)$の両辺に販売価格$p$をかけると$Xp=F\div(1-v/p)$となり（右辺は分母を$p$で割っている）、②式になるのである。すなわち固定費を限界利益率で割れば損益分岐点売上高が計算されるのである。

## 10-3 目標利益と利益計画

### 10-3-1 利益計画のプロセス

中長期利益計画
短期利益計画

目標利益の設定

利益計画には一年を超える中長期利益計画と一年以内の短期利益計画がある。短期利益計画は，一般に①目標利益の設定，②現状の分析把握と予測，③大綱的利益計画の設定，を経て予算の編成へと具体化されていく。予算の編成を利益計画に含めるかどうかについては議論のあるところであるが，現実には短期利益計画と予算は密接に結び付いている。

このように短期利益計画ではまず，目標利益が設定されるわけであるが，それには2つの方法がある。1つは，配当金や役員賞与，準備金，積立金，税金など必要な利益処分額を積み上げていく方法であり，もう1つは一定の目標利益率（資本利益率や売上利益率）より目標利益を算定する方法である。いずれの方法をとるにしても他の方法が一方的に排除されるのではなく，通常，適切な目標利益設定のために総合的に勘案される。

次に目標利益の設定の後に企業のこれまでの実績分析，現状把握が経営分析手法を軸になされ，また経済予測や需要予測等の環境予測も行われ，さらに損益分岐点分析等の技法によって原価・費用や売上高，利益の関係が分析され，大綱的利益計画が策定されるのである。このようなプロセスは，概念的には次のような図で示される。

大綱的利益計画

利益計画のプロセス

**図表 10-4 利益計画のプロセス**

経営理念・経営ビジョン
長期経営計画→長期利益計画(5年以上)
中期経営計画→中期利益計画(3年)

短期経営計画→短期利益計画(1年)
　①目標利益の設定
　②現状(環境と自社の状況)の分析
　③売上高予測・原価見積もり・価格決定・製品組み合わせ
　　　CVP分析など経営分析技法の活用
　④財務面での安全性検討
　⑤大綱的利益計画の設定

予算編成と管理

またこうした短期利益計画の基底には，次のような計算シェーマがあることは，よく知られている通りである。

**目標売上高 − 目標利益 = 許容費用**

こうした目標利益の設定や利益計画の作成に重要な役割を果たしてきたのが前節 10-2 で取り上げた損益分岐点分析や利益図表であった。損益分岐点を求める公式は，式の展開によって以下のようなものとして用いられている。

① 目標利益を達成するのに必要な売上高の算定

**目標利益達成売上高** = (固定費 + 目標利益) ÷ (1 − 変動費率)
　　　　　　　　　＝ (固定費 + 目標利益) ÷ 限界利益率

② ある一定の売上高から得られる予定損益の算定

予定損益 = 売上高 × (1 − 変動費／売上高) − 固定費

(なおこの式の右辺は，「売上高 × 限界利益率 − 固定費」であり，結局，「限界利益 − 固定費」なのである。)

③ 商品の販売価格を変化させた場合の**損益分岐点売上高**の算定

損益分岐点売上高
= 固定費 ÷ {1 − 単位当たり変動費／売価(1 ± 売価の増減率)}
= 固定費 ÷ {1 − 変動費／売上高(1 ± 売価の増減率)}

④ 変動費が増減した場合の損益分岐点売上高

損益分岐点売上高
= 固定費 ÷ {1 − 単位当たり変動費(1 ± 変動費の増減率)／売価}
= 固定費 ÷ {1 − 変動費(1 = 変動費の増減率)／売上高}

⑤ **損益分岐点比率**と**安全余裕率**(M/S 比率)

損益分岐点比率 = 損益分岐点売上高 ÷ 実績または計画売上高

安全余裕率
= (実績または計画売上高 − 損益分岐点売上高) ÷ 実績または計画売上高

---

## 10-3-2　短期利益計画の計算構造

目標売上高

目標利益

許容費用

目標利益達成売上高

損益分岐点売上高

損益分岐点比率

安全余裕率

---

**補論：中長期利益計画**

短期利益計画は通常 1 年間の利益や売上高の目標を設定する計画であるが，3 年程度の中期利益計画，5 年以上の期間で計画を設定する長期利益計画もある。そこでは企業の経営理念や経営ビジョンに基づいて長期的な企業戦略や目標が提示され，1 年ごとに見直しがなされながら，短期利益計画の中に具体化されていく。中長期の経営計画についてはキリンやパナソニックなどの企業のホームページも参考になる。

## 10-4 予算編成とそのプロセス

### 10-4-1 企業予算の意義と種類

予算とは，わが国の「原価計算基準」で示されているように「予算期間における企業の各業務分野の具体的な計画を貨幣的に表示し，これを総合編成したもの」であり，「企業全般にわたる総合的管理の要具」となるものである。すなわち企業予算は，経営管理活動に貢献する計数的管理手段としての役割を果たすものであり，またその総合性ゆえに管理会計の中核となるものである。

これまでの多くの管理会計研究者によれば，企業予算の特徴としては，①計画の設定と調整，②実行責任者への伝達，③経営管理者層に対するモチベーション，④業績測定の基準，また企業予算の利点としては，①計画設定に対する責任の正式化，②業績判定の最上の枠づけ，③組織全体の目的と部分の目的との調和，などがあげられている。すなわち企業予算には，計画，調整，統制という経営管理機能が備わっているのである。

企業予算の種類としては，まず損益予算がある。これは収益と費用に関する予算であり，製造予算，販売予算，研究開発費予算，一般管理費その他予算などが含まれており，最も基本的な業務予算である。

次にこうした業務予算に並んで資金の調達と運用に関する財務予算がある。財務予算には，短期の現金収支や債権・債務の発生や回収などの資金予算と設備投資や長期の資金調達に関わる資本予算がある。そして企業予算が最も整備されている場合，予算は総合予算として予算貸借対照表，予算損益計算書，予算資金計算書の作成にまで具体化されている。

また予算管理は，企業内の資源配分の手段であると共に，企業目標の達成へ向けて企業構成員を動機づけるための重要な手段である。予算目標を各構成員の目標として受容できるように，できる限り従業員を予算編成に参加させていくことも必要である。

この場合，予算スラックにも注目しておく必要がある。予算スラックとは，予算編成過程を通して管理者が予算目標を達成しやすくするために，「収益を過小に，費用を過大に見積もることによって形成される」ものである。過度の予算スラックは望ましくないが，目標間の対立や個人と組織の目標のコンフリクトを緩和するためにこうしたスラックは有用と考えられている。

## 10-4-2 予算編成の手順

予算編成の手順としては，一般には①大綱的利益計画に盛り込まれた実施方針を予算編成方針として整理し，各部門に示達する，②予算編成方針に沿って部門予算が作成される，③その部門予算が調整され，**総合予算**として編成される，④決定された総合予算が，各部門別・各月別に分解され，**実行予算**として配分される，⑤業務活動が各部門別・各月別に実績数値として測定される，⑥実行予算上の達成目標と実績数値の比較，差異分析，業績評価が行われる，などとなっている。

こうした予算編成の手順に関する一般的な流れを概念的にあらわせば，次の図表10-5のようになる。

総合予算
実行予算

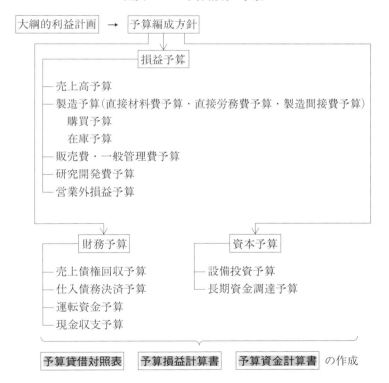

図表10-5　予算編成の手順

予算貸借対照表
予算損益計算書
予算資金計算書

---

**補論：脱予算モデル（BBM：Beyond Budgeting Model）**
　最近，伝統的な予算管理制度が硬直化しており，予算編成に膨大な時間と労力をかけているにもかかわらず，その効果が乏しいという批判が欧州を中心になされており，その弊害を克服するための新しい経営モデルとして脱予算あるいは超予算というモデル（BBM）が注目されている。この新しい経営管理モデルは予算管理制度の形骸化と硬直化から抜け出してBSCと結びつけて企業内に柔軟性と戦略性を取り入れようとするものである。

## 10-5 貨幣の時間価値と現在価値

### 10-5-1 終価と現価

会計情報を経営管理のために活用する場合，**貨幣の時間価値**を考慮することが必要になってくる。インフレ等貨幣価値の変動を考慮外におけば，現在の10万円と1年後や2年後の10万円とは利子相当額だけ価値が異なっている。すなわちこれを利子率5%として複利で計算してみよう。

貨幣の時間価値

将来価値

1年後の**将来価値**　　100,000円×(1+0.05) = 105,000円

2年後の将来価値　　100,000円×(1+0.05)$^2$ = 110,250円

したがって，$n$年後の将来価値つまり元利合計は，100,000円×(1+0.05)$^n$となり，一般的には次のようにあらわすことができる。

$$F = P(1+r)^n$$

(ただし $F$ = 将来価値，$P$ = 現在価値，$r$ = 利子率，$n$ = 年数)

終価係数

この将来価値は，終価とも呼ばれ，$(1+r)^n$は**終価係数**という。そして上記の複利計算の逆の計算つまり将来価値（$n$年後に受け取る貨幣額）を現在の価値に置き換えればいくらの価値になるかの計算を**割引計算**という。これは式の変形で一般的に次のようにあらわすことができる。

割引計算

$$P = F \times 1/(1+r)^n$$

現価係数

この $1/(1+r)^n$ は終価係数の逆数になっており，**現価係数**と呼ばれている。なお現価係数は計算実務に便利なようにあらかじめ計算されて次ページのような表にまとめられている。

現価係数表

では5年後の10万円を現在受け取るとすればいくらになるのだろうか（利子率5%とする）。次ページの**現価係数表**を利用して計算してみよう。$r$が5%，$n$が5年なので現価係数表の行列で相当するところをみると 0.7835 となっている。したがって5年後の10万円の現在価値は，10万円に現価係数 0.7835 を掛けて次のように計算される。

100,000円 × 0.7835 = 78,350円

また年金のように毎年一定額の現金が数年間にわたって入ってくる場合，その現金の現在価値の合計額を算出することを考えてみよう。例えば毎年 $P$ 円を $n$ 年間受け取る年金の現在価値合計額 $S$ 円は，次のように計算される（利子率 $r$ で割り引く）。

| 現在 | 1年後 | 2年後 | 3年後 | ………… | $n$年後 |
|---|---|---|---|---|---|
| $P \times 1/(1+r)^1$ | $P$ 円 | | | | |
| $P \times 1/(1+r)^2$ | | $P$ 円 | | | |
| $P \times 1/(1+r)^3$ | | | $P$ 円 | | |
| $P \times 1/(1+r)^n$ | | | | | $P$ 円 |

第 10 章 会計情報と利益管理   131

これを一般式であらわせば，次の式になる。

$$S = P \times \{(1+r)^n - 1\}/r(1+r)^n$$

上記の $\{(1+r)^n - 1\}/r(1+r)^n$ を年金現価係数といい，これも計算実務に便利なようにあらかじめ計算されて以下のような表にまとめられている。

この**年金現価係数表**を利用して，たとえば毎年 10 万円ずつ，5 年間にわたり利子率 5% で現金が受け取られるとすると，$r$ が 5%，$n$ が 5 年なので年金現価係数表の行列で相当するところをみると 4.3295 となっているため，現在価値合計額は次のように計算できる。

現在価値合計額 = 10 万円 × 4.3295 = 432,950 円

**10-5-2　現価係数表**

年金現価係数表

**図表 10-6　現価係数表**

$(1+r)^{-n}$

| $n \backslash r$ | 1% | 2% | 3% | 4% | 5% | 6% | 7% | 8% | 9% | 10% |
|---|---|---|---|---|---|---|---|---|---|---|
| 1 | 0.9901 | 0.9804 | 0.9709 | 0.9615 | 0.9524 | 0.9434 | 0.9346 | 0.9259 | 0.9174 | 0.9091 |
| 2 | 0.9803 | 0.9612 | 0.9426 | 0.9246 | 0.9070 | 0.8900 | 0.8734 | 0.8573 | 0.8417 | 0.8264 |
| 3 | 0.9706 | 0.9423 | 0.9151 | 0.8890 | 0.8638 | 0.8396 | 0.8163 | 0.7938 | 0.7722 | 0.7513 |
| 4 | 0.9610 | 0.9238 | 0.8885 | 0.8548 | 0.8227 | 0.7921 | 0.7629 | 0.7350 | 0.7084 | 0.6830 |
| 5 | 0.9515 | 0.9057 | 0.8626 | 0.8219 | 0.7835 | 0.7437 | 0.7130 | 0.6806 | 0.6499 | 0.6209 |
| 6 | 0.9420 | 0.8880 | 0.8375 | 0.7903 | 0.7462 | 0.7050 | 0.6663 | 0.6302 | 0.5963 | 0.5645 |
| 7 | 0.9327 | 0.8706 | 0.8131 | 0.7599 | 0.7107 | 0.6651 | 0.6227 | 0.5835 | 0.5470 | 0.5132 |
| 8 | 0.9235 | 0.8535 | 0.7894 | 0.7307 | 0.6768 | 0.6274 | 0.5820 | 0.5403 | 0.5019 | 0.4665 |
| 9 | 0.9143 | 0.8368 | 0.7664 | 0.7026 | 0.6446 | 0.5919 | 0.5439 | 0.5002 | 0.4604 | 0.4241 |
| 10 | 0.9053 | 0.8203 | 0.7441 | 0.6756 | 0.6139 | 0.5584 | 0.5083 | 0.4632 | 0.4224 | 0.3855 |

**図表 10-7　年金現価係数表**

$\dfrac{1-(1+r)^{-n}}{r}$

| $n \backslash r$ | 1% | 2% | 3% | 4% | 5% | 6% | 7% | 8% | 9% | 10% |
|---|---|---|---|---|---|---|---|---|---|---|
| 1 | 0.9901 | 0.9804 | 0.9709 | 0.9615 | 0.9524 | 0.9434 | 0.9346 | 0.9259 | 0.9174 | 0.9091 |
| 2 | 1.9704 | 1.9416 | 1.9135 | 1.8861 | 1.8594 | 1.8334 | 1.8080 | 1.7833 | 1.7591 | 1.7355 |
| 3 | 2.9410 | 2.8839 | 2.8286 | 2.7751 | 2.7232 | 2.6730 | 2.6243 | 2.5771 | 2.5313 | 2.4869 |
| 4 | 3.9020 | 3.8077 | 3.7171 | 3.6299 | 3.5460 | 3.4651 | 3.3872 | 3.3121 | 3.2397 | 3.1699 |
| 5 | 4.8534 | 4.7135 | 4.5797 | 4.4518 | 4.3295 | 4.2124 | 4.1002 | 3.9927 | 3.8897 | 3.7908 |
| 6 | 5.7955 | 5.6014 | 5.4172 | 5.2421 | 5.0757 | 4.9173 | 4.7665 | 4.6229 | 4.4859 | 4.3553 |
| 7 | 6.7282 | 6.4720 | 6.2303 | 6.0021 | 5.7864 | 5.5824 | 5.3893 | 5.2064 | 5.0330 | 4.8684 |
| 8 | 7.6517 | 7.3255 | 7.0197 | 6.7327 | 6.4632 | 6.2098 | 5.9713 | 5.7466 | 5.5348 | 5.3349 |
| 9 | 8.5660 | 8.1622 | 7.7861 | 7.4353 | 7.1078 | 6.8017 | 6.5152 | 6.2469 | 5.9952 | 5.7590 |
| 10 | 9.4713 | 8.9826 | 8.5302 | 8.1109 | 7.7217 | 7.3601 | 7.0235 | 6.7101 | 6.4177 | 6.1446 |

**補論：会計情報と利益管理に有用なホームページ**
日本能率協会 http://www.jma.or.jp
日本原価計算研究学会 http://www.jcaa-net.org
日本管理会計学会 http://www.sitejama.org
日本商工会議所 http://www.jcci.or.jp
日本経済団体連合会 http://www.keidanren.or.jp
経済同友会 http://www.doyukai.or.jp

## 10-6 設備投資の採算計算

### 10-6-1 採算計算方法の意義と種類

企業が設備投資の意思決定をする場合，投資プロジェクトが計算単位となる。たとえば20年間稼働し，収入を生み続けるプロジェクトは，その投資額と20年間全体の収入を比較し，採算性を評価することになる。この場合，現金の収支つまりキャッシュ・フロー情報が重要となり，さらに1年以上の長期間にわたる計算をするため，貨幣の時間価値を考慮することが必要となる。

こうした設備投資に関わる採算計算には，主として4つの方法がよく用いられている。

① 正味現在価値法（net present value method；NPV）

**正味現在価値法**とは，投資プロジェクトから得られる年々の現金収入を現在価値に割り引いた合計額から設備投資額の現在価値を差し引いて，正味現在価値を求め，それがプラスであればその投資案を採用しようとする方法である。算式で示せば次のようになる。

正味現在価値＝現金収入額（キャッシュ・イン・フロー）の現在価値合計
　　　　　　－投資の現金支出額（キャッシュ・アウト・フロー）の現在価値合計
正味現在価値＞0 ─────投資プロジェクト採用
正味現在価値＜0 ─────投資プロジェクト不採用

ここでの現在価値への割引率は，一般には資本コストを用いる。

② 内部利益率法（internal rate of return method；IRR）

**内部利益率法**とは，投資プロジェクトから得られる年々の現金収入を現在価値に割り引いた合計額とその設備投資額の現在価値とが等しくなる割引率を算出し，その割引率の大きい投資プロジェクトを採用しようとする方法である。ここでの割引率を内部利益率といい，**資本コスト**より大きい場合にその投資プロジェクトは採用される。また複数の投資プロジェクトがあれば，その内部利益率が高いものが選択される。

③ 回収期間法（payback method）

正味現在価値法は現在価値により採算性が評価でき，内部利益率法は資本コストつまりハードル・レートと比較できる点で優れた方法であった。しかし実務上はこうした時間価値を考慮する方法以外にも比較的よく用いられているのが**回収期間法**である。これは，以下のような算式で投資額を回収する期間を計算し，回収期間が短い投資案を有利と判断する方法である。

投資の回収期間＝投資額／年間平均予想増分現金流入額

④ 投資利益率法（return on investment method；ROI）

**投資利益率法**は，以下のような算式で投資利益率を計算し，その利益率が高い投資案を有利と判断する方法である。この方法は会計的思考に適合しているので投資の収益性を判断するのには理解が容易であるとされている。そのためこれは，**会計的利益率法**とも呼ばれている。

投資利益率
　＝｛(増分現金流入額合計－投資額)/予想貢献年数｝÷投資額×100

**例題**：4,000万円の設備投資をして毎年1,000万円ずつ5年間現金収入が得られる投資案を各方法で評価し，この案を採用すべきかどうかを判断しなさい。なお資本コストは10％とし，年金現価係数表を利用しなさい。

① 正味現在価値法

年金現価係数表の$r$が10％で，$n$が5のところをみると3.7908なので，計算は次のようになる。

　正味現在価値＝1,000万円×3.7908－4,000万円＝－209.2万円

このように数値がマイナスなので，この投資案は採用すべきではない。

② 内部利益率法

年金現価係数を$X$とすると，1,000万円×$X$＝4,000万円，となる$X$をまず求める。そしてその係数を年金現価係数表の$n$が5の行のところにあるものを見つければよい。それが内部利益率である。ここでは$X＝4$なので$n$が5の行を探せば，内部利益率は7％と8％の間にあることがわかる。資本コストは10％であるが，この投資案はそれを超えていないので採用すべきではない。なおここでの資本コストは，投資案が飛び越さなければならないものであるため，**ハードル・レート**とも呼ばれている。

③ 回収期間法

例題の条件から計算すると，投資の回収期間は4年となる。

　4,000万円/1,000万円＝4年間

この方法は，時間価値を考慮しないため，投資の採算計算としては不完全なものではあるが，投資案の安全性や財務健全性に重点を置いた評価方法であり，今なお多くの企業で採用されている方法である。

④ 投資利益率法

例題の条件から計算すると，投資利益率は，5％となる。

　｛(5,000万円－4,000万円)/5｝÷4,000万円×100＝5％

---

投資利益率法

会計的利益率法

**10-6-2　採算計算方法の例示**

ハードル・レート

## 10-7 バランスト・スコアカード（BSC）と業績評価

バランスト・スコアカード
財務の視点
顧客の視点
業務プロセスの視点
学習と成長の視点
KPI

バランスト・スコアカード（Balanced Scorecard：BSC）とは，**財務の視点**（財務業績の向上）だけではなく，**顧客の視点**（顧客満足），**業務プロセスの視点**（製品の品質や業務内容の改善），**学習と成長の視点**（従業員の意識改革・能力向上）の4つの側面から企業業績を総合的に評価する業績評価手法であると同時に，戦略マップ（strategy map）を用いて企業ビジョンと戦略の効果的な策定と実行をめざす戦略的マネジメントシステムである。またこのBSCは，財務的業績指標だけではなく非財務的業績指標をも取り上げ，株主や経営者だけではなく顧客や従業員などのステークホルダーにも注目した点が画期的なものとされている。

つぎに4つの視点とそこにおける重要な評価指標としての**KPI**（key performance indicator）を考えてみよう。

① 財務の視点

企業の価値創造と株主価値向上をめざすものであり，典型的なKPIとしては，投資利益率（ROI），残余利益，経済付加価値（EVA），売上高，売上高利益率，キャッシュ・フローなどが挙げられる。

② 顧客の視点

顧客のターゲットを識別しながら，KPIとしては顧客満足度調査の結果，新規顧客の開拓数，既存顧客のリピート率，目標とした市場のマーケット・シェア，重要度の高い顧客シェア，などがある。

③ 業務プロセスの視点

顧客に提供する製品やサービスを作り出すのが業務プロセスであり，経営者がいかにビジネスと業務の改善に努力したのかが示されるKPIとして次のようなものがある。特許権取得件数，開発効率，仕損発生率，納期，落札率，事故率，やり直し作業率，生産性向上率，新製品導入率など。

④ 学習と成長の視点

企業の価値創造は従業員の能力と意欲の向上が何よりも重要であり，ここでのKPIとしては，社員教育のレベルと数，離職率，資格取得数，提案件数，改善率指標，ITの活用率，平均年齢などがある。

**図表10-8　BSCの因果関係**

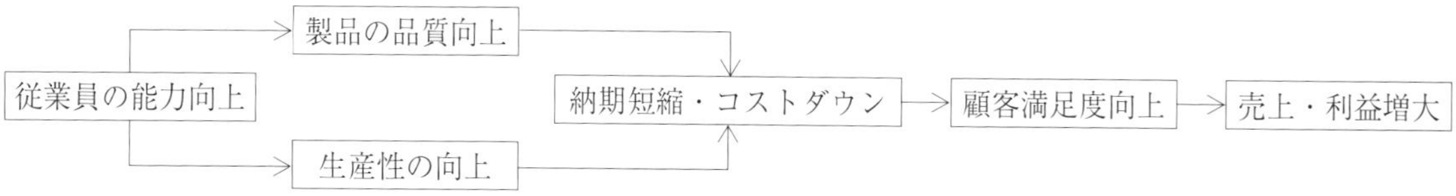

従業員の能力向上 → 製品の品質向上 → 納期短縮・コストダウン → 顧客満足度向上 → 売上・利益増大
従業員の能力向上 → 生産性の向上 → 納期短縮・コストダウン

## 10-8 分権化と事業部制会計

一般に企業が成長し，発展し，その規模を拡大すると，効率的な経営管理を進めるために，経営管理上の権限とそれに伴う責任を下位組織に委譲することになる。これを**分権化**（decentralization）という。

こうした組織の分権化の利点としては，①意思決定の権限が委譲されるため，現場で適格で迅速な判断が可能となり，②権限と責任が委譲された管理者の動機付け効果と経営管理能力の向上，が期待される。また分権化の問題点としては，①機能の一部重複で非効率な側面も出現し，事業部相互間の協調性が欠如する可能性，②組織の全体最適（全社的利益）よりも部分最適（事業部利益）が優先される傾向，が指摘されてきた。

このように分権化された組織としては，**職能別組織**と**事業部制組織**がある。職能別組織とは，権限や責任の委譲について，購買，製造，販売，総務，経理などのように企業活動の職能ごとに区別し分類した組織をいう。他方，事業部制組織とは，トップマネジメントに集中している権限と責任を大幅に下位組織の管理者に委譲し，そのもとに購買，製造，販売，総務，経理という企業の職能的な権限をまとめた自立的な組織形態のことである。事業部は製品別，地域別，市場別等によって設定される。これらを図で示せば次のようになる。

事業部制会計は，**責任会計制度**に基礎をおき，通常**プロフィット・センター**もしくは**インベストメント・センター**になっており，そこでの業績評価は，事業部貢献利益，投資利益率（ROI），残余利益（residual income），EVAなどが用いられている。残余利益は管理可能利益より**加重平均資本コスト**を控除して算定される。

・分権化

・職能別組織
・事業部制組織

・責任会計制度
・プロフィット・センター
・インベストメント・センター
・加重平均資本コスト

**図表10-9　職能別組織と事業部制組織**

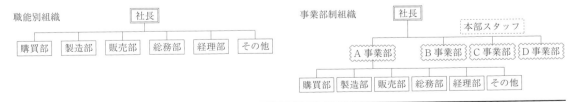

**補論：加重平均資本コスト（Weighted Average Cost of Capital：WACC）**

企業の資本はさまざまな調達源泉から集められるが，通常それらの調達源泉別資本コストの加重平均したものをWACCという。それは次のように計算される。

$$WACC = D/(D+E) \times rD \times (1-税率) + E/(D+E) \times rE$$

$D$：負債　$E$：株主資本　$rD$：負債コスト　$rE$：株主資本コスト

【問　題】

1. 次の文章中の括弧に適切な用語を埋めなさい。

① （　A　）とは，経営管理上の権限とそれに伴う責任を下位組織に委譲することであり，これには（　B　）と（　C　）がある。（　B　）とは，権限や責任の委譲について，製造，販売，総務，経理などのように企業活動の職能ごとに区別し分類した組織をいう。

② 利益計画には一年を超える（　D　）と一年以内の（　E　）がある。（　E　）は，一般に（　F　）の設定，現状の分析と予測，（　G　）利益計画の設定，を経て（　H　）の編成へと具体化されていく。

③ （　I　）とは，原価を直接原価と期間原価とに区分し，売上高から直接原価を差引いて（　J　）を計算し，更にそこから期間原価を控除して営業利益を算定する原価会計システムである。

④ （　K　）とは，財務業績の向上をめざす（　L　）だけではなく，顧客の視点，製品の品質や業務内容の改善を図る（　M　），従業員の能力と意欲の向上をめざす（　N　）の4つの側面から企業業績を総合的に評価する業績評価手法である。

2. 当社の次の〔資料〕に基づいて，設問に答えなさい。

〔資　料〕
売上高　　（@40 千円×1,000 個）　40,000 千円
変動費　　（@28 千円×1,000 個）　28,000 千円
固定費　　　　　　　　　　　　　　9,000 千円

① 単位当たり限界利益はいくらですか？
② 限界利益率はいくらですか？
③ 損益分岐点売上高はいくらですか？
④ 安全余裕率はいくらですか？
⑤ 損益分岐点比率はいくらですか？
⑥ 販売価格，単位当たり変動費，固定費が当期と同じであるとすれば，次期の目標利益6,000千円を達成するためには，いくら販売する必要がありますか？　販売数量で答えなさい。

【参考文献】

浅田孝幸他〔2011〕『管理会計・入門（第3版）』有斐閣。
岡本　清〔2000〕『原価計算（六訂版）』国元書房。
櫻井通晴〔2015〕『管理会計（第六版）』同文舘出版。
山本浩二・小倉　晃・尾畑　裕・小菅正伸・中村博之編著〔2010〕『スタンダードテキスト管理会計論』中央経済社。

# 第11章

# 会計情報と税務

　わが国の企業会計制度は，「企業会計原則」をベースにして，1つの「基準」と2つの「指針」，そして3つの「法律」で構築されているが，このうち「会社法」，「金融商品取引法」，「税法」の三法に組み込まれた会計領域を総称して「制度会計」という。本章では制度会計のうち税法に準拠して行われる会計領域，いわゆる「税務会計」について学習する。

　さて，税務会計といってもその研究領域については一義的な定義はなく，「法人税法上の課税所得を計算するための会計」とするものから「所得課税に留まらず，財産課税や消費課税の評価や決定にまで広くコミットすべき」とするものまで多様である。

　そこで，本章における学習要領は次のとおりである。Ⅰで税務会計の前提となる「租税制度の概要」について紹介する。Ⅱでは「税務会計の意義」と題して，対象となる研究領域に関する学説や教育現場の実態を紹介し，そのスタンスを明確にしてから「確定決算主義」の根拠を説明する。Ⅲでは「法人税の課税要件」と題して，法人税法の基本構造を明らかにする。Ⅳでは「課税所得の計算構造」と題して，税務会計の本来の職能である法人の課税所得を算定する仕組みについて概観する。

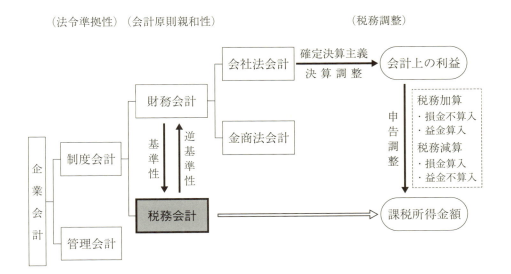

## 11-1 租税制度の概要

### 11-1-1 租税と法体系

**納税義務**
**租税法律主義**
**税法**
**一税目一税法主義**

わが日本国憲法は，第30条で国民の**納税義務**を定めると同時に，第84条では課税の要件を法律に求めるとする**租税法律主義**の原則を定めており，両者を表裏一体の関係として規定している。

なお，租税に関する法律を総称して**税法**といい，原則として**一税目一税法主義**により個別に税法が制定されている。

### 11-1-2 租税の分類

わが国の租税には約50種類の税目があり，そのラインナップは図表11-2のとおりである。

租税の分類に際しては，①誰が課税するか（課税主体），②何に課税するか（課税客体），③誰が実際に負担するか（直接税・間接税），④税金の使途（普通税・目的税），⑤課税標準の単位（従量税・従価税）などその基準は多様であるが，図表11-2は，①と②の組み合わせによるもので，もっとも基本的な分類といえる。

**国税**
**地方税**

課税主体が国である租税を**国税**，地方公共団体である租税を**地方税**といい，さらに地方税は都道府県税と市町村税に分けられる。

**所得課税**
**資産課税等**
**消費課税**

他方，課税客体で分類した場合には，所得を得たという事実に求める**所得課税**，また財産の取得や保有しているという事実に求める**資産課税等**，さらに物品やサービスを消費したという事実に求める**消費課税**に分類される。

---

**補論：税目と税法**

租税の種類を**税目**といい，国税では税目と税法がほぼ一致しているのに対して，地方税の税目は法定外税を除き地方税法に一括して規定されている。

また，税法領域においても**法令間の形式的効力の原則**が働き，憲法を頂点として法律→政令→省令→条例→（通達）の順序で規定が適用され，下位の法令が上位の法令の規定に反する内容を定めた場合は無効となる。主な税法の法令間の序列は図表11-1のとおりである。

**図表11-1 法令適用の優先順位**

| 法律 | 政令 | 省令 | （通達） |
|---|---|---|---|
| 所得税法 | 所得税法施行令 | 所得税法施行規則 | （所得税法基本通達） |
| 法人税法 | 法人税法施行令 | 法人税法施行規則 | （法人税法基本通達） |
| 消費税法 | 消費税法施行令 | 消費税法施行規則 | （消費税法基本通達） |
| 相続税法 | 相続税法施行令 | 相続税法施行規則 | （相続税法基本通達） |
| 地方税法 | 地方税法施行令 | 地方税法施行規則 | （地方税法の施行に関する取り扱いについて） |

**補論：通達の効力**

**通達**は行政内部における上級機関から下級機関への所掌事務に関する命令であり，法的拘束力はないが，税務実務では強い影響力をもっている。

## 図表 11-2 税目の種類と分類

| | 国税 | 地方税 | | 国税 | 地方税 |
|---|---|---|---|---|---|
| 所得課税 | ・所得税<br>・法人税<br>・地方法人特別税<br>・復興特別所得税<br>・地方法人税 | ・住民税<br>・事業税 | 消費課税 | ・消費税　・酒税<br>・たばこ税　・たばこ特別税<br>・揮発油税<br>・地方揮発油税<br>・石油ガス税<br>・自動車重量税<br>・航空機燃料税<br>・石油石炭税<br>・電源開発促進税<br>・国際観光旅客税　・関税<br>・とん税　・特別とん税 | ・地方消費税<br>・地方たばこ税<br>・ゴルフ場利用税<br>・自動車取得税<br>・軽油引取税<br>・自動車税<br>・軽自動車税<br>・鉱区税<br>・狩猟税<br>・鉱産税<br>・入湯税 |
| 資産課税等 | ・相続税・贈与税<br>・登録免許税<br>・印紙税 | ・不動産取得税　・固定資産税<br>・都市計画税　・事業所税<br>・水利地益税　・共同施設税<br>・宅地開発税　・特別土地保有税<br>・法定外普通税　・法定外目的税<br>・国民健康保険税 | | | |

出所：財務省「もっと知りたい税のこと」
〈https://www.mof.go.jp/tax_policy/publication/brochure/zeisei3006_pdf/02.pdf〉（2018年6月）。

租税のもっとも直接的かつ実質的役割として**財源調達機能**が挙げられるが，昭和63年度から平成30年度の30年間で重要な税制改正のあった6つの年度を抽出して，国税及び地方税の総税収に占める課税客体別の税収構成比を時系列で示したのが図表11-3である。

### 11-1-3 税収構成比の推移

財源調達機能

**補論：租税の役割**
「租税の役割」としては（1）財源調達機能のほか，（2）所得再分配機能，（3）経済安定化機能が挙げられる。

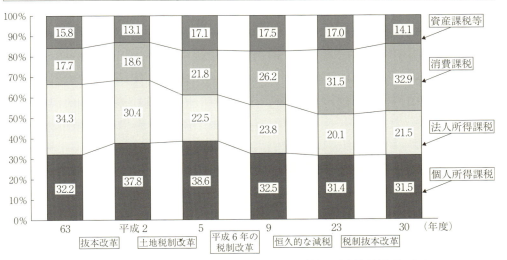

図表 11-3 所得・消費・資産等の税収構成比の推移（国税＋地方税）

（注）1. 平成23年度までは決算額，平成30年度については，国税は予算額，地方税は見込額による。
　　　2. 所得課税には資産性所得に対する課税を含む。

出所：財務省「税収に関する資料」
〈https://www.mof.go.jp/tax_policy/summary/condition/012.pdf〉（2018年4月）。

そこでは，相対的に所得課税から消費課税へとシフトしているのが見て取れるが，その主因として考えられるのは，消費課税にあっては消費税（地方消費税）の創設とその後の断続的な税率のアップであり，他方，所得課税にあっては税の「フラット化」とバブル経済崩壊後の長期化するデフレーションである。

なお，本来の望ましい租税体系とは所得・消費・資産に対する課税が適度のバランスを保っていること，すなわち**タックス・ミックス**にあるといわれている。

## 11-2 税務会計の意義

### 11-2-1 税務会計の位置付け

冒頭の概念図でも示したとおり，会計学の研究領域は「法令への準拠性」により制度会計と管理会計に大別される。

とりわけ，第7章の「会計のルール」でも紹介されているように，(1) 会社法，(2) 金融商品取引法（以下，金商法），(3) 税法などの法令の規制を受ける研究領域を会計学プロパーからは**制度会計**と呼び，法律学プロパーからは**企業会計法**と呼ばれている。

さらに，投資家・株主・債権者など企業外部の**ステークホルダー**に対する財務諸表の提供を目的とする会計領域を**財務会計**と呼び，その職能を担うのが**金商法会計**であり**会社法会計**である。この両者は立法趣旨や規制範囲こそ異なるが，会計基準に準拠した適正な財務諸表（計算書類）を作成するという点で共通しているのに対して，**税務会計**は税法が要請する**公平性の理念**や経済・福祉などの各種諸政策を反映しており，財務諸表の作成や報告を職能としていないという点で大きく異なる。

### 11-2-2 税務会計の領域

(1) 学　説

税務会計の領域については，研究者により広狭さまざまな見解がみられるが，神森〔2010〕は税務会計を専門領域にする4名の会計学者の見解を整理し，「広義の税務会計」として富岡幸雄・井上久弥教授

---

**補論：トライアングル体制の破綻**

従前は会社法・金商法・税法が一定の連携を保ちながら会計制度を規整していたことから，比喩的に**トライアングル体制**と呼ばれていたが，平成10年度税制改正で課税ベースの拡大のために税法が財務会計から乖離したことや，平成14年商法改正で計算規定を本法から法務省省令化したことで商法（会社法）が証券取引法（金商法）に急接近したことなどの事情が相俟って，最近では**トライアングル体制の破綻**が指摘されている。

**補論：各制度会計の適用対象と想定される会社数**

### 図表 11-4　会社法会計の対象会社数

各種会社の登記数（株式会社は資本金別）（平成 30 年 7 月末）

| 種　別 | 現存会社数 |
|---|---|
| 総　数 | 3,717,300 |
| 株式会社 | 1,898,000 |
| 　　　　　　　　　　100 万円未満 | 152,000 |
| 100 万円以上～　　1000 万円未満 | 787,800 |
| 1000 万円以上～　　5000 万円未満 | 858,200 |
| 5000 万円以上～　　1 億円未満 | 65,400 |
| 1 億円以上～　　3 億円未満 | 20,100 |
| 3 億円以上～　　5 億円未満 | 6,400 |
| 5 億円以上～　　10 億円未満 | 1,800 |
| 10 億円以上～　　50 億円未満 | 3,700 |
| 50 億円以上 | 2,200 |
| 合名会社 | 18,300 |
| 合資会社 | 91,100 |
| 合同会社 | 154,600 |
| 特例有限会社 | 1,555,100 |

出所：法務省民事局（2018 年 7 月）

＊現存会社数は，登記記録上の会社（本店）数を調査した結果を基礎に，毎月の商業・法人登記統計の数値を利用して，設立会社の数を加算し，解散会社の数を減算して算出した推計値である。
＊現存会社数の表示は，下二桁を切り捨てているので，合計とその内訳は必ずしも一致しない。

### 図表 11-5　税務会計（法人税）の対象法人数

第 4 表　組織別・資本金階級別法人数

| 区分 | 1,000 万円以下 | 1,000 万円超 1 億円以下 | 1 億円超 10 億円以下 | 10 億円超 | 合　計 | 構成比 |
|---|---|---|---|---|---|---|
| （組織別） | 社 | 社 | 社 | 社 | 社 | % |
| 株式会社 | 2,162,354 | 337,015 | 15,829 | 5,625 | 2,520,823 | 94.3 |
| 合名会社 | 3,616 | 174 | 3 | 1 | 3,794 | 0.2 |
| 合資会社 | 16,459 | 581 | — | 2 | 17,042 | 0.6 |
| 合同会社 | 65,444 | 500 | 86 | 15 | 66,045 | 2.5 |
| その他 | 46,162 | 16,842 | 793 | 532 | 64,329 | 2.4 |
| 合計 | 2,294,035 | 355,112 | 16,711 | 6,175 | 2,672,033 | 100.0 |
| 構成比 | (85.9) | (13.3) | (0.6) | (0.2) | (100.0) | |

出所：国税庁企画課「平成 28 年度分『会社標本調査』結果について」
〈https://www.nta.go.jp/publication/statistics/kokuzeicho/kaishahyohon2016/pdf/kekka.pdf〉（2018 年 3 月）。

### 図表 11-6　金商法会計（上場会社）の対象会社数

| | 本則市場 | 新興市場 | 合　計 |
|---|---|---|---|
| 日本取引所 | 2,624 | 1,031 | 3,655 |
| 名古屋証券取引所 | 276 | 12 | 288 |
| 福岡証券取引所 | 94 | 14 | 108 |
| 札幌証券取引所 | 48 | 8 | 56 |

出所：日本証券取引所（2018 年 12 月 26 日），名古屋証券取引所（2018 年 12 月 28 日），福岡証券取引所（2018 年 11 月分），札幌証券取引所（2018 年 6 月 22 日）時点の会社数（重複）をそれぞれの取引所ホームページより分類・集計して作成。

を挙げる (p.139)。その主著において富岡〔2013〕は，伝統的な法人税の「課税所得金額」の計算分野に加えて，課税価額の評価を課題とする「財産税務会計」の分野や，「課税消費」に関する課税価額の測定を課題とする「消費税務会計」の分野も包含すべきとして，「会計学的アプローチによる新しい租税研究」の必要性に敷衍している (p.9)。それらを踏まえたうえで，神森〔2010〕は「法人の課税所得の計算」という1つの伝統的な分野に限られる，とする武田隆二・武田昌輔両教授の「狭義の税務会計」を通説的見解としている (p.141)。

(2) 教　育

また，実際の教育現場で税務会計がどのように取り扱われているかについて，全国4年制大学109校の経商系220学部を対象にした興味深い調査結果がある。

金光〔2015〕によると，税務会計科目の開講数は176であり，その内訳として所得税務が168（82.4%），財産税務が11（5.4%），消費税務が25（12.2%），さらに所得税務でも講義対象を法人税法とするものが129（76.8%），所得税法とするものが19（11.3%），その両方とするものが20（11.9%）となっているとして，教育現場でも学界での通説的見解を反映して法人税法に特化した講義が中心となっていると分析している。

## 11-2-3　確定決算主義の根拠と沿革

課税標準
確定決算主義
確定した決算

法人税法は**課税標準**の主たる部分を各事業年度の所得金額に求めているが，その所得とは「確定した決算」に基づいたものであることを要請しており（法人税法74条1項），これがいわゆる**確定決算主義**の根拠となっている。ここに**確定した決算**とは，いうまでもなく会社法会計によるものであり，武田〔2005〕の表現を借りると，税務会計の課税所得計算は企業会計の企業利益計算に対して第2次的計算としての性格を持つということになる (p.39)。

**補論：会計学者と税法学者の論争**

日本会計研究学会第43回全国大会において，税法学者の北野弘久教授が富岡教授の税務会計論的アプローチに対して疑問を提起をされたことがあった。

すなわち，北野〔1985〕は「（税務会計論は）企業会計に影響をもつ所得課税法の諸規定，とくに法人税法上の所得計算規定が検討の対象とされるにすぎない。」(p.85) と批判し，対して富岡〔1985〕は持論の「税務会計原則論」を展開して反論されている。そもそも税務会計が学際領域の学問であり，極めて興味深い論争であった。なお，この論争を奇貨として富岡・北野両教授が発起人となって1989年12月に「日本租税理論学会」を設立された。

## 11-3　法人税の課税要件

冒頭でも紹介したように，租税法律主義は租税法の基本原則であるが，その核心部分が**課税要件法定主義**である。すなわち，課税行為は国民の財産権（日本国憲法29条1項）の侵害にあたることから，課税要件は法律によって規定されなければならないとするものである。

**課税要件**とは納税義務の成立要件であり，①納税義務者，②課税物件，③課税標準，④税率，⑤課税物件の帰属，の5項目からなる。以下で法人税法の課税要件を概観する。

課税要件法定主義

課税要件

### 11-3-1　納税義務者

法人税における**納税義務者**は，国内に本店または主たる事務所を有する**内国法人**と，日本国内に本店等を有しない**外国法人**に二大別したうえで，さらに内国法人については，納税義務の範囲との関係性により，**普通法人**（株式会社・合名会社・合資会社・合同会社など），**協同組合等**（農業協同組合・消費生活協同組合・信用金庫など），**公益法人等**（公益財団法人・公益社団法人・日本赤十字社・学校法人など），**人格のない社団等**（同窓会・PTA・町内会など），そして**公共法人**（地方公共団体・日本放送協会・日本政策金融公庫など）に五分類される。

納税義務者
内国法人
外国法人
普通法人
協同組合等
公益法人等
人格のない社団等
公共法人

### 11-3-2　課税物件

**課税物件**とは，課税客体と同義であり，冒頭でも紹介したように「何に対して課税の根拠を求めるか」ということであるが，法人税の課税物件は「所得」である。

課税物件

### 11-3-3　課税標準

**課税標準**とは，課税物件を金額や数量で具体的に表現したもので，税額算定の基礎となる基準を意味している。法人税法では，内国法人については「**各事業年度の所得**」（法人税法第5条）・「各連結事業年度の連結所得」（同6条）・「退職年金積立金」（同8条）の三項目を，外国法人については「各事業年度の所得のうち国内源泉所得」（同9条）を，課税所得の範囲として規定しているが，その中心となるのは内国法人の「各事業年度の所得」である。図表11-7で，納税義務者と課税所得の範囲の関係について示しておく。

課税標準
各事業年度の所得

---

**補論：計算書類の確定**
　会社法では，株式会社の計算書類は原則として株主総会の承認を経て確定し（会社法438条2項），あるいは会計監査人設置会社では取締役会限りで確定する（会社法439条）と規定している。なお，「確定」の法的効果は以後計算書類の変更・修正ができなくなり，取締役等の責任が発生することである。

図表11-7　内国法人と課税所得の範囲

| 納税義務者 | | 課税所得の範囲 |
|---|---|---|
| 内国法人 | 公 共 法 人 | 納税義務なし |
| | 公 益 法 人 等 | 各事業年度の所得のうち、「収益事業」から生じた所得にのみ課税 |
| | 人格のない社団等 | |
| | 協 同 組 合 等 | 各事業年度の所得のすべてに課税 |
| | 普 通 法 人 | |

## 11-3-4　税率

法人税の税率
中小法人

**法人税の税率**は原則として23.2%であるが、**中小法人**（普通法人で期末資本金1億円以下の法人等）に対しては税負担の軽減措置により年間800万円以下の所得金額については19%とする2段階となっている。なお、公益法人等および協同組合等については19%の低率となっている。

## 11-3-5　課税物件の帰属

実質課税の原則

法人税の課税物件は「所得」であり、その帰属については実質課税者の原則が採用されている。ここに**実質課税の原則**とは、収益の帰属する者が法律上の名義人（形式）と経済上の享受者（実質）が異なる場合には、後者に帰属するとの原則をいう。

## 11-4　課税所得の計算と法人税法

前節で法人税の課税標準の主たる対象は「各事業年度の所得」であると述べたが、以下で具体的にその計算構造を見ていくことにする。

### 11-4-1　法人税法の所得金額

法人税法第22条は、第1項で「内国法人の各事業年度の所得の金額は当該事業年度の益金の額から当該事業年度の損金の額を控除した金額とする。」と規定しており、算式にすると次のようになる。

> 各事業年度の所得の金額＝益金の額－損金の額

別段の定め
益金

また、第2項および第3項では「**別段の定め**」があるものを除き、と前置きして「益金」と「損金」の内容を列挙し、**益金**については、①資産の販売、②有償による資産の譲渡又は役務の提供、③無償による資産の譲渡又は役務の提供、④無償による資産の譲受け、⑤その他の取引で資本等取引以外のもの、一方で**損金**については、①その事業年度の収益にかかる売上原価等の原価の額、②当期の販売費及び一般管理費等、③当期に発生した損失の額で資本等取引以外のものと規定

損金

している。

　次に，第4項で「一般に公正妥当と認められる会計処理の基準」の遵守を規定し，税法特有の別段の定めがない限り，公正会計基準の会計処理を是認する立場を明らかにしている。

　さらに，第5項で資本等取引について，法人の資本金等（資本金＋資本積立金）の額の増加又は減少を取引や法人が行う利益又は剰余金の分配を規定し，これらの取引から生じた法人の正味財産の増減は益金・損金から除外している。

　このように，法人税法では所得金額の算定に際しては「一般に公正妥当と認められる会計処理の基準」に準拠することを要請しているが，法人税法や租税特別措置法に「別段の定め」のある場合には公正処理基準は適用されず，企業会計と税務会計の乖離する要因となる。

　両者の目的とするところが異なるので乖離は不可避であり，前述したように法人税法は「確定決算主義」を採用していることから，企業会計上の当期利益に一定の調整を加えて法人税法上の所得金額を算定することになる。この作業を「税務調整」という。

　確定決算主義の採用に伴い，税務調整が必要になることは前述のとおりであるが，その内容は(1)損金経理等の会計処理が必要で法人の確定決算に反映されていなければならない「決算調整事項」と，(2)法人税の確定申告書（章末の別表4参照）の上だけで調整される「申告調整事項」があり，後者はさらに①確定申告書に記載されていなければ調整が認められない「任意申告調整事項」と，②法人の意思

| | |
|---|---|
| | 一般に公正妥当と認められる会計処理の基準 |
| | 資本等取引 |
| **11-4-2　別段の定めと税務調整** | |
| | 別段の定め |
| | 税務調整 |
| **11-4-3　決算調整事項と申告調整事項** | |
| | 決算調整事項 |
| | 申告調整事項 |
| | 任意申告調整事項 |

---

**補論：収益認識基準の公表と税務対応**
　平成30年3月30日付けで，企業会計基準書第29号「収益認識に関する会計基準」等が公表されたことを受けて，法人税法でも第22条の2で「収益の額」に関する別段の定めが追加された。

**補論：別段の定めの三類型と具体例**
　金子［2015］は，別段の定めが設けられる租税政策上の理由を3分類し，①一般に公正妥当と認められる会計処理の基準を確認する性質の類型，②一般に公正妥当と認められる会計処理の基準を前提としつつも，画一的処理の必要から統一的な基準・一定限度額を設ける類型，③租税政策上・経済政策上の理由から，一般に公正妥当と認められる会計処理の基準に対する例外を認める類型とし，さらに，それぞれの具体例として①については，資産の評価益の益金不算入・還付金の益金不算入・資産の評価損の損金不算入・法人税の損金不算入，②については，減価償却資産の償却費・各種引当金の繰入額，③については受取配当金の益金不算入・各種特別償却に係る償却費・交際費等の損金不算入を挙げている（p.321）。

必須申告調整事項とは無関係に税務上調整が強制される「**必須申告調整事項**」に区分される。

主要な調整事項の分類と具体例は図表 11-8 のとおりであり，この申告調整事項こそ「別段の定め」に他ならない。

**図表 11-8 税務調整事項一覧**

出所：宮田〔2017〕p 8。

## 11-4-4 所得金額の算定方法

前述したように，別段の定めにより企業会計上の収益・費用と法人税法上の益金・損金に乖離が生じた場合に，その乖離部分を申告書上で加算・減算して所得金額を算定するが，そこでの申告調整内容は次の 4 パターンになる。

① 会計上は収益ではないが，税法上は益金であり，当期利益に加算する項目→**益金算入項目**

益金算入項目

② 会計上は収益だが，税法上は益金ではなく，当期利益から減算

する項目→**益金不算入項目**

③ 会計上は費用ではないが，税法上は損金であり，当期利益から減算する項目→**損金算入項目**

④ 会計上は費用だが，税法上は損金ではなく，当期利益に加算する項目→**損金不算入項目**

したがって，当期利益と所得金額の関係を算式にすると，次のようになる。

$$当期利益 + \begin{Bmatrix} 益金算入項目 \\ 損金不算入項目 \end{Bmatrix} - \begin{Bmatrix} 益金不算入項目 \\ 損金算入項目 \end{Bmatrix} = 所得金額$$

これらの申告調整作業は，実際には章末に添付している法人税申告書「**別表四**」で行うが，主要な申告調整事項を加算・減算の項目別に分類すると次のとおりである。

【加算項目】
① 損金経理をした法人税額，法人住民税額
② 損金経理をした納税充当金の額
③ 損金経理をした各種加算税・延滞税や罰科金等
④ 減価償却資産の償却限度超過額
⑤ 所定の条件を満たさない役員給与等
⑥ 交際費等や寄附金の損金算入限度超過額
⑦ 貸倒引当金の繰入限度超過額

【減算項目】
① 減価償却費の償却限度超過額の当期認容額
② 納税充当金から支出した前期分の法人事業税額等
③ 受取配当等の益金不算入
④ 法人税等の中間納付額および過誤納に係る還付金等
⑤ 所得税額等および欠損金の繰戻による還付金等
⑥ 青色申告事業年度の繰越欠損金
⑦ 完全支配関係がある法人間の受贈益

法人税の納税義務は，各事業年度の終了の時（決算日）に成立し，その翌日から2カ月以内に法人税申告書を作成して，所轄税務署長に提出することにより確定する。この手続を「**確定申告**」という。

また，事業年度が6カ月を超える法人は，事業年度開始の日以後6カ月を経過した日から2カ月以内に「**中間申告**」をしなければならな

---

益金不算入項目

損金算入項目

損金不算入項目

別表四

## 11-4-5 法人税の申告と納付

確定申告

中間申告

い。この中間申告には、①前期実績を基準とする「予定申告」と、②仮決算による中間申告があり、いずれかの選択が認められているが、前事業年度の法人税額が20万円以下の場合には中間申告は不要である。また、中間申告が必要であるにも関わらず、申告がなかった場合には「みなし申告」が適用される。

　なお、中間（予定）申告書や確定申告書を提出した法人は、その申告書に記載された法人税額を申告期限までに納付しなければならない。税額は申告により確定することから、原則として申告と納付は一体的になされることが必要で、何れが欠けても無申告加算税などの附帯税が発生するので留意を要する。

## 【資料】法人税申告書　別表四（簡易様式）の用紙

**所得の金額の計算に関する明細書（簡易様式）**

事業年度　　．．　　．．　　法人名

別表四（簡易様式）　平三十・四・一以後終了事業年度分

| 区　分 | | 総　額 | 処　　　　分 | | |
|---|---|---|---|---|---|
| | | | 留　保 | 社　外　流　出 | |
| | | ① | ② | ③ | |
| 当期利益又は当期欠損の額 | 1 | 円 | 円 | 配当 | 円 |
| | | | | その他 | |
| 加算 | 損金経理をした法人税及び地方法人税（附帯税を除く。） | 2 | | | |
| | 損金経理をした道府県民税及び市町村民税 | 3 | | | |
| | 損金経理をした納税充当金 | 4 | | | |
| | 損金経理をした附帯税（利子税を除く。）、加算金、延滞金（延納分を除く。）及び過怠税 | 5 | | その他 | |
| | 減価償却の償却超過額 | 6 | | | |
| | 役員給与の損金不算入額 | 7 | | その他 | |
| | 交際費等の損金不算入額 | 8 | | その他 | |
| | | 9 | | | |
| | | 10 | | | |
| | 小　計 | 11 | | | |
| 減算 | 減価償却超過額の当期認容額 | 12 | | | |
| | 納税充当金から支出した事業税等の金額 | 13 | | | |
| | 受取配当等の益金不算入額（別表八（一）「13」又は「26」） | 14 | | ※ | |
| | 外国子会社から受ける剰余金の配当等の益金不算入額(別表八（二）「26」) | 15 | | ※ | |
| | 受贈益の益金不算入額 | 16 | | ※ | |
| | 適格現物分配に係る益金不算入額 | 17 | | ※ | |
| | 法人税等の中間納付額及び過誤納に係る還付金額 | 18 | | | |
| | 所得税額等及び欠損金の繰戻しによる還付金額等 | 19 | | ※ | |
| | | 20 | | | |
| | 小　計 | 21 | | 外 ※ | |
| 仮　計　(1)+(11)-(21) | 22 | | | 外 ※ | |
| 関連者等に係る支払利子等の損金不算入額（別表十七（二の二）「25」又は「30」） | 23 | | | その他 | |
| 超過利子額の損金算入額（別表十七（二の三）「10」） | 24 | △ | | ※ | △ |
| 仮　計　(22)から(24)までの計 | 25 | | | 外 ※ | |
| 寄附金の損金不算入額（別表十四（二）「24」又は「40」） | 26 | | | その他 | |
| 法人税額から控除される所得税額（別表六（一）「6の③」） | 29 | | | その他 | |
| 税額控除の対象となる外国法人税の額（別表六（二の二）「7」） | 30 | | | その他 | |
| 外国関係会社等に係る控除対象所得税額等相当額（別表十七（三の十二）「1」） | 31 | | | その他 | |
| 合　計　(25)+(26)+(29)+(30)+(31) | 34 | | | 外 ※ | |
| 契約者配当の益金算入額（別表九（一）「13」） | 35 | | | | |
| 中間申告における繰戻しによる還付に係る災害損失欠損金額の益金算入額 | 37 | | | ※ | |
| 非適格合併又は残余財産の全部分配等による移転資産等の譲渡利益額又は譲渡損失額 | 38 | | | ※ | |
| 差　引　計　(34)+(35)+(37)+(38) | 39 | | | 外 ※ | |
| 欠損金又は災害損失金等の当期控除額（別表七（一）「4の計」＋（別表七（二）「9」若しくは「21」又は別表七（三）「10」）） | 10 | △ | | ※ | △ |
| 総　計　(39)+(40) | 11 | | | 外 ※ | |
| 新鉱床探鉱費又は海外新鉱床探鉱費の特別控除額（別表十（三）「43」） | 12 | △ | △ | ※ | |
| 残余財産の確定の日の属する事業年度に係る事業税の損金算入額 | 18 | △ | △ | | |
| 所得金額又は欠損金額 | 49 | | | 外 ※ | |

法　0301－0402

御注意

1　沖縄の認定法人の課税の特例、特定目的会社等又は特定目的信託に係る課税の特例、国家戦略特別区域における指定法人の課税の特例、農業経営基盤強化準備金の課税の特例、組合事業等に係る損失がある場合の課税の特例、農用地等を取得した場合の課税の特例、対外船舶運航事業を営む法人の日本船舶による収入金額の課税の特例、関西国際空港用地整備準備金の課税の特例、中部国際空港整備準備金の課税の特例及び再投資等準備金の課税の特例の規定の適用を受ける法人にあっては、別様式による別表四を御使用ください。

2　「49」の①欄の金額は、「②」欄の金額に「③」欄の本書の金額を加算し、これから、「※」の金額を加減算した額と符合することになりますから留意してください。

【問　題】

1. 次の文中の空欄に下記の語群から適当な用語を選んで補充しなさい。

   ① 法人税の（a　　　）である「各事業年度の所得の金額」は，法人税法第（b　　　）条第1項において（c　　　）の額から（d　　　）の額を控除した金額と規定している。

   ② 法人税法は，（e　　　）主義を採用しており，企業会計上の（f　　　）に一定の調整を加えて法人税法上の（g　　　）を算定することになるが，この調整作業を（h　　　）という。

   ③ （h　　　）には，損金経理等の会計処理が必要で法人の確定決算に反映されていなければならない（i　　　）と，法人税申告書のうえだけで処理される（j　　　）がある。

   ［語群］　損金，当期利益，確定決算，課税標準，申告調整
   　　　　　所得金額，22，決算調整，益金，税務調整

2. 次の文章が正しい場合は○，間違っている場合は×をつけなさい。

   ① 税務会計の目的は，金商法会計や会社法会計と同様に，適正な財務諸表の作成と報告にある。（　　）

   ② 減価償却費は損金経理事項であり，確定決算に反映されていれば必ず全額損金算入される。（　　）

   ③ 法人税額の損金不算入を失念していたが，所得金額が多めに算定されることから，修正は不要である。（　　）

【参考文献】

片木晴彦〔2003〕『新しい企業会計法の考え方』中央経済社。
金子　宏〔2015〕『租税法（第20版）』弘文堂。
神森　智〔2010〕『税務会計の概念フレームワーク』松山大学論集（第21巻5号）。
岸田雅雄〔1994〕『企業会計法入門』有斐閣ブックス。
北野弘久〔1985〕『会計学と税法学―従来の税務会計論への方法論的反省―』會計（第127巻3号）。
金光明雄〔2015〕『税務会計教育の現状と課題』桃山学院大学総合研究所紀要（第41巻1号）。
武田隆二〔2005〕『法人税法精説』森山書店。
富岡幸雄〔1985〕『会計学と税法学（一）・（二）―北野教授の批判へのお答え―』會計（第127巻6号・第128巻1号）。
富岡幸雄〔2013〕『新版　税務会計学講義』中央経済社。
宮田忠厚〔2017〕『知っておきたい法人税法（平成29年度版）』大蔵財務協会。

第 12 章

# 会計情報と国際化

　20世紀に入って企業の国際的な経済活動が活発化し，人・財貨（技術等を含む）・資本およびサービスの，国境を跨いだ移動は，1989年11月のベルリンの壁崩壊以後ますます盛んになっている。いわゆる経済のグローバリゼイションであり，ボーダーレス化である。

　会計情報に関する側面についても，企業活動の国際化は，個別企業の経営者，世界口の投資者，企業監査を担当する会計士に大きな影響を及ぼしている。経営者は変動為替制度のもとで企業活動の舵取りを誤る訳にはいかないし，世界的な投資者は国際的に企業を比較する上で正確性を期す必要があり，会計士と会計事務所は国際的に連携して多国籍企業の監査に当たることになる。

　本章では，企業活動の国際化の状況をトヨタ自動車を例として確認した後，外貨換算会計の基本的な考え方と会計基準の国際的な調和化の状況を確認する。

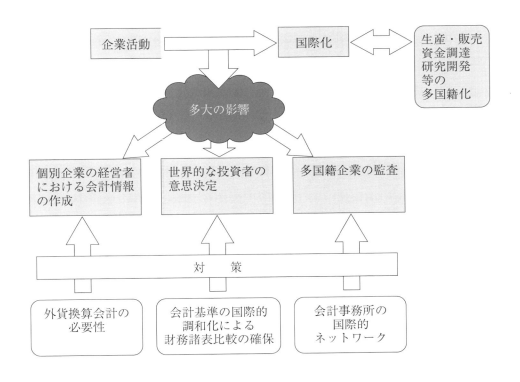

## 12-1　企業活動の国際化

### 12-1-1　トヨタ自動車の国際性

**連結決算**

**所有株式数**

**外国法人**

　生産性が高く，付加価値の高い製品・サービスを提供している企業は，その企業活動が国際的になるのが自然な成り行きである。その代表例がトヨタ自動車株式会社であり，その平成30年（2018年）3月期の連結決算の資料によってそうした状況を確認してみる。

　製造業を営む企業は，製品の製造と販売が主たる活動であり，それらを支える活動として，資金の調達などがある。トヨタ自動車の本業の車両の生産台数と販売活動とを，地域別に示したものが図表12-1と12-2である。製造・生産面（左図）では48%が国内で行われたが，販売面（右図）ではわずか25%が国内で行われたに過ぎない。

　企業の法的な所有者は，企業の運営資金を拠出する株主である。トヨタの株主の顔ぶれを所有株式数の割合から見ると，日本勢として金融機関が32.20%，金融商品取引業者が2.13%，その他の法人が20.91%，個人その他が22.40%を所有する一方で，外国法人等が22.36%を所有している（出所：有価証券報告書，2018年3月31日現在）。

　トヨタは，我が国発祥とはいえ今や国際的な存在感の強い企業である。このような国際的な企業活動を会計情報として描き出す上で大きな影響を及ぼす要因の1つは，ドル円，ユーロ円等の交換比率に関する外国為替の動向である。

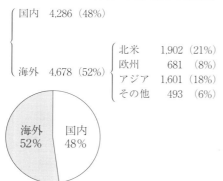

**図表12-1　トヨタ自動車の車両生産台数 896万台の地域別内訳**
（単位：千台，2018年3月期）

国内　4,286（48%）
海外　4,678（52%）
　北米　1,902（21%）
　欧州　　681（8%）
　アジア　1,601（18%）
　その他　　493（6%）

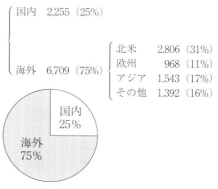

**図表12-2　トヨタ自動車の車両販売台数 896万台の地域別内訳**
（単位：千台，2018年3月期）

国内　2,255（25%）
海外　6,709（75%）
　北米　2,806（31%）
　欧州　　968（11%）
　アジア　1,543（17%）
　その他　1,392（16%）

出所：トヨタ自動車株式会社「有価証券報告書」2018年3月期（自2017年4月1日至2018年3月31日）―連結決算・米国基準，22，24頁，千台未満・1%未満四捨五入。

| | 12-1-2 為替感応度 |
|---|---|
| 為替の変動の問題に関して、輸出主体の企業を想定して単純化して考えると、1ドルの売上代金の回収について110円の獲得と目論んでいたとして、ドル円相場が1ドル110円から120円に円安ドル高に振れて変化した場合、手取り金額が10円増加する。製造原価などの費用額が円建てで当面変化しないとするならば、その10円の手取り金額の増加はそのまま利益額の増加を意味する。 | 為替 |
| トヨタ自動車の例では、図表12-3にあるように、2018年3月期の連結営業利益は2兆3,998億円で、前期の1兆9,943億円より4,054億円の増加で、その内訳の1つとして為替変動の影響により2,650億円の増加である。左端の資料より、前期(2017/3月期)の通年での | 連結営業利益 |
| 平均為替レートが108円/$と119円/ユーロで、当期(2018/3月期)は111円/$と130円/ユーロであった。右端の*1の内訳(輸出入等の外貨取引分)を参照すると、対米ドルで3円の円安で1,000億円、対ユーロで11円の円安で650億円、その他の通貨で500億円の連結営業利益の増加をもたらしている。1円当たりで割り算すると(これ | 平均為替レート |
| を為替感応度と称する)、ドル円レートが1円円安に振れると333億円、ユーロ円レートが1円円安に振れると45億円の営業利益の増加となっている。 | 為替感応度 |

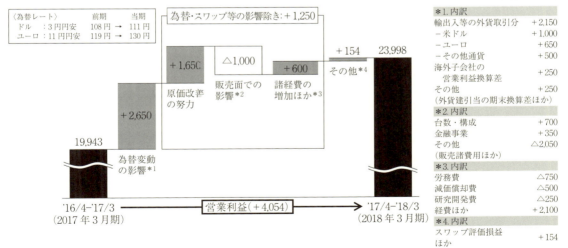

図表12-3 連結営業利益増減要因—トヨタ2017年3月期(前期)と2018年3月期(後期)の比較

(単位：億円)

出所：トヨタ2018年3月期決算説明会のパワーポイント資料7頁、2018年5月8日。

## 12-1-3　外貨の売買

**為替業務**

人の為に立て替え払いすると書いて為替（かわせ）である。お金を支払う人と受け取る人の間にお金を融通する人が存在することを為替と言い，通常は銀行がその業務を行う。歴史的には，遠隔地間での現金移動の危険性を無くす為の預りと後日の支払いという**為替業務**が，銀行発生の原点の1つである（下記補論参照）。外国と取引する企業と個人にとっては，ドル札またはユーロ札を使う人と日本円を使う人との間に銀行が介在し，利鞘または手数料込みで用立てしてくれる。

**利　鞘**

**粗利益**

**TTB**

**TTS**

図表12-4は，三菱東京UFJ銀行の為替業務の**利鞘**を示している。この日にこの銀行に現金としての1ドル札または1ユーロ札をもっていけば（現金買い相場）1ドル札は108円27銭で，1ユーロ札は126円4銭で買い取ってくれる。逆に外貨を現金として売ってくださいと掛け合うならば（現金売り相場），1ドル札は114円7銭で，1ユーロ札は134円4銭で売って貰える。銀行の用立て料として1ドルの売買で5円80銭（114.07-108.27）の儲け（約5.1%の**粗利益**）があり，現金の1ユーロの売買で8円（134.04-126.04）の儲け（約6.1%の粗利益）である。実際の紙幣を触らずに電子的な情報として送金や預金の為替手続きを依頼する場合には，ドル札やユーロ札の入手・保管等にかかる保険料・リスク料・手数料・金利が無関係となるので，より有利に銀行に外貨を高く買い取って貰え（**TTB**），より有利に銀行から外貨を低い値段で売って貰える（**TTS**）こととなる。

**図表12-4　外国為替相場（SPOT RATE）**

| | T. T. S<br>（電信売り相場） | Cash selling<br>（現金売り相場） | T. T. B<br>（電信買い相場） | Cash buying<br>（現金買い相場） |
|---|---|---|---|---|
| USD（米ドル） | 112.27 | 114.07 | 110.27 | 108.27 |
| EUR（ユーロ） | 131.54 | 134.04 | 128.54 | 126.04 |

（T. T. S/T. T. B：Telegraphic Transfer Selling/Buying rate）
出所：2018年7月24日午前10：28，三菱東京UFJ銀行のホームページより抽出。

**補論：ヨーロッパの銀行家としてのテンプル騎士団**
「…これから巡礼の旅に出ようとする者が，危険な道中で盗みや追いはぎに逢うことを恐れ，路銀を西欧のテンプル騎士団の支部に預けておく。そして信用状に相当する証明書を海外のテンプル騎士団支部に示し，そこで現金に替えてもらうのだ。こうしてテンプル騎士団は，自分のものではないにしても，多額の金をもつようになった。そして彼らの活動はやがて本当の銀行業務に発展したのである。」（レジーヌ・ペルヌー（南條郁子訳）『テンプル騎士団の謎』創元社，2002年，71-72頁。）

1971年以降の変動相場制において為替レートは，長期的マクロ経済的には各国の貨幣の量に比例して変動し（マネタリーベース），一方短期的な変動を含んだ為替の変動は予測が困難で，輸出入と資本投資に大きく影響する。2016年のわが国の1年間の輸出額は約89兆円であり，輸入額は約83兆円であり，5年連続した輸入超過から輸出超過に転換した。2018年上半期の貿易取引通貨別比率を見ると，輸出の決済通貨としては，米ドルが49.2％，円が37.3％，ユーロが6.6％とその他が用いられ，輸入の決済通貨は，米ドルが68.5％，円が24.6％，ユーロ4.0％とその他が用いられている。個別の企業にとって円建てで無く外貨建てでの輸出入取引において契約時点と決済時点との間で交換比率が変化すると，取引の損益が大きく左右される。

なお，図表12-5にあるように，戦後の1ドル360円の固定相場制の時代は，マネタリーベース比から見て不自然な円安ドル高水準にあったが，輸出に価する製品を作れる企業にとっては，大きく有利であった。1971年の変動相場制への移行以降は，円ドルは，マネタリーベース比に近づいて円高ドル安へと修正されてきたが，それは輸出企業にとって絶えざる挑戦変革の時代を意味した。ただし近年，2013年以降の自民党の安倍政権による金融政策により円安ドル高へ多少調整され，一息ついた。

## 12-1-4 為替相場と決済

マネタリーベース

決済通貨

図表12-5 円ドルと日米マネタリーベース比の推移

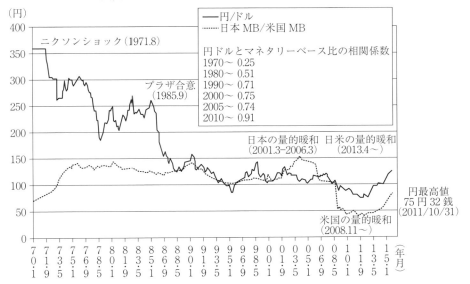

出所：高橋洋一『日本を救う最強の経済論―バブル失政の検証と後遺症からの脱却』育鵬社，2017年，33頁。

## 12-1-5 輸出入と為替

ドル建て輸入
ドル建て輸出
円高ドル安
円安ドル高

ドル建てでの輸入または輸出の取引のさいの円高ドル安（例，1ドル110円→105円）と円安ドル高（例，1ドル110円→115円）が支払高・受取額または利益計算にいかに影響するのかを表にしたものが図表12-6である。1ドル5円の円高ドル安または円安ドル高への変化が，貿易に依存する企業にとって当面歓迎すべき状況（○）なのか憂慮すべき状況（△）なのか対照的である。下段の電気・自動車等のドル建てでの輸出を主体とする企業にとっては，円安ドル高が，円貨に換算した手取受取代金の増加をもたらし，利益を増加させ，現地での売価の値下げを可能とし，国際的な競争力を増大してくれる。しかし，1971年以降の円高ドル安は，輸出主体の企業には原価削減，現地生産，事業再構築等厳しい対応を迫られるものであった。一方，上段の石油・ガス等のドル建てでの輸入主体の企業は，円高ドル安によって資源輸入代金が低下することとなる。

なお，図表12-7は，中期的な為替と金利との関係を，マクロ経済全体として位置付けたものである。

**図表12-6　為替変動の影響**

| | 円高ドル安<br>（例1ドル：110円→105円） | 円安ドル高<br>（例1ドル：110円→115円） |
|---|---|---|
| ドル建て支払の輸入を<br>行う企業（石油・ガス会社等） | ○<br>支払代金↓→費用↓→利益↑ | △<br>支払代金↑→費用↑→利益↓ |
| ドル建て受取の輸出を<br>行う企業（電器・自動車等） | △<br>受取代金↓→売上・利益↓ | ○<br>受取代金↑→売上・利益↑ |

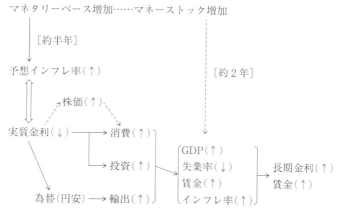

図表12-7　金融政策の波及効果と為替と金利

出所：高橋洋一「ゼロ金利下でも有効な金融政策」岩田規久男編『まずデフレをとめよ』所収，日本経済新聞社，2003年，199-235頁。

ドル建て支払い主体の輸入企業にとっての円高ドル安（1ドル・120円→115円）の変化を会計的に把握し，記録計算してみる。

[計算例] 2月1日，アメリカのX社より商品aを1ドルで購入した。代金は5カ月後に支払う契約である。この日の為替相場は1ドル＝120円であった。6月30日に1ドルをこの日の為替相場の115円で調達し支払いに充てた。この商品は，7月31日に日本国内で買い手を見つけることができ，150円で売却し，現金決済できた。

現金収入に既に結びついている売上収益は150円であり，その費用としての売上原価は，120円かかると想定していたが，支払期日までの幸運な為替変動のおかげで，115円で済んだ。売上と売上原価の差35円（＝150円−115円）が，一連の取引全体の収支計算の確定値である。当初想定していた利益額30円（＝150円−120円）が，円高ドル安のおかげで5円増加している。損益計算書と仕訳を表示すると次の通りである。なお，仕入れた商品は商品勘定に計上したうえで，売却分を売上原価勘定に振替える，仕訳方法を採用する（以下も同様）。

## 12-2 外貨換算会計

### 12-2-1 一取引基準

現金収入
売上収益
売上原価

損益計算書

| 売　上　高 | 150 |
|---|---|
| 売 上 原 価 | 115 |
| 売上総利益 | 35 |
| 経 常 利 益 | 35 |

```
 2/1          6/30        7/31
 ─┼───────────┼──────────┼─→
  掛仕入       仕入代金    売上
  @120        決済@115   (150円)
```

(仕訳) 2月1日 (借) 商　　　品 120　(貸) 外貨建買掛金 120

6月30日 (借) 外貨建買掛金　5　(貸) 商　　品　5
　　　　　　　外貨建買掛金 115　　　現　　金 115

[またはまとめて]

6月30日 (借) 外貨建買掛金 120　(貸) 現　　　金 115
　　　　　　　　　　　　　　　　　　　商　　　品　5

7月31日 (借) 現　　　金 150　(貸) 売　　　上 150
　　　　　　　売 上 原 価 115　　　商　　　品 115

為替の変動による利益を，売上原価（商品）の減算項目として修正する損益計算の考え方は，商品の仕入・売上とそれに伴う代金の授受を一体として掌握する方法であり，一取引基準と言われている。

一取引基準

## 12-2-2 二取引基準

一取引基準に対し、為替の変動による利益を売上原価等で調節せずにそのまま為替差益として認識する方法を**二取引基準**という。経営者にとって、商品の仕入から売却に至る本業（営業）による損益は直接関与できるが、外貨建買掛金（売掛金）の発生から支払（回収）の間に生じる為替変動による損益は、**為替予約**等の特別な手段を用いない限り、不可避的な影響要因である。商品の仕入・売上という財貨の取引による損益と、為替の変動という金融上の損益とを区別して把握する方法の方が、企業の状況・業績がより明確になるであろう。損益計算書においては、**外貨の換算および決済**に伴って発生する損益は、**為替差益**または**為替差損**という項目で、金融上の損益として営業外損益の部に純額で表示し、経常損益を構成する。

二取引基準による仕訳と損益計算書を、先と同じ例（1ドル120円で購入／115円で決済／150円で売上）で確認する。

```
        損益計算書
    売 上 高    150        2/1          6/30        7/31
    売 上 原 価  120        掛仕入       仕入代金     売上
    売上総利益    30        @120        決済@115    (150円)
    （営業外収益）
    為 替 差 益    5
    経 常 利 益   35
```

(仕訳) 2月 1日 (借) 商　　　　品 120 (貸) 外貨建買掛金 120
　　　 6月30日 (借) 外貨建買掛金 　5　　　 為 替 差 益 　5
　　　　　　　　　　外貨建買掛金 115　　　 現　　　　金 115
　　　　　　　　　　　　［またはまとめて］
　　　 6月30日 (借) 外貨建買掛金 120 (貸) 現　　　　金 115
　　　　　　　　　　　　　　　　　　　　　 為 替 差 益 　5
　　　 7月31日 (借) 現　　　　金 150 (貸) 売　　　　上 150
　　　　　　　　　　売 上 原 価 120　　　 商　　　　品 120

「**企業会計審議会**」公表の「**外貨建取引等会計処理基準**」では、遡及的な処理の無い二取引基準を規定している。

## 12-2-3 外貨建買掛金の評価

外貨建てで仕入または売上の掛取引を行い,取引の発生から最終決済までに決算を挟むと,決済時の換算による損益の発生の前に,決算時の外貨建ての買掛金または売掛金の換算処理により,為替差益または為替差損が発生する。

[**計算例**] 2月1日,アメリカのX社より商品aを1ドルで購入した。代金は5ヶ月後に支払う契約である。この日の為替相場は1ドル=120円であった。3月31日に決算を迎え,この日の為替相場1ドル=117円で外貨建買掛金を換算替えする。6月30日に1ドルをこの日の為替相場の115円で調達し支払に充てた。この商品は,7月31日に日本国内で買い手を見つけることができ,150円で売却し,現金決済できた。

```
損益計算書        [1期]  [2期]      ─[1期]─┐┌─[2期]─┐
  売上高          ____   150        2/1    3/31  6/30   7/31
  売上原価        ____   120        掛仕入   決算  仕入代金  売上
  売上総利益            30         @120   @117  決済@115 (150円)
(営業外収益)
  為替差益          3     2
  経常利益          3    32
```

(仕訳)[1期]2月 1日(借)商　　　品 120 (貸)外貨建買掛金 120
　　　　 3月31日(借)外貨建買掛金 　3 (貸)為 替 差 益 　3
　　[2期]6月30日(借)外貨建買掛金 　2 (貸)為 替 差 益 　2
　　　　　　　　　　外貨建買掛金 115 　　 現　　　　金 115
　　　　　　　　　　[またはまとめて]
　　　　　　　　(借)外貨建買掛金 117 (貸)現　　　　金 115
　　　　　　　　　　　　　　　　　　　　　為 替 差 益 　2
　　　　 7月31日(借)現　　　金 150 (貸)売　　　　上 150
　　　　　　　　　　売 上 原 価 120 　　 商　　　　品 120

この取引全体の利益は35円であり,その内訳は商品の売買による利益30円と為替差益5円とからなり,その為替差益5円は,**金銭債権債務**の外貨建買掛金の決算時の評価替えにより分割して,1期に3円が計上され,2期に2円が計上されている。

金銭債権債務

## 12-2-4 在外支店の財務諸表

国際的に企業活動を展開するためには，外国に支店や子会社を設けることとなる。現地では現地の通貨単位と商慣習に従いながら経営活動が行われる。それら**在外支店**および**在外子会社**の財政状態と経営成績は，本店または親会社が日本国所在の企業の財務諸表と合算したうえで，企業全体および企業集団の会計情報を作成することとなる。

本店，支店を問わず決算時の外貨建資産・負債の換算は原則として**貨幣・非貨幣法**で行われ，貨幣項目には決算時の為替レートを適用し，非貨幣項目については取得時または発生時の為替レートを適用して換算するのが原則である。在外支店の財務諸表項目の換算に当っては，貨幣非貨幣法に加えて**テンポラル法**が適用され，商品や有形固定資産といった非貨幣項目の中で評価減や減損が当期または前期までに適用された場合は，取得時のレートでは無く，当期または前期までの決算日のレートにより換算される。在外支店の財務諸表の換算手順は，支店の貸借対照表を換算して当期純利益を貸借差額で計算し，損益計算書に利益額をそのまま移記し，支店の損益計算書を換算して貸借差額を**為替差損益**とする。その後本支店の財務諸表を合算して，本支店合併財務諸表を作成する。換算基準は次のようになる。なお，本店勘定以外の全項目を決算日レートで換算してもよい。

(貨幣性資産)

　通貨・金銭債権債務・売買目的有価証券……決算時の為替レート

(非貨幣性資産)

　棚卸資産・有形固定資産等

　　—取得原価で記録されているもの……取得時の為替レート

　　—低価法減損などで取得原価以外の価額が付されているもの

　　　……当該価額が付されたときの為替レート（テンポラル法）

(収益および費用)

　　—一般の収益および費用

　　　……原則として計上時の為替レート，期中平均為替レートも可

　　—前受金・前受収益等の収益性負債の収益化額

　　　……負債発生時の為替レート

　　—棚卸資産・有形固定資産等の費用性資産の費用化額（売上原価・減価償却費）……資産取得時の為替レート

(本店勘定・本店より仕入勘定・本店へ売上勘定)

　　　……取引発生時の為替レート（本店における対応勘定と相殺）

## 12-2-5　在外子会社の財務諸表

連結財務諸表を作成するには，外国にある子会社の財務諸表を現地の通貨単位から円に換算する必要がある。換算は，いくつかの項目を除き決算日のレート（**決算日レート法**）で行う。在外子会社の財務諸表の換算手順は，子会社の損益計算書を換算して当期純利益を確定後，子会社の貸借対照表と株主資本等変動計算書を換算し，貸借対照表の貸借差額を**為替換算調整勘定**として純資産の増減項目とする。

決算日レート法

為替換算調整勘定

（資産・負債）……決算時の為替レート（親会社に対する債権債務は親会社が換算に用いるレート）
（純資産）
　―親会社による株式取得時の項目……株式取得時の為替レート
　―親会社による株式取得後に生じた項目……発生時の為替レート
（収益および費用（と当期純利益））
　……原則として期中平均為替レート。決算日の為替レートでも可。（親会社との取引による収益・費用は親会社が換算に用いる為替レート。）

**補論**：現金1,000円を元入れして設立された企業が，1ドル100円のレートで1ドルを海外へ送金し，子会社を100％所有で設立した。

（親会社）貸借対照表（円建て）

| 現　　　金 | 900 | 資　本　金 | 1,000 |
|---|---|---|---|
| 子会社株式 | 100 | | |

（子会社）貸借対照表（ドル建て）

| 現　　金 | 1 | 資　本　金 | 1 |
|---|---|---|---|

この後，両社で営業活動が行われず，決算日の為替レートが1ドル80円となり，連結貸借対照表を作成する。まずドル建ての子会社の貸借対照表について現金1ドルは決算日レート80円で換算し，資本金は親会社による取得時のレート100円で換算し貸借差額20円を為替換算調整勘定とする。

（子会社）貸借対照表（円建て）

| 現　　　金 | 80 | 資　本　金 | 100 |
|---|---|---|---|
| 為替換算調整勘定 | 20 | | |

親会社と子会社の貸借対照表を合算する。

合算貸借対照表（円建て）

| 現　　　金 | 980 | 資　本　金 | 1,100 |
|---|---|---|---|
| 子会社株式 | 100 | | |
| 為替換算調整勘定 | 20 | | |

子会社株式100円と資本金100円とを相殺消去し，為替換算調整勘定20円を純資産の減算項目とする。

連結貸借対照表（円建て）

| 〈資産〉 | | 〈純資産〉 | |
|---|---|---|---|
| 現　　　金 | 980 | 資　本　金 | 1,000 |
| | | 為替換算調整勘定 | △20 |

## 12-3 会計基準の国際的調和化

### 12-3-1 IASBによるIFRS

IASB：International Accounting Standards Board
IFRS：International Financial Reporting Standards

国際会計基準審議会（**IASB**，2001/2/6発足）より公表されている会計基準は国際財務報告基準（**IFRS**）と総称され，2017年現在，世界の150の国（管轄権／jurisdictions）のうち，84％の126カ国が自国の資本市場において，国内の公的責任ある実体・上場会社・金融機関に対してIFRSを強制している。残りの24カ国のうちの，12カ国（バミューダ諸島／ケイマン諸島／グアテマラ／ホンジュラス／日本／マダガスカル／ニカラグア／パナマ／パラグアイ／スリナム／スイス／東ティモール）は，IFRSを強制でなく認可し，ウズベキスタンは金融機関にだけIFRSを強制し，タイ王国はIFRSの採用途上で有り，インドネシアは国内基準をIFRSに収斂する途上で有り，残りの9カ国（ボリビア／中国／エジプト／ギニアビサウ／インド／マカオ／ニジェール／米国／ベトナム）はIFRSを国内において強制も認可もしていない。世界の上場企業49,000社のうち27,000社がIFRSを適用し，適用していない企業の大半は中国，インド，日本，米国の企業である。

IFRIC：International Financial Reporting Interpretations Committee
IASC：International Accounting Standards Committee
IAS：International Accounting Standards
SIC：Standing Interpretotions Committee
IFRS for SMES：The IFRS for Small and Medium-sized Entities

**IFRS**は一般に国際会計基準とも言われるが，実際にはIFRS17基準に加えて，解釈指針を示した**IFRIC**が17あり，さらに前身団体の国際会計基準委員会（**IASC**，1973年発足）から引き継いでいる会計基準（**IAS**）28と解釈指針（**SIC**）8から構成され，また，「財務諸表の作成及び表示に関する概念フレームワーク」とIFRS for SMESがあり，一般的承認と不正誘発回避との為に細則に踏み込まず，原則主義的な会計基準を構成する。

**図表12-8　IFRS財団の組織**

| | | ［役割］ | ［構成員］ |
|---|---|---|---|
| | IFRS財団モニタリングボード | 公的な説明責任 | 資本市場規制当局者7名 |
| IFRS諮問会議 | IFRS財団評議委員会 | 統治と監視 | 世界の市場関係者20名 |
| | IFRS財団 | 独立した基準設定 | |
| 会計基準アドバイザリーフォーラム | IASB | 会計基準の設定 | 委員14名 |
| | IFRS解釈指針委員会 | 解釈指針の設定 | 委員14名 |

出所：IFRSウェブサイト，P・パクター「ポケットガイド」より。

## 12-3-2 IFRSの組織と歴史

IASBを支える組織をIFRS財団といい，その目的として「高品質で，理解可能，かつ法による執行可能な国際的に認められた会計基準の単一のセットを開発すること」を謳い，そのために図表12-8にあるように公的代表者による監視体制を整え，基準設定に際して一般参加型の透明性のある**デュー・プロセス**（正規の手続）を採用して，公益としての会計基準設定に努めている。

デュー・プロセス

会計基準の国際的な統一化は，1966年結成の会計士国際研究グループの活動がその端緒で，その後世界中の会計士協会が集まってIASCが結成され，**比較可能性**と**透明性**の向上に取り組んできた。1990年代に入り世界的な資金の自由な移動が活発化（グローバリゼイション）し，それを記録計算する会計基準の統一化の必要性が世界的に認識された。IASCはより公益に叶うよう2001年に改革を行いIASBが設立された。IFRSの世界的承認が現実化したきっかけは，証券監督者国際機構（**IOSCO**）による承認（2000年）とEUにおける2005年からの採用であった。20世紀中は米国基準が国際的に用いられていたが，米国市場の地位の低下と**エンロン**社の破産等により引き起こされた2001年前後の（細則主義会計基準への）会計不信もあり，IFRSが国際的な基準と考えられるようになった。

比較可能性

透明性

IOSCO：International Organization of Securities Commission

エンロン

**補論：国際的な会計基準勃興の背景**

20世紀末からのグローバリゼーションは，コンピューターの発達とともに，人，物，金，情報の国際的な移動を容易にし，世界の金融市場にとっては国境が問題で無くなっきている。

企業は，最も有利な条件が可能な市場で資金調達し，投資者と債権者は，リスクに見合った収益が得られるならば地理的な条件に関係無く投資機会を追求するようになっている。2015年の世界での外国直接投資は1.6兆ドルに上り，例えば2017年の東京証券取引所の時価総額667兆円中外国法人等が30%の201兆円を占めて保有している。投資者と債権者にとっては，国境・主権国家に拘らず，投資の前提条件として，企業の財務情報を，適切で信頼出来て比較可能な形で必要とする。世界中の企業が単一の高品質な会計基準を厳密に用いるならば，財務情報の比較可能性と透明性が実現し，情報作成者の企業にとっては作成費用を節約できまた資本コストを下げることができ，資本市場においてより有効に資源が配分されることとなる。

**補論：IFRSの正統性（legitimacy）**

IFRSは，欧州連合では，域内資本市場の統一会計基準として採用（アドプション）され，ヨーロッパ議会等で承認（エンドースメント）された上で，社会の中で活用されている。しかし，EU以外のIFRSアドプション国は，IFRS導入の契機と手続きがEU程自然では無い場合が多いと考えられる。すなわち，EU以外のアドプション国の多くは，2001年時点で国際的な水準の国内基準を有していなかった国々，古くから国内基準の開発に代えて国際会計基準（IAS）を採用してきた新興国，IMFの監視下に入った国々，世界銀行から借款を受けた国々，である。現在も，それらの国々は，会計基準を巡る施行体制，監査体制，市場制度・税・会社法といった周辺諸制度等が多種多様で有り，一概かつ一様にIFRSが正統に施行されていると言うのは躊躇される部分がある（辻山栄子『IFRSの会計思考—過去・現在そして未来への展望』中央経済社，2015年，pp. i-iii，より筆者要約）。

## 12-3-3 我が国会計基準の国際化

我が国では，企業活動と証券市場の国際化を原因として，従来の個別財務諸表における配当額と課税額の計算を主目的とした取得原価主義・実現主義・純利益尊重の会計制度は，一般投資者への連結情報の開示を主目的とした時価・公正価値・包括利益重視の会計制度へと変化してきた。その顕著な表れは，1990年代末に公表された会計基準群としての**会計ビッグバン**（企業会計審議会による，連結財務情報の充実・キャッシュフロー計算書の導入・退職給付(年金)会計の導入・金融商品会計の充実等）と，2001年設立の民間組織である**企業会計基準委員会（ASBJ）**によるIFRSとの**コンバージェンス（収斂化）**の活動である。

> 会計ビッグバン
>
> 企業会計基準委員会
> ASBJ：Accounting Standards Board of Japan
>
> コンバージェンス
> 収斂化
> CESR：The Committee of European Securities Regulators
> 同等性評価

2000年代半ばから行われている，IFRSの国内基準への導入であるコンバージェンスは，主としてEUの欧州証券規制当局委員会（**CESR**）による**同等性評価**への対応を念頭に行われた。EUは，2005年以降IFRSが施行される欧州で（米国SECを倣い），外国企業（日本企業は約84社）に対してIFRSによる情報開示を要請することを2000年に決めた。IFRSを採用しない日米加の企業はIFRSと同等の情報開示になるよう補完的追加的な計算と開示が求められた。これは**2005年問題**，期限延長により**2007年・2009年問題**とも言われた。ASBJは，日本企業への追加的負担を回避するため会計基準の改善に努め，結局2008年12月に日本基準とIFRSとはほぼ同等であると認められ，欧州での特別な情報開示が義務化されることは無かった。ASBJは，これに留まらず，IASBとの**東京での合意**（2007年）も踏まえてIFRSと相違する項目の解消に努め，**継続的な完全なコンバージェンス**の姿勢を貫き，現在ではのれんの規則的償却と包括利益の遺漏ないリサイクリングを除き，大きな差異は解消されている。

> 2005/7/9年問題
>
> 東京合意
> 継続的な完全なコンバージェンス
> （Continuous Full Convergence）

---

**補論：会計基準間の競争**

現在，日本の市場では，4つの会計基準が用いられている。日本基準，IFRS（ピュアIFRSと言われる），日本版のIFRSである修正国際基準（JMIS（ジェイミス）と言われる，J-IFRS＝日本版IFRSの呼称はIASBからの異議申し立てにより却下），米国基準（米国市場での資金調達は宣伝効果が認められ（トヨタ等の米国進出企業は，日本の連結基準作成前に米国基準を採用し我が国でそのまま認められているが），米国での活動の為には米国基準またはIFRSでの企業財務情報の開示の必要があり，日本基準での企業財務情報の単純な翻訳開示は認められていない）である。この状態は，歪ではあるが基準間の競争による洗練化という意味では理想的であり，不可逆的な全体的統一化の袋小路を回避できた上で，なにより国家主権の一部を無闇に奉仕すること無く，国民が保有できていることが貴重である。JMIS：Japan's Modified International Standards (JMIS)：Accounting Standards Comprising IFRSs and the ASBJ Modifications.

## 12-3-4 IFRSの任意適用

米国市場でIFRSが外国企業に認められ（2007年），国際的な日本企業にとってIFRSの適用はより有利な資金調達の可能性を大きくし，海外の子会社を含めた経営管理においても企業の利益に叶うものと考えられるようになった。そうした要望に応えるため金融庁の諮問機関である企業会計審議会は2009年6月に「我が国における国際会計基準の取扱いについて（**中間報告**）」を公表し，2010年3月期の年度の財務諸表から（国際的な）上場企業の連結財務諸表に対して，任意でIFRS（**指定国際会計基準**）に準拠した財務報告を日本国内で認めることとした。個別財務諸表や非上場企業の財務諸表には日本基準の適用が継続された。当時の見通しでは，2012年に最終報告として上場企業の連結財務諸表に対して日本基準に代わってIFRSを全面採用して強制適用するかどうかを決定する予定で，早くて2015年よりIFRSによる開示規制が開始される筈であった。

しかし，上場企業へのIFRSの採用ならびに日本基準の放棄を巡って激しく議論された上で，リーマンショック（2008年9月）とその後の景気後退による米国の方針変更と，震災・原発事故（2011年3月）を受けた産業界・連合からの要望を受け，2011年6月21日に金融庁より大臣談話として，2015年3月期の強制適用は無いこと，仮に強制適用がある場合でも少なくとも5年〜7年の準備期間を設けること，米国上場の日本企業の米国基準による日本での開示承認の終了予定（2016年3月期）の撤回が示された。

その後2013年の金融庁・企業会計審議会の意見書「国際会計基準（IFRS）への対応のあり方に関する当面の方針」は，当面，IFRS強制適用で無くその任意適用の積上げを図るべきことを示し，この方針は，**アベノミクス**の成長戦略の一環として，閣議決定の2014年6月24日の「『日本再興戦略』改訂2014」でも，2018年6月30日の『未来投資戦略2018』でも確認されている。

---

**補論：2017年現在のIFRS適用企業**

　東京証券取引所の調査で，計3,537社中適用済会社は125社，適用決定会社は40社，適用予定会社は19社で，これら合計174社は数としては約5％だが，その時価総額は188兆円で，東証上場会社時価総額の約30％を占めている。

## 【問　題】

1. 次の一連の問題について解答しなさい。

　（1）わが国の企業が製品を1個80円で製造し，それを米国企業に1個1ドルで販売した場合，わが国の企業の損益計算書を作成しなさい。なお，為替水準は1ドル＝100円とする。

　　損益計算書（単位：円）

|  | (1) | (2) | (3) | (4) |
|---|---|---|---|---|
| 売上高 |  |  |  |  |
| 売上原価 | ＿＿＿ | ＿＿＿ | ＿＿＿ | ＿＿＿ |
| 売上総利益 | ＿＿＿ | ＿＿＿ | ＿＿＿ | ＿＿＿ |

　（2）上の設定（製造原価80円1ドルで販売）において，為替水準が1ドル90円であった場合の売上総利益はいくらか。日本での製造原価80円はそのままとする。

　（3）上の（2）の設定（製造原価80円1ドル90円で販売）において，利益金額（売上総利益）を20円確保しようとする場合，わが国での製造原価80円を，コスト削減努力によっていくらにすればそれは可能か。

　（4）上の（2）の設定（製造原価80円1ドル90円で販売）において，利益金額（売上総利益）を19円確保しようとする場合，米国企業と値段の交渉ができるとすれば，ドル建てでいくらに値上げするように交渉すべきか。

2. 次の文章中の括弧の中から適当な記号を選びなさい。

　（1）会計基準の国際的な調和化・統一化の最大の効果の1つは，企業情報の（ア　比較可能性，イ　詳細性，ウ　監査効率）が高まることである。

　（2）現在世界約140カ国で認められている会計基準を，（ア　IASB，イ　IFRS，ウ　ASBJ）という。

　（3）国際的な会計基準の統一化が進展した最大の2つの要因は，IOSCOの選択と（ア　日本，イ　米国，ウ　欧州）での採択である。

　（4）2000年代半ばから国際的な基準をわが国に取り入れた作業を（ア　会計基準のコンバージェンス，イ　会計ビッグバン，ウ　グローバリゼイション）という。

　（5）2010年3月期より，わが国で指定国際会計基準としてIFRSの（ア　強制適用，イ　任意適用，ウ　一部適用）が認められた。

　（6）IFRS[*]の2つの最大の特徴は，情報利用者第1主義と（ア　政治主義，イ　自由主義，ウ　原則主義）である。

　　＊IFRSは，イファース，アイエフアールエスと発音され，英語での語感の悪さからアイファースと呼ばれることは少なくなっている。

## 【参考文献】

監査法人トーマツ〔2007〕『外貨建取引の経理入門』中央経済社。

Paul Pacter〔2017〕, *Pocket Guide to IFRS Standards—the Global Financial Reporting Language*, IFRS.

# 第13章

# 会計情報と環境

　「環境」という言葉がこれまで企業経営や企業会計で使用されるときは、たとえば『国際競争の激化などの経済変化によって企業が置かれる経済環境が変化する』というように、企業を取り巻く利害関係の変化を「環境」変化として捉えてきた。したがって、「環境」とはいわゆる「自然環境」を指すものではなかった。例外として、たとえば水俣病などのように、有害な汚染物質の排出などによって人体に影響を及ぼし訴訟問題が起こり、その結果、企業は国の規制のもと公害対策を実施し、環境対策をするに過ぎなかった。しかし、この段階でも、法規制を遵守するということに重点が置かれており、自然の生態系の中に企業活動を位置付けるということは意識されていなかった。

　これまで企業は公害問題を引き起こさないために、国などの定める法や規制の遵守を果たしてきた。それにもかかわらず、企業は資源の浪費や今はまだ規制対象となっていない有害物質の排出など自然の生態系と人間社会に悪影響を及ぼしつづけている。そして、その環境負荷の蓄積が、たとえば温暖化など地球環境に変化を及ぼし、人類の危機が迫っているともいわれている。これまで企業の直接的な課題として認識されてこなかった「自然環境」の保全が21世紀の企業課題となっている。

　このような地球環境（エコシステム）の保全が地球人類全体の課題とされる時代において、地球環境に大きな影響を与える産業の担い手である企業の新たなあり方が問われている。たとえば、下の図のように企業の利害関係も自然の生態系も入れ込んだかたちで捉える必要がある。企業は会計情報を活用して、環境保全に貢献しようとしている。

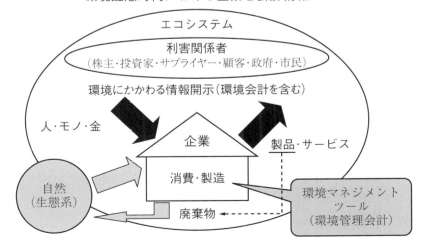

環境配慮時代における企業と会計情報

## 13-1　企業と環境問題

　これまで企業は公害問題に直面し，その後の公害対策として国や国際社会で定める環境規制を守るということで，積極的というよりは受動的に「自然環境」保全に取り組んできた。企業経営において環境保全は企業課題の1つではあるが，企業内や社会において企業の環境保全活動を積極的に評価することはしていなかった。しかし，20世紀末になり，これまでの環境負荷の蓄積によって，地球規模での環境が変化し，その影響がわれわれ人類の生活にとって無視できなくなってきた。

地球温暖化問題

　たとえば，地球温暖化問題がその1つである。二酸化炭素の排出量が自然の二酸化炭素吸収能力を超過し，地球の二酸化炭素に包まれる割合が増してきている。その結果，地球の熱放射率が下がり，地球全体の平均気温が徐々に上昇している。この影響で自然の生態系（エコシステム）が変化し，結果として人類が地球上で生きるために不適切な現象（季節外れの台風，異常な豪雨や水不足，例年とは異なる著しい寒暖など）が発生している。

気候変動枠組条約締約国会議（COP）

　このような地球温暖化問題の解決に向けて，1992年に国連において，「国連気候変動枠組条約」[*]が採択された。その後，同条約に基づき，1995年から毎年，気候変動枠組条約締約国会議（COP）が開催されている。2015年のCOP21においてパリ協定（約180カ国が批准）が採択され，その後，2018年12月に先のパリ協定に基づく実施指針を概ね合意したことは重要である。これからも一部の未決着の指針に関して議論は継続されるが，2020年までに各国は温暖化ガス削減の長期戦略を提出し，2020年1月からパリ協定に基づいた削減行動を実施する予定となっている。このような世界的な合意と活動によって，世界の平均気温の上昇を産業革命以前に比べて，1.5度以下を目標としながらも，2度未満に抑えることを目指している。

　しかしながら，世界の温暖化ガス排出大国（世界第2位，約15%以上を占める：2015年）である米国（トランプ大統領）が2017年にパリ協定の離脱表明をしたように，まだまだ国際協調においても課題がある。また，国や企業に対しても，温暖化ガス削減の義務化にも至っていない。

補論：国連気候変動枠組条約[*]
　正式名称は，「気候変動に関する国際連合枠組条約（United Nations Framework Convention on Climate Change）」で，地球規模で大気中の温暖化ガスの濃度を安定化させることを目標としている。

このように，国際的かつ強制的な規制の枠組みはまだ制定されていないが，国際社会の要請として環境負荷を削減しようという機運は高まっており，産業の担い手であり温暖化ガスの排出主体でもある企業が環境問題の解決に積極的に取り組み始めている。反面，この取組みは将来に対する取組みであり，具体的な経済活動と直接結び付いているわけではなく，これからの企業像と企業戦略という観点から地球環境が捉えられている段階である。たとえば，図表13-1にあるように「異常気象」など気候変動によるリスクが最大化している。

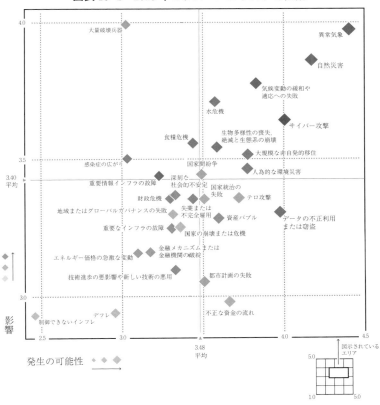

図表13-1　2018年のグローバルリスクの概観

出所：「図Ⅰ：2018年のグローバルリスクの展望」の一部抜粋，World Economic Forum, Insight Report：第13回グローバルリスク報告書2018年版。

現在は企業を取り巻く環境を地球環境という規模で考える段階にあり，国際社会の**サステナビリティ（持続可能な社会）**にいかに貢献し，企業自らのサステナビリティもいかに確実にするかが重要な課題となっている。地球環境の変化とそれに伴う国際的なリスクは我々の

サステナビリティ（持続可能な社会）

社会経済活動に大きな影響を与え始めている。

これまで地球環境は企業の経済活動に対して外部化されてきたが，企業の経済活動へ内部化され始めている。伝統的な経済評価基準で企業を見るだけでは不十分となってきており，**ESG（環境・社会・企業統治）**という新たな評価基準からも企業活動が評価されなければならない。

## 13-2 環境経営

今日，利益を追求しながらも環境保全に配慮する**環境経営**は，企業経営のなかに明確に位置づけられるようになってきたと言えよう。たとえば，「CSR（Corporate Social Responsibility：企業の社会責任）」，「サステナビリティ」，「ESG」，「CSV（Creating Shared Value：共創価値創造）」などのような言葉を冠した経営が唱えられ，新たな経営理念のなかで環境経営も位置づけられるようになっている。

たとえば，キヤノンは，サステナビリティレポート「Canon Sustainability Report 2018」を発行し，キヤノンの成長戦略とサステナビリティを説明するなかで，自社の3つの**マテリアリティ**（重要課題）を挙げている。マテリアリティの1つとして，「地球環境の保護・保全」を挙げ，「豊かな生活と地球環境が両立する社会をめざして製品ライフサイクル全体で地球環境への影響を軽減」するとしている。

また，2015年9月に国連サミットで「持続可能な開発のための2030アジェンダ」が採択された。図表13-2に示したように，持続可能な社会を実現するための17の目標（Sustainable Development Goals：**SDGs**）が設定され，その目標の下に，さらに合計169のより具体的なターゲットが設定されている。たとえば，目標の6，7，12，13，14，15は環境保全に直接関連すると考えられる。

ところで，企業における一般的な環境マネジメントとは，**環境省**によれば，「組織や事業者が，その運営や経営の中で自主的に環境保全に関する取組を進めるにあたり，環境に関する方針や目標を自ら設定し，これらの達成に向けて取り組んでいくことを「環境管理」又は「環境マネジメント」といい，このための工場や事業所内の体制・手続き等の仕組み」であるとしている。多くの日本企業では，環境省が策定したエコアクション21や国際規格の**ISO14001**に基づいた環境マネジメントシステム（EMS）による環境保全活動を実施している。

日本政府がSDGsを積極的に推進するのと相まって，多くの日本企

### 図表 13-2　SDGs の 17 の目標

出所：〈http://www.unic.or.jp/files/sdg_logo_ja_2.pdf〉（2018 年 12 月 28 日）。

業もこの SDGs と自社の活動を関連付けて目標設定し，自社の業績評価もするようになっている。たとえば，次の図表 13-3 に示すように，キヤノンがサステナビリティを実現する活動報告のなかで，自社の環境保全に関わるマテリアリティと SDGs を関連付けて業績評価し，その成果を示している。

### 図表 13-3　キヤノンにおける「SDGs と自社の地球環境に関するマテリアリティとの連携」

マテリアリティ
■地球環境の保護・保全

　資源循環型社会の実現・有害物質廃除と汚染防止
　　キヤノンは限りある資源の循環利用によって持続性の向上に努めています。2017 年は，資源生産性の最大化を追求した最新鋭のリサイクル工場キヤノンエコテクノパークが完成しました。
　　→詳細は「活動ハイライト3」（→P19）をご覧ください。

　低炭素型社会の実現
　　キヤノンは製品ライフサイクル全体で $CO_2$ 排出量削減を推進しています。2017 年も引き続き，原材料，事業拠点活動，物流，お客さま使用時のすべての段階で $CO_2$ 排出量の削減活動を推進しました。
　　→詳細は「活動ハイライト4」（→P21）をご覧ください。

出所：『Canon Sustainability Report 2018』10 頁より。

---

**補論：国際標準化機構（ISO）**
　世界3大標準化機関（IEC：国際電気標準会議，ITU：国際電気通信連合）の1つで，「民間自身が民間のために民間規格を作る機関」として 1947 年スイスのジュネーブに設立された〈https://www.iso.org/home.htm〉（2019 年 1 月 30 日）。

## 13-3 環境情報の開示と環境会計

**環境報告に関するガイドライン**

このような環境に関する情報開示が重要視されるにつれて，法的義務がないにしても，環境情報開示の普及と公的な基準を制定するために，環境省が環境報告に関するガイドラインを1997年に発行した。現在，SDGsやパリ協定などの国際動向を踏まえて改訂された「環境報告ガイドライン（2018年版）」が発行されている。環境報告によって，企業が環境への取組みに対する社会的説明責任を果たし，利害関係者との環境コミュニケーションが促進され，企業が環境保全に向けた取組みを自主的に改善するとともに，社会からの信頼を勝ち得ることに大いに役立っている。また，ESG報告の枠組みで利用する投資家，金融機関などのステークホルダーに対しても有用な情報を提供している。

**環境会計ガイドライン**

さらに，「環境報告ガイドライン（2018年版）」では，企業が特定した重要な環境課題に関連する財務的影響を報告事項とし，次節で説明する環境会計（「環境会計ガイドライン　2005年版」）の環境保全のためのコスト等を貨幣単位で定量的に認識・測定・伝達するとしている。

## 13-4 環境省の環境会計ガイドライン

環境省の環境会計ガイドライン（2005年版）によれば，環境会計は，つぎのように定義づけられている。

　（このガイドラインにおける）環境会計とは，企業等が，持続可能な発展を目指して，社会との良好な関係を保ちつつ，環境保全への取組みを効率的かつ効果的に推進していくことを目的として，事業活動における環境保全のためのコストとその活動により得られた効果を認識し，可能な限り定量的（貨幣単位又は物量単位）に測定し伝達する仕組みである。ここで，環境保全とは，事業活動その他の人の活動に伴って環境に加えられる影響であって，環境の良好な状態を維持する上での支障の原因となるおそれのあるもの（環境負荷）の発生の防止，抑制又は回避，影響の除去，発生した被害の回復又はこれらに資する取組みである。

**補論：環境報告のさまざまな動向**

　企業と投資家等が，環境情報を中心とした実質的な対話を行うために，「環境省　環境情報開示基盤整備事業〜ESG対話プラットフォーム〜」〈https://www.env-report.env.go.jp〉（2018年12月28日）が設立されている。

　また，サステナビリティに関する国際基準を策定することを目的とするGRI（Global Reporting Initiative）は，2016年10月にサステナビリティ報告書の規準「GRIスタンダード2016」（2017年4月に日本語版が発行）を発行している。

また，環境会計の機能は，外部機能と内部機能に区別でき，環境会計の機能に対応して，環境会計は，一般的に**外部報告環境会計・内部利用環境会計**（環境管理会計）に大別することができる。外部報告環境会計とは一般的に企業で環境会計と呼ばれているもので，環境報告書に載せる環境会計報告を作成するための会計ということができる。それに対して内部利用環境会計は**環境管理会計**とも呼ばれ，企業が環境経営をする上で内部利用を目的とした会計情報を作成する会計である。日本企業における（外部報告）環境会計情報は，環境省の環境会計ガイドラインを概ね標準形として作成されている。したがって，環境省の環境会計ガイドライン（2005年版）から外部報告用の環境会計の概観をみることとする。

ガイドラインの環境会計は，事業活動における環境保全のためのコストとその活動により得られた2種類の効果を対象として，次の構成要素からなる。

① **環境保全コスト**

環境負荷の発生の防止，抑制又は回避，影響の除去，発生した被害の回復又はこれらに資する取組みのための投資額及び費用額とし，貨幣単位で測定する。投資額は，対象期間における環境保全を目的とした支出額で，その効果が数期にわたって持続し，その期間に費用化されていくもの（財務会計における償却資産の当期取得額）とする。ま

**13-4-1 環境会計の機能**

外部報告環境会計

内部利用環境会計

環境管理会計

**13-4-2 環境会計の構成要素**

環境保全コスト

社会的コスト

**図表13-4　環境会計の構成要素**

| (1) 環境保全コスト　［貨幣単位］<br>環境負荷の発生の防止，抑制又は回避，影響の除去，発生した被害の回復又はこれらに資する取組のための投資額及び費用額 | (2) 環境保全効果　［物量単位］<br>環境負荷の発生の防止，抑制又は回避，影響の除去，発生した被害の回復又はこれらに資する取組による効果 |
|---|---|
| (3) 環境保全対策に伴う経済効果　［貨幣単位］<br>環境保全対策を進めた結果，企業等の利益に貢献した効果 | |

出所：環境省『環境会計ガイドライン（2005年版）』7頁より。

補論：環境省の環境会計に関するホームページ
〈https://www.env.go.jp/policy/kaikei/guide2005.html〉（2018年12月29日）。

補論：**社会的コスト**（ガイドラインの環境会計には含めない。）
　企業等によって通常負担されるコストとは異なり，第三者としての社会が負担しているコストをさす。

た，費用額は，環境保全を目的とした財・サービスの費消によって発生する財務会計上の費用又は損失とする。

### ② 環境保全効果

環境負荷の発生の防止，抑制又は回避，影響の除去，発生した被害の回復又はこれらに資する取組みによる効果とし，物量単位で測定する。

### ③ 環境保全対策に伴う経済効果

環境保全対策を進めた結果，企業等の利益に貢献した効果とし，貨幣単位で測定する。

次に示す図表13-5はキヤノンでの環境会計情報である。なお，

**図表13-5　事例：キヤノンの環境会計情報**

環境会計
環境省「環境会計ガイドライン（2005年度版）」を参考に作成。

**環境保全コスト**　　　　　　　　　　　　　　　　　　　　　　　　　　　　　　　　　　　　　　（億円）

| 分類 | | 主な取り組みの内容 | 2017年 投資額 | 2017年 費用額 |
|---|---|---|---|---|
| (1) 事業エリア内コスト | | | 18.0 | 77.9 |
| 内訳 | 1. 公害防止コスト | 大気・水質・土壌汚染防止等 | 8.9 | 45.2 |
| | 2. 地球環境保全コスト | 温暖化防止，省エネルギー，物流効率化等 | 8.8 | 12.0 |
| | 3. 資源循環コスト | 資源の効率的利用，廃棄物の削減・減量化・分別・リサイクル等 | 0.3 | 20.7 |
| (2) 上・下流コスト | | グリーン調達の取り組み，製品のリサイクル等※1 | 0.7 | 73.5 |
| (3) 管理活動コスト | | 環境教育，環境マネジメントシステム，緑化，情報開示，環境広告，人件費等 | 0.0 | 41.5 |
| (4) 研究開発コスト※2 | | 環境負荷低減の研究・開発費 | 0.0 | 0.0 |
| (5) 社会活動コスト | | 団体への寄付，支援，会費等 | 0.0 | 2.1 |
| (6) 環境損傷コスト | | 土壌の修復費用 | 0.0 | 0.5 |
| (7) その他 | | その他，環境保全に関連するコスト | 1.7 | 1.0 |
| 合計 | | | 20.3 | 196.5 |

※1　使用済み製品のリサイクルに伴う回収・保管・選別・輸送等の費用。
※2　環境技術の基礎研究に伴う費用。

**環境保全効果**

| | 効果の内容 | 環境保全効果を示す指標 | |
|---|---|---|---|
| | | 指標の分類 | 指標の値 |
| 事業エリア内コストに対応する効果 | 事業活動に投入する資源に関する効果 | 省エネルギー量（t-$CO_2$） | 41,953 |
| | 事業活動から排出する環境負荷及び廃棄物に関する効果 | 再資源化量（t） | 98,999 |
| 上・下流コストに対応する効果 | 事業活動から算出する財・サービスに関する効果 | 製品の省エネルギー量（千t-$CO_2$）※3 | 2,696 |
| | | 使用済み製品の再資源化量（t）※4 | 70,241 |

※3　電子写真方式の複写機とレーザープリンターの省エネルギー技術による$CO_2$削減効果。
※4　複写機，カートリッジなどのリサイクル量（社外でのマテリアルリサイクルやサーマルリサイクルを含む）。

**環境保全に伴う経済効果**　（億円）

| | 効果の内容 | 2017年 |
|---|---|---|
| 収益 | 廃棄物の有価物化による売却益 | 22.3 |
| 費用削減 | 省エネルギーによるエネルギー費の削減 | 18.6 |
| | グリーン調達による効果 | 0.0 |
| | 省資源またはリサイクルに伴う廃棄物処理費用の節減他 | 15.1 |
| 合計 | | 56.0 |

**上・下流コストに対応する効果**　（億円）

| 効果の内容 | 2017年 |
|---|---|
| 製品のエネルギー消費削減による電力料金の削減※5 | 665.8 |
| 使用済み製品の有価物化による売却益 | 52.5 |

※5　電子写真方式の複写機とプリンター（プロダクションプリンターは除外）の年間エネルギー消費量削減量×12円/kWhで算出（顧客側での経済効果）

出所：『Canon Sustainability Report 2018』68頁より。

「上・下流コスト」とは，主たる事業活動に伴ってその上流または下流で生じる環境負荷を抑制するための環境保全コストである。

　図表13-5をみると，2017年の環境保全コストは合計216.8億円（投資額：20.3億円と費用額196.5億円）であり，その経済効果額は56.0億円と見積もられている。コストに比べて効果額は小さいと評価できるが，上・下流コストの効果額は合計718.3億円と見積もられており，この効果も考慮すれば，コストに比べて大きな効果を発揮したと評価できる。

　日本の環境省が比較的外部報告を目的とした環境会計の検討に取り組んでいたのに対して，経済産業省は，いわゆる環境管理会計の検討に取り組んでいた。環境管理会計とは，企業が今後環境配慮型の企業経営でないと存続できないとすれば，企業の営利活動と環境保全活動が同時に評価され，環境経営上の最善の意思決定へと導く情報システムの構築が必要であり，その目的に適合した会計情報を提供するツールであるということができる。具体的な環境管理会計ツールとして，たとえば，次の6つを挙げることができる。

> ①環境配慮型設備投資意思決定
> ②環境配慮型原価管理
> 　　環境配慮型原価企画・環境品質原価計算
> ③マテリアルフローコスト会計（MFCA）
> ④ライフサイクルコスティング（LCC）
> ⑤環境配慮型業績評価
> ⑥サステナビリティ・バランスト・スコアカード（SBSC）

　次に環境管理会計として独自のツールであるマテリアルフローコスト会計とライフサイクルコスティングを説明する。

　マテリアルフローコスト会計（MFCA）は，図表13-6にあるように，マスバランス（物質収支）を企業内プロセスに援用し，投入された原材料（主原料・補助原料に区別なく全て）を物質として物量で把握し，物質が企業内もしくは製造プロセス内をどのように移動（フロー）するかを追跡する。その測定対象として，最終製品（良品）を構成する原材料だけではなく良品を構成しないロス（無駄）にも注目

上・下流コスト

**13-5　環境管理会計ツール開発と発展**

**13-5-1　マテリアルフローコスト会計（MFCA）**

し，ロスを発生場所別に投入された材料名と物量で記録し，金額評価しようとするツールである。図表 13-6 をみると，材料の全投入量は 100 kg で，良品である正の製品は 75 kg である。この場合，製品歩留りが 100% であっても，25 kg の材料ロスが生じている。MFCA では，このロスをマテリアルロス（負の製品）と呼び，マテリアルロスを削減することで，環境負荷を低減しかつコストの削減を同時に達成することが目的である。2011 年に ISO14051 Environmental Management-Material Flow Cost Accounting-General Framework として発行された。

ISO14051
（日本工業規格 JIS Q 14051 : 2012）

図表 13-6　マスバラスによる生産プロセス分析

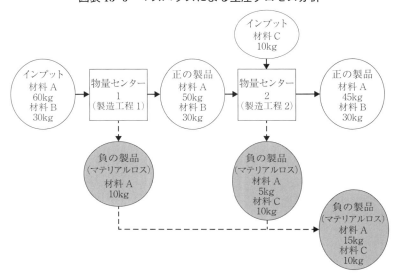

### 13-5-2　ライフサイクルコスティング（LCC）

ライフサイクルアセスメント（LCA）

ライフサイクルコスティング（LCC：Life Cycle Costing）を理解するために，まずライフサイクルアセスメント（LCA：Life Cycle Assessment）について説明する。

図表 13-7 に示したように，多種多様な製品やサービスを生産・提供するために天然資源やエネルギーが消費され，排ガスや廃棄物などが自然環境へ排出されている。また，生産活動だけでなく，製品の使

---

**補論：ライフサイクルアセスメント**

　LCA の始まりは，1969 年に米国コカ・コーラ社が自社のリターナブルびんを対象とした委託研究（ミッドウェスト研究所）であるといわれている。今日，経済協力開発機構（OECD）・国連環境計画（UNEP）・国際標準化機構（ISO）など国際的にも研究・標準化が進められている。

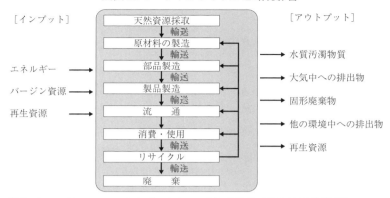

図表13-7 ライフサイクルと環境影響

出所:〈https://www.env.go.jp/policy/hakusyo/h10/10619〉（2018年12月29日）

用や廃棄においてもエネルギーの消費など環境負荷は継続的に発生している。

　LCAは，製品やサービスが地球上に生み出される出発点である資源の採取から製品の製造・使用・リサイクル・廃棄・物流など地球に無害な状態で還元されるまでの，その**ライフサイクル全体**を通して環境に与える影響インパクトを客観的に分析，評価する手法である。

　たとえば，我々消費者が垣間見ることができるLCAによる成果事例がある。冷蔵庫を販売店で購入する際に，商品比較情報として各社の製品価格だけでなく，たとえば1カ月の電気代が表記されていることに気付く。冷蔵庫の場合，一般的に消費者が支払う冷蔵庫に対するコストはその本体の購入価格よりも冷蔵庫を使用する際の電気代がはるかに大きいといわれている。

　このようにLCAによって電気使用量が具体的に分析され，その結果に電気料単価を掛けることで使用時のコストの見積計算が可能となる。LCAでは環境影響を物量次元で把握するので環境性能に関する分析には有効であるが，このようなコスト計算をすることで環境に関する経済情報として環境影響を貨幣価値で評価することができる。そのような手法をLCCという。LCCでは，従来の原価計算で計算されたコスト情報をもとに，その製品の使用・廃棄にかかるコストを算定し，製品のライフサイクル全体のコストを計算することで，経済性と環境性の両方から製品を評価する。

ライフサイクル全体

## 13-6 財務会計情報における環境負債

一般に環境保全情報は，環境報告書などで環境会計を含めて，公表財務諸表とは独立して開示されている。また，環境会計情報もその定義や測定も法的に規格化されておらず，企業個別に環境会計情報が作成され，またその開示も任意である。しかしながら，環境会計の進展とともにその会計情報が企業価値を明らかに増減させる要因を内在しているといえる。たとえば，土壌汚染によるコスト負担分や企業の所有する土地の資産価値への影響などである。

環境リスク
環境負債

このような将来の**環境リスク**である環境支出を**環境負債**として認識し，その見積り額を財務諸表に取り込んでいくべきであるという主張もある。

## 13-7 環境マネジメントと会計情報

環境マネジメントは具体的に次の3タイプに分類することができる。「従来からのマネジメントの延長」，「従来のマネジメントの発展もしくは変革」，「利益と（直接）相関しない環境影響要因への取組み」である。

「従来からのマネジメントの延長」とは，たとえば，自動車製造業などでエンジン性能（燃費）を向上させるためのマネジメントで，これまでの目標が環境負荷を低減させることに同時に結び付くようなマネジメントである。したがって，これまでのマネジメントの評価指標に環境性能を入れ込み，具体的に明示化する必要がある。

それに対して，「従来のマネジメントの発展もしくは変革」とは，これまでのマネジメントツールをそのまま使うのでは環境情報として不十分または不適切であるが，応用可能であるような場合である。たとえば，家電リサイクル法では，製品の廃棄物処理は製造者責任ということで，一旦顧客に販売した製品が使用後製造企業に廃棄物として帰ってくることとなる。このような状況によって，企業では製品（もの）の販売ではなく，顧客が必要とする機能（サービス）を販売するような**サービサイジング**を考える必要性に迫られている。つまり，これまでは製品のモノとしての所有権が顧客に移動することを前提に価格とコストが算定されてきた。たとえば，車自体を販売するということから，車に乗って移動する，もしくは車で運搬するという機能を販売する（カーシェアリング）ということになれば，顧客が負担するコスト（価格）と企業が負担するコストとの関係はこれまでとは違ってくると考えられる。

サービサイジング

「利益と（直接）相関しない環境影響要因への取組み」を，企業は

積極的に実施しない。しかし，たとえば，環境報告書や環境会計の法制化・**環境税**の導入（環境支出に対する税優遇を含めた）・エコファンドの整備などの政策が実施されれば企業の行動も変わる。これは個別企業ということではなく，日本社会がどのように地球環境保全を考えるかということに関連している。

また，最近では，世界で**統合報告**が新たに注目されてきている。**国際統合報告評議会（IIRC）**によれば，図表13-8に示しているように，企業は**財務資本**，**製造資本**，**知的資本**，**人的資本**，**社会・関係資本**，**自然資本**からなる資本を活用し，どのように企業が短期・中期・長期に価値創造しているのか，しようとしているのかを報告するように求められ始めている。環境経営はその一部ではあるが，環境保全が企業にとって補足的な課題という時代は終わったと言える。

**図表13-8　IIRCが示す価値創造プロセス**

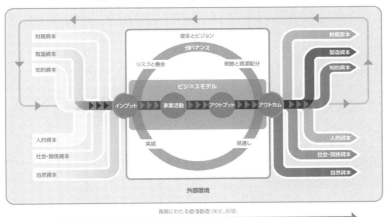

出所：IIRC（2014年）『国際統合報告フレームワーク日本語訳』15頁より。

環境会計は簿記や財務会計に比べれば，まだ発展段階であり，サステナビリティという新たな社会的課題と同時に進化している新しい会計領域である。

---

**補論：国際統合報告評議会（IIRC）**
　IIRCは，「国際統合報告フレームワーク」（日本語訳）を2014年に発行している。
〈http://integratedreporting.org/wp-content/uploads/2015/03/International_IR_Framework_JP.pdf〉
（2018年12月29日）

【問　題】

次の（　）の中に入るもっとも適切な言葉を下の語群から選びなさい。

なお，（2）において括弧内の同じ記号には同じ言葉が入る。

（1）環境会計とは，日本の（　A　）省のガイドラインによれば，企業が（　B　）な発展を目指して，地球環境と調和した事業活動を展開していることを，環境保全コストとそのコスト（活動）によって得られた（　C　）を定量的に測定し体系的に示した情報である。これまでの企業会計と異なる点は，たとえば，（　D　）単位だけでなく（　E　）ガスの排出量などの物量単位での情報も併記されることと，コストとその効果との差額を算定して利益を示すような情報体系になっていないことが挙げられる。

　〔語群〕
　　ア：企業　イ：利益　ウ：効果　エ：急速　オ：経済産業　カ：温暖化　キ：持続可能
　　ク：環境　ケ：貨幣　コ：天然

（2）環境管理会計とは，企業が環境経営を実施する上で（　F　）利用を目的として作成され，企業の経済活動と環境保全活動を同時に達成することを支援する会計情報である。（　G　）は，製造プロセスでの製品（良品）だけにコストを配分するのではなく，投入した原材料で製品を構成しない（　H　）（負の製品）にもコストを配分し，製造プロセスでのロスを見える化する手法である。このロスを減らすことは，投入（　I　）が減ることを意味することから，環境負荷とコスト削減を同時に達成することができる。また，ライフサイクルコスティングは，企業の内部だけでなく，製品の使用や廃棄などの製品（　J　）全体でのコストを算定し削減しようとする手法である。企業（　F　）のコストだけでなく，（　J　）全体での地球環境に及ぼす影響を含めたコスト情報から，（　K　）製品を選択することができる。これによって，企業活動が生み出す製品が環境にも優しく経済性にも優れているかが評価できる。

　〔語群〕
　　サ：コスト，シ：デザイン，ス：マテリアルフローコスト会計，セ：個人が一番ほしい，
　　ソ：地球環境に最適な，タ：外部，チ：ライフサイクル，ツ：内部，テ：マテリアルロス，
　　ト：不良品，ナ：資源量

【参考文献】

池田公司・古賀智敏〔2015〕『統合報告革命：ベスト・プラクティス企業の事例分析』税務経理協会。

國部克彦・経済産業省産業技術環境局〔2004〕『環境管理会計入門―理論と実践』産業環境管理協会。

國部克彦・伊坪徳宏・水口剛〔2012〕『環境経営・会計　第2版』有斐閣アルマ。

國部克彦・中嶌道靖〔2018〕『マテリアルフローコスト会計の理論と実践』同文舘出版。

國部克彦・伊坪徳宏・中嶌道靖・山田哲男〔2015〕『低炭素型サプライチェーン経営』中央経済社。

柴田英樹・梨岡英理子〔2014〕『進化する環境・CSR会計』中央経済社。

中嶌道靖・國部克彦〔2008〕『マテリアルフローコスト会計　第2版』日本経済新聞出版社。

S.S.スミス，伊藤和憲・小西範幸監訳〔2018〕『戦略的管理会計と統合報告』同文舘出版。

第 14 章

# 会計情報と公共経営

　会計は主に「企業」の業績を測定し，利害関係者の意思決定に資することを目的として発展してきた。しかし，いかなる組織でも会計は必要となるものであり，近年では「国や地方自治体」などの公的セクターでも会計情報の重要性が高まっている。

　ただし，国や地方自治体と民間組織である企業では，会計の概念や目的，その活用方法が大きく異なる。そのため，これまで国や地方自治体の会計は，営利企業の会計とは性質を異にするものと考えられ，単式簿記に基づくいわゆる官庁会計が用いられてきた。

　その一方で近年，諸外国では複式簿記に基づく公会計の導入が広がっており，国際的な公会計基準であるIPSASも検討が進んでいる。しかし，日本では現在，国の会計は概ね複式簿記による財務書類を作成しているが，地方自治体では複式簿記を導入し始めているところである。

　本章では，公会計の基本的な概念を説明するとともに，現在進行形で改革が進められている公会計の動向について理解を深める。そして，公共経営に資する公会計のあり方を考えるきっかけとしてもらいたい。

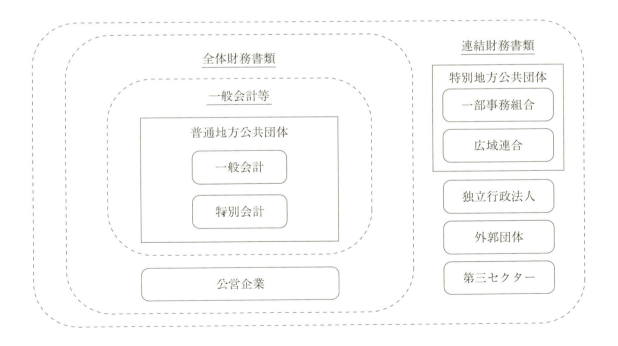

## 14-1 国や地方自治体の会計

### 14-1-1 公的セクターの役割

非営利性
公益性

公共財

非競合性
非排除性

公会計とは,公的セクターが行う会計のことである。公的セクターは,営利を目的とする民間セクターとは異なり,経済的利益を構成員に分配することを目的とせずに(非営利性),不特定多数の者の利益に寄与する(公益性)ための公共サービスを提供することを目的としている。

なぜ公共サービスは,国や地方自治体(都道府県および市町村)などの公的セクターが供給するのか。例えば,道路や公園,警察などのサービスは,経済学でいうところの公共財としての性質を有している。すなわち,これらのサービスは複数の利用者が同時に利用することができるとともに(非競合性),料金を支払わない利用者を締め出すことが難しい(非排除性)。そのため,これらの公共サービスを市場に任せても,十分なサービス量が供給されないのである。

また,非競合性や非排除性といった性質が弱くても,国や地方自治体が提供する方が望ましいサービスがある。例えば,水道や病院,保育園などは,利用者から料金を徴収したり,民間事業者が同種のサービスを提供したりするケースもある。しかし,料金収入だけでは十分な費用を回収できない場合や,いつでも撤退できる民間事業者に任せるにはリスクが高い場合もあることから,公的セクターもこれらのサービスを担っているのである。

### 14-1-2 公会計の特徴

損益計算

収支計算
官庁会計

国や地方自治体などの公的セクターの会計は,営利企業などの民間セクターの会計とどのように違うのか。営利企業であれば,事業活動を行う目的は,利益をあげて構成員である株主等に分配することであり,その手段として売上等の収益を伸ばす努力をする。そして,このような分配可能利益を算定するために,損益計算をベースとした企業会計が伝統的に採用されてきた。

しかし,公的セクターにおいては,主な財源である税収はサービスの対価として得られるのではなく,公権力に基づいて住民から徴収されるのであり,必ずしも余剰資金を残すことは求められない。したがって,公的セクターでは公共サービスを提供するために,どのように財源を使ったかという資金使途が重要となることから,収支計算をベースとしたいわゆる官庁会計が用いられてきた。

従来,公的セクターが用いてきた官庁会計では,財源の流出入を記録するために現金主義に基づく単式簿記を採用してきた。しかし,現金主義・単式簿記による官庁会計では,貸借対照表を作成しないこと

から，**ストック情報**が得られないために負債や固定資産の管理が疎かになる，減価償却や退職給付といった現金支出を伴わない**コスト情報**が把握できない，といった問題が指摘されている。

特に近年，公的債務が1,000兆円を超えるといわれる状況下で，国や地方自治体は財政削減に取り組んでいるが，そのためにも正確な会計情報を把握することが不可欠になっている。そこで現在，発生主義にもとづく複式簿記を導入する公会計改革が進められている。

### 14-1-3 予算の仕組み

公会計を理解するためには，国や地方自治体における予算の仕組みを知る必要がある。なぜなら公的セクターは，営利企業のように決算による事後的な利益数値によって評価されるのではなく，議会で承認される予算によって事前的に統制されているからである。

予算の編成権は，国においては内閣が，地方自治体においては首長が有している。ただし，具体的な予算編成に際しては，国では財務省主計局が各省庁から**概算要求**を受けて査定を行い，地方自治体では財政課が各部局からの予算要求を査定している。そして，最終的には議会での承認を経て予算が成立する。

年度の開始前に成立する基本的な予算のことを**本予算（当初予算）**とよび，予算編成後に変更が必要となる場合には**補正予算**が組まれる。なお，予算が成立しないまま新年度が開始してしまった際には，予算が成立するまで一時的に**暫定予算**が用いられる。

予算に基づいて歳出が行われているかどうかは，費用が生じた期間に歳出を帰属させる**発生主義**ではなく，実際に支出が行われた時点に歳出を帰属させる**現金主義**によって管理されている。そのため，国や地方自治体では歴史的に，現金主義に基づく官庁会計が行われてきたのであり，発生主義に基づく公会計を導入する場合であっても，予算管理上は現金主義的な考え方が基本となることになる。

予算は原則として**単年度主義**にもとづいており，一会計年度（4月から3月まで）における支出（**歳出**）は，その年度における収入（**歳入**）でまかなうことになっている。ただし，道路や港湾，学校，公営住宅などの**社会資本（インフラストラクチャー）**を建設する場合，そ

| | |
|---|---|
| | ストック情報 |
| | コスト情報 |
| | |
| | 概算要求 |
| | 本予算（当初予算） |
| | 補正予算 |
| | 暫定予算 |
| | 発生主義 |
| | 現金主義 |
| | 単年度主義 |
| | 歳　　出 |
| | 歳　　入 |
| | 社会資本（インフラス |

**補論：修正現金主義**
会計年度末までに確定した債務を翌年度に支払うとき，国の場合は4月30日までの出納整理期限が，地方自治体の場合は5月31日までの出納整理期間が設けられている。国や地方自治体の会計では，これらの期間中に行われた前年度分の支出は，前年度中に支出が完了したものとみなして会計処理する修正現金主義を採用している。

| | |
|---|---|
| トラクチャー) | の便益は当該年度中に居住する住民だけでなく，将来の住民も受けられることになる。そのため，社会資本に関する支出を単年度主義でまかなうと，財源の負担に世代間での不公平が生じる。 |
| 建設国債<br>地方債 | そこで，公共事業費などの財源に充てるために，国であれば**建設国債**を，地方自治体であれば**地方債**を発行して，外部から資金を調達することが認められている。建設国債や地方債は，当然のことながら国や地方自治体の債務になるが，これらの資金を調達する目的が公共事業費等に限定されているのであれば，財政的な規律は守られて世代間の公平が確保されるはずである。それにもかかわらず，近年なぜ巨額な財政赤字が問題となっているのだろうか。 |
| 費用対効果 | その理由として，1つには建設国債のメリットは将来世代におよぶからと，景気対策や地域振興を目的として**費用対効果**の薄い道路や港湾，空港などの建設を推し進めたことがある。本来，これらの社会資本を整備すれば，地域経済が活性化することにより，投下した金額に |
| 乗数効果 | 対して数倍の効果が得られる**乗数効果**が期待されるが，現実には甘い需要予測にもとづいて無駄な公共投資が行われたと批判されている。 |
| 特例国債 | もう1つの理由としては，低成長時代となって少子高齢化が進んだために，増大する経常経費をまかなうために**特例国債**（いわゆる赤字国債）や臨時財政対策債を発行するようになったことがある。これらの債務は，歳出に対する歳入不足を一時的に補うために認められている特例措置であるが，現実には財源不足が恒常化しているために，国や地方自治体の債務残高が年々積み上がっていく事態を招いている。 |
| **14-1-4 公会計の範囲**<br>一般会計 | 国や地方自治体の会計は，単一予算主義にもとづいて**一般会計**に計上されるのが原則である。ただし，労働保険や年金会計，財政投融資など，特定の資金や歳入をもって特定の事業を行う場合には，資金の |
| 特別会計 | 運用状況や受益と負担の関係を明確にするために，**特別会計**として一般会計とは区分して会計が行われている。そして，国の公会計では，一般会計と特別会計を合算した「国の財務書類」を作成している。<br>また，特別区や複数の地方自治体が共同して行政サービスを実施するために設置する一部事務組合および広域連合のことを特別地方公共 |

補論：国の予算規模
　2018年度の当初予算における一般会計の歳出総額は97.7兆円，特別会計の歳出総額は388.5兆円（特別会計間の取引や国債の借換えを除いた歳出純額では195.7兆円）であった。

団体とよび，地方自治体（普通地方公共団体）に特別地方公共団体を加えて，地方自治法上の<mark>地方公共団体</mark>となる。そして，地方公共団体は一般会計および特別会計（後述の地方公営事業を除く）からなる<mark>一般会計等</mark>を基礎として財務書類を作成する。

さらに地方公共団体は，一般会計等に地方公営事業会計を加えた<mark>全体財務書類</mark>を作成することが求められる。地方公営事業とは，地方公共団体が運営する地方公営企業に，国民健康保険事業や介護保険事業，農業共済事業などを加えたものをいう。なお，<mark>地方公営企業</mark>とは通常の会社のように独立した法人格を有している団体ではなく，地方公共団体が政令に基づいて行う水道・電気・交通・ガス・観光などの事業のことである。地方公営企業は水道局や交通局などとして行政の一部局を構成するが，一般会計とは切り離して特別会計とすることにより，独立採算に基づいて事業を行うのである。

そして，国や地方自治体は，<mark>独立行政法人</mark>（大学や医療・研究機関など行政から独立して運営するために分離された法人）や<mark>外郭団体</mark>（国や地方自治体が出資・出捐する特殊法人や公益法人，公社など），<mark>第三セクター</mark>（官民が共同出資して設立・運営する会社）などの関係団体を合わせて，1つの行政サービス機関としてとらえた<mark>連結財務書類</mark>を作成することも求められている。

財務省主計局〔2014〕によれば　国の財政活動の基本は，必要な財源を国民から税金等として徴収して適正に配分することにあり，収入および支出の判断を確実かつ健全に行うために，現金の授受の事実を重視する現金主義が採用されている。しかし，国の財政が悪化するなか財政構造改革を進める一環として，政府の財政状況をよりわかりやすく国民に説明するために，経済戦略会議が1999年に「日本経済再生への戦略」を取りまとめ，国および地方自治体の財務書類に企業会計を導入すべきという提言がなされた。

この提言を受けて，1999年度から2002年度まで「国の貸借対照表（試案）」が作成された。ただし，この貸借対照表は複式簿記に基づくものではなく，単式簿記によって記録された<mark>決算統計</mark>に企業会計的な

地方公共団体
一般会計等

全体財務書類

地方公営企業

独立行政法人
外郭団体

第三セクター
連結財務書類

**14-2 公会計改革の動向**

**14-2-1 国の公会計制度**

決算統計

---

**補論：特別会計の種類**
　2018年度における国の特別会計には，交付税及び譲与税配付金，地震再保険，国債整理基金，外国為替資金，財政投融資，エネルギー対策，労働保険，年金，食料安定供給，国有林野事業債務管理，特許，自動車安全，東日本大震災復興の13種類がある。

発生主義を加えることにより，統計的手法を用いて作成されたものであった。

さらに，2003年には財政制度等審議会において「公会計に関する基本的考え方」が取りまとめられ，2004年に「省庁別財務書類の作成基準」が公表された。それにより，2003年度からは省庁別財務書類の計数を基礎として，国全体のフローとストックの情報を開示する「国の財務書類」が作成されるようになり，現在では概ね複式簿記に準じた会計処理が導入されている。

国の財務書類は，会計年度末における資産および負債の状況を明らかにする「貸借対照表」，業務実施に伴い発生した費用を明らかにする「業務費用計算書」，資産・負債差額の増減の状況を明らかにする「資産・負債差額増減計算書」，財政資金の流れを区分別に明らかにする「区分別収支計算書」によって構成される。これら財務書類4表の相互関係は図表14-1のように示される。

図表14-1　国の財務書類の体系

**貸借対照表**

| ＜資産の部＞ | | ＜負債の部＞ | |
|---|---|---|---|
| 現金預金 | ××× | 未払金 | ××× |
| 有価証券 | ××× | 借入金 | ××× |
| 貸付金 | ××× | 退職給付引当金 | ××× |
| 有形固定資産 | ××× | ： | |
| 出資金 | ××× | ： | |
| ： | | 負債合計 | ××× |
| ： | | ＜資産・負債差額の部＞ | |
| | | 資産・負債差額 | ××× |
| 資産合計 | ××× | 負債及び資産負債差額合計 | ××× |

会計年度末において帰属する資産及び負債の状況を明らかにすることを目的として作成。

**資産・負債差額増減計算書**

| | |
|---|---|
| 前年度末資産・負債差額 | ××× |
| 本年度業務費用合計 | ××× |
| 財源 | ××× |
| ： | ××× |
| 無償所管換等 | |
| 資産評価差額 | ××× |
| 本年度末資産・負債差額 | ××× |

前年度末の貸借対照表の資産・負債差額と本年度末の貸借対照表の資産・負債差額の増減について，要因別に開示することを目的として作成。

**業務費用計算書**

| | |
|---|---|
| 人件費 | ××× |
| 退職給付引当金繰入額 | ××× |
| 補助金等 | ××× |
| 委託費 | ××× |
| 減価償却費 | ××× |
| ： | |
| 本年度業務費用合計 | ××× |

業務実施に伴い発生した費用を明らかにすることを目的として作成。

**区分別収支計算書**

| | |
|---|---|
| 業務収支 | ××× |
| 　財源 | ××× |
| 　業務支出 | ××× |
| 財務収支 | ××× |
| 本年度収支 | ××× |
| 本年度末現金預金残高 | ××× |

財政資金の流れを区分別に明らかにすることを目的として作成。

出所：財務省主計局〔2014〕5頁。

地方自治体の財務書類については，総務省が2000年および2001年に公表した「地方公共団体の総合的な財政分析に関する調査研究会報告書」において，貸借対照表と行政コスト計算書の作成モデル（**旧総務省方式**）を提示した。

さらに，2006年には「新地方公会計制度研究会報告書」において基準モデルと総務省方式改訂モデルが示され，「地方公共団体における行政改革の更なる推進のための指針」によって都道府県および市町村に対して，財務書類4表（貸借対照表・行政コスト計算書・純資産変動計算書・資金収支計算書）を作成することが要請された。

新地方公会計制度研究会が示した**基準モデル**は，発生主義に基づく複式簿記によって会計記録を作成し，財務書類をつくる方法であり，その前提として開始貸借対照表の時点で固定資産台帳を整備しておく必要がある。それに対して，**総務省方式改訂モデル**は，現金主義にもとづく単式簿記によって作成された決算統計を組み替えて財務書類をつくる方法であり，固定資産台帳は段階的に整備すればよい。

その結果，多くの地方自治体において財務書類4表の作成が進んだが，実際は総務省方式改訂モデルを採用するところが多く，いぜんとして複式簿記を採用していない地方自治体が多数を占める状態となっていた。そこで，総務省は2014年に「今後の新地方公会計の推進に関する研究会報告書」を公表し，2017年度までに複式簿記に基づいた統一的な基準による財務書類をすべての地方自治体で作成することとした。以下，統一的な基準に基づく財務書類4表の特徴について説明する。

194ページの図表14-2に示した**貸借対照表**は，基準日時点における地方公共団体の財政状態（資産・負債・純資産の残高および内訳）を明らかにする財務書類であり，この点については営利企業の貸借対照表と同様の性質を有している。

ただし，主に流動性配列法によって表示する営利企業の貸借対照表とは異なり，地方公共団体の貸借対照表では固定性配列法によって表示が行われる。なぜなら，地方公共団体では長期的に使用されるイン

### 14-2-2 新地方公会計制度

旧総務省方式

基準モデル

総務省方式改訂モデル

## 14-3 統一的な基準による地方自治体の財務書類

### 14-3-1 貸借対照表

貸借対照表

---

**補論：過去の地方自治体の財務書類作成状況**

2012年度決算における財務書類は都道府県および市区町村1,789団体中1,731団体（96.8%）が作成済みまたは作成中であったが，そのうち1,420団体（82.0%）が総務省方式改訂モデルを採用しており，固定資産台帳の整備に着手していない団体も831団体（46.5%）存在していた（総務省自治財政局財務調査課公会計係調べ）。

フラ資産を多額に保有しており，その調達財源も長期的な負債である地方債によっているためである。

さらに重要な点として，地方公共団体と営利企業では，純資産のもつ意味が決定的に異なることに注意してほしい。すなわち，利益を獲得して分配する営利企業では，純資産は株主に帰属する拠出資本と稼得利益によって構成されている。それに対して地方公共団体では，純資産は何者かに帰属するわけではなく，単に資産と負債の差額残高を意味するに過ぎない。ただし，地方公共団体が形成した資産に対して，負債に相当する部分は将来世代が負担する税収によって返済される必要があり，純資産に相当する部分はすでに現役世代によって財源の負担が終わっていると考えることもできる。

したがって理論上，貸借対照表における負債は将来世代の負担部分を，純資産は過去・現役世代の負担部分を示しているとみなして，資産総額に占める純資産の割合（純資産比率）が高い方が，**世代間負担の公平性**が確保されているともいわれる。

世代間負担の公平性

## 14-3-2　行政コスト計算書

行政コスト計算書

図表14-3に示した**行政コスト計算書**は，会計期間中の地方公共団体の費用・収益の取引高を明らかにすることを目的として作成される財務書類である。営利企業では，損益計算書において収益と費用を対応させて利益を計算するが，地方公共団体では行政コスト計算書において行政コストを計算し，純資産の変動額は後述する純資産変動計算書において示されることになる。したがって，行政コスト計算書には税収などの資金流入が含まれないことに注意する必要がある。

公会計の理論において，税収などの流入財源をどのように考えるかは見解が分かれるところである。まず，税収を公的セクターが提供する公共サービスの対価としてとらえる**収益説**によれば，営利企業と同様に損益計算書を作成することが妥当である。しかし，税収は公権力にもとづいて徴収されるものであり，公共サービスの対価と考えるには無理があるという批判がある。

収益説

持分説

それに対して，税収は主権者たる納税者が拠出したものであると考える**持分説**によれば，税収は損益計算書を経由させず，純資産変動計算書に直接計上することが妥当である。ただし，税収を純資産に直入すると，当年度の行政コストが税収などによって十分にまかなわれているか，という収支状況があいまいになり，財政赤字の責任が明確にみえにくいという批判がある。

なお，**国際公会計基準（IPSAS）**は収益説を採用しているが，日本の統一的な基準では純資産変動計算書に税収を計上するため，持分説を採用しているようにもみえる。しかし，行政コスト計算書と純資産変動計算書を別々の計算書とせず，両者を結合して1つの計算書にまとめることも認められており，収益説または持分説のいずれによっているというわけではないと考えられる。

国際公会計基準（IPSAS）

### 14-3-3 純資産変動計算書

図表14-4に示した**純資産変動計算書**は，会計期間中の地方公共団体の純資産の変動を示す財務書類である。行政コスト計算書によって計算された行政コストを引き継ぎ，税収（地方税，**地方交付税**および地方譲与税等）や補助金（国庫支出金および都道府県支出金等）などの資金流入を加えて純資産の変動額を計算する。

純資産変動計算書
地方交付税

純資産変動計算書によって計算される純資産変動額は，現役世代と将来世代における行政コストの負担関係を示すことになる。なぜなら，純資産が減少するということは，現役世代にとって負担したコストよりも多くのサービスを享受したことになり，それによって増加する負債を将来世代が負担しなければならないことを意味する。

ただし，固定資産の形成分については，将来世代も便益を享受することができるため，必ずしも現役世代のみがすべての財源を負担する必要はない。そのため純資産変動計算書では，固定資産等形成分と税収等の先食い分を意味する余剰分（不足分）を分けて表示することにより，財源の世代間の負担関係に係る情報を提供しているのである。

### 14-3-4 資金収支計算書

図表14-5に示した**資金収支計算書**は，地方公共団体の資金収支の状態を明らかにする財務書類であり，営利企業のキャッシュフロー計算書と同様に「業務活動・投資活動・財務活動」の3つに区分して表示される。

資金収支計算書

ただし，公会計を導入して発生主義による複式簿記を採用する場合であっても，国や地方自治体における予算制度では財政法および地方自治法に従って，現金主義による単式簿記もいぜんとして併用される

---

**補論：地方交付税**
　地域間の財源不均衡を調整し，すべての地方自治体が一定水準の公共サービスを提供できるように，国が徴収した税金（法人税，所得税，酒税，消費税などの一部）を一定の合理的な基準に従って再配分している。地方交付税には普通交付税と特別交付税があり，前者であれば基準財政需要額から基準財政収入額を差し引いた財源不足額が，国から各地方自治体に交付されている。

[図表14-2]

## 貸借対照表
(平成×年〇月△日現在)

(単位：百万円)

| 科目 | 金額 | 科目 | 金額 |
|---|---|---|---|
| 【資産の部】 | | 【負債の部】 | |
| 固定資産 | 550 | 固定負債 | 550 |
| 　有形固定資産 | 500 | 　地方債 | 300 |
| 　　事業用資産 | | 　長期未払金 | |
| 　　　土地 | | 　退職手当引当金 | 250 |
| 　　　立木竹 | | 　損失補償等引当金 | |
| 　　　建物 | | 　その他 | |
| 　　　建物減価償却累計額 | | 流動負債 | 200 |
| 　　　工作物 | | 　1年内償還予定地方債 | |
| 　　　工作物減価償却累計額 | | 　未払金 | |
| 　　　船舶 | | 　未払費用 | |
| 　　　船舶減価償却累計額 | | 　前受金 | |
| 　　　浮標等 | | 　前受収益 | |
| 　　　浮標等減価償却累計額 | | 　賞与等引当金 | 200 |
| 　　　航空機 | | 　預り金 | |
| 　　　航空機減価償却累計額 | | 　その他 | |
| 　　　その他 | | 負債合計 | 750 |
| 　　　その他減価償却累計額 | | 【純資産の部】 | |
| 　　　建設仮勘定 | | 固定資産等形成分 | 600 |
| 　　インフラ資産 | 500 | 余剰分（不足分） | △570 |
| 　　　土地 | | | |
| 　　　建物 | | | |
| 　　　建物減価償却累計額 | | | |
| 　　　工作物 | | | |
| 　　　工作物減価償却累計額 | | | |
| 　　　その他 | | | |
| 　　　その他減価償却累計額 | | | |
| 　　　建設仮勘定 | | | |
| 　　物品 | | | |
| 　　物品減価償却累計額 | | | |
| 　無形固定資産 | 50 | | |
| 　　ソフトウェア | | | |
| 　　その他 | | | |
| 　投資その他の資産 | 50 | | |
| 　　投資及び出資金 | | | |
| 　　　有価証券 | | | |
| 　　　出資金 | | | |
| 　　　その他 | | | |
| 　　投資損失引当金 | | | |
| 　　長期延滞債権 | | | |
| 　　長期貸付金 | | | |
| 　　基金 | | | |
| 　　　減債基金 | | | |
| 　　　その他 | | | |
| 　　その他 | | | |
| 　　徴収不能引当金 | | | |
| 流動資産 | 230 | | |
| 　現金預金 | 130 | | |
| 　未収金 | | | |
| 　短期貸付金 | 50 | | |
| 　基金 | | | |
| 　　財政調整基金 | | | |
| 　　減債基金 | | | |
| 　棚卸資産 | | | |
| 　その他 | | | |
| 　徴収不能引当金 | | | |
| | | 純資産合計 | 30 |
| 資産合計 | 780 | 負債及び純資産合計 | 780 |

出所：総務省〔2015〕14頁。

[図表14-3]

## 行政コスト計算書
自 平成〇年〇月〇日
至 平成×年〇月△日

(単位：百万円)

| 科目 | 金額 |
|---|---|
| 経常費用 | 620 |
| 　業務費用 | 620 |
| 　　人件費 | 600 |
| 　　　職員給与費 | 150 |
| 　　　賞与等引当金繰入額 | 200 |
| 　　　退職手当引当金繰入額 | 250 |
| 　　　その他 | |
| 　　物件費等 | 20 |
| 　　　物件費 | |
| 　　　維持補修費 | |
| 　　　減価償却費 | 20 |
| 　　　その他 | |
| 　　その他の業務費用 | |
| 　　　支払利息 | |
| 　　　徴収不能引当金繰入額 | |
| 　　　その他 | |
| 　移転費用 | 50 |
| 　　補助金等 | |
| 　　社会保障給付 | |
| 　　他会計への繰出金 | 50 |
| 　　その他 | |
| 経常収益 | |
| 　使用料及び手数料 | |
| 　その他 | |
| 純経常行政コスト | △570 |
| 臨時損失 | |
| 　災害復旧事業費 | |
| 　資産除売却損 | |
| 　投資損失引当金繰入額 | |
| 　損失補償等引当金繰入額 | |
| 　その他 | |
| 臨時利益 | |
| 　資産売却益 | |
| 　その他 | |
| 純行政コスト | △570 |

出所：総務省〔2015〕15頁。

[図表 14-4]

## 純資産変動計算書

自 平成〇年口月◇日
至 平成×年〇月△日

(単位:百万円)

| 科目 | 合計 | 固定資産<br>等形成分 | 余剰分<br>(不足分) |
|---|---|---|---|
| 前年度末純資産残高 | — | — | — |
| 純行政コスト(△) | △ 570 | | △ 570 |
| 財源 | 600 | | 600 |
| 　税収等 | 500 | | 500 |
| 　国県等補助金 | 100 | | 100 |
| 本年度差額 | 30 | | 30 |
| 固定資産等の変動(内部変動) | | 600 | △ 600 |
| 　有形固定資産等の増加 | | 500 | △ 500 |
| 　有形固定資産等の減少 | | — | — |
| 　貸付金・基金等の増加 | | 100 | △ 100 |
| 　貸付金・基金等の減少 | | — | — |
| 資産評価差額 | — | — | |
| 無償所管換等 | — | — | |
| その他 | — | — | — |
| 本年度純資産変動額 | 30 | 600 | △ 570 |
| 本年度末純資産残高 | 30 | 600 | △ 570 |

出所:総務省 [2015] 16 頁。

[図表 14-5]

## 資金収支計算書

自 平成〇年口月◇日
至 平成×年〇月△日

(単位:百万円)

| 科目 | 金額 |
|---|---|
| 【業務活動収支】 | |
| 業務支出 | 170 |
| 　業務費用支出 | 150 |
| 　　人件費等支出 | |
| 　　物件費等支出 | |
| 　　支払利息支出 | 20 |
| 　　その他の支出 | — |
| 　移転費用支出 | |
| 　　補助金等支出 | |
| 　　社会保障給付支出 | |
| 　　他会計への繰出支出 | |
| 　　その他の支出 | |
| 業務収入 | 500 |
| 　税収等収入 | 450 |
| 　国県等補助金収入 | 50 |
| 　使用料及び手数料収入 | |
| 　その他の収入 | |
| 臨時支出 | |
| 　災害復旧事業費支出 | |
| 　その他の支出 | |
| 臨時収入 | |
| 業務活動収支 | 330 |
| 【投資活動収支】 | |
| 投資活動支出 | 600 |
| 　公共施設等整備費支出 | 500 |
| 　基金積立金支出 | 50 |
| 　投資及び出資金支出 | |
| 　貸付金支出 | 50 |
| 　その他の支出 | |
| 投資活動収入 | 100 |
| 　国県等補助金収入 | 100 |
| 　基金取崩収入 | |
| 　貸付金元金回収収入 | |
| 　資産売却収入 | |
| 　その他の収入 | |
| 投資活動収支 | △ 500 |
| 【財務活動収支】 | |
| 財務活動支出 | |
| 　地方債償還支出 | |
| 　その他の支出 | |
| 財務活動収入 | 300 |
| 　地方債発行収入 | 300 |
| 財務活動収支 | 300 |
| 本年度資金収支額 | 130 |
| 前年度末資金残高 | |
| 本年度末資金残高 | 130 |
| 前年度末歳計外現金残高 | |
| 本年度歳計外現金増減額 | |
| 本年度末歳計外現金残高 | |
| 本年度末現金預金残高 | 130 |

出所:総務省 [2015] 17 頁。

ことになる。そのため、資金収支計算書は現金主義による会計処理にもとづいて、直接法によって作成する必要があり、営利企業のキャッシュフロー計算書のように間接法を用いて作成することは認められていない。

## 14-4 財政健全化への取り組み

### 14-4-1 財政健全化法

**財政健全化法**

過去には、地方公共団体の財政再建を促進し、もって地方公共団体の財政健全性を確保することを目的として、1955年に「地方財政再建促進特別措置法」が施行されていた。しかし、この制度では深刻な事態に陥るまで地方自治体の財政状況が明らかにならないことから、2009年に「地方公共団体の財政の健全化に関する法律」（**財政健全化法**）が全面施行された。

**健全化判断比率**

財政健全化法では、財政の健全性に関する下記4つの財政指標（**健全化判断比率**）の公表制度を設けて、地方自治体の財政情報を開示させるとともに、健全化判断比率が悪化した地方自治体に対して、早期に財政の健全化および再生に取り組ませる制度を定めている。

（1）　実質赤字比率：標準財政規模に対する一般会計等の赤字割合
（2）　連結実質赤字比率：公営事業を含む連結ベースでの赤字割合
（3）　実質公債費比率：財政規模に対する負債返済額の割合
（4）　将来負担比率：財政規模に対する負債額の割合

**財政健全化団体**

上記4つの指標のうち、いずれか1つ以上が早期健全化基準に達すると**財政健全化団体**に該当し、財政健全化計画を策定しなければならない。また、将来負担比率を除く3つの指標（実質赤字比率・連結実質赤字比率・実質公債費比率）のうち、いずれか1つ以上が財政再生基準に達すると**財政再生団体**に該当し、財政再生計画を策定しなければならない。財政再生団体になると国の管理下で財政再建に取り組むことになるため、北海道の夕張市で起こっているように、市民税・固定資産税等の税率および公共料金の引き上げ、公共サービスの低下、公務員の人件費削減など、厳しい行政リストラが求められる。

**財政再生団体**

### 14-4-2 基礎的財政収支

財政健全化法があるにもかかわらず、国や地方自治体の財政は年々

---

**補論：予算制度と現金主義**

財政法（第2条第1項）は「収入とは、国の各般の需要を充たすための支払の財源となるべき現金の収納をいい、支出とは、国の各般の需要を充たすための現金の支払をいう」と定め、地方自治法（第201条）は「一会計年度における一切の収入及び支出は、すべてこれを歳入歳出予算に編入しなければならない」と定めている。

悪化し続けている。その原因の1つとして，上記の財政指標が現金主義に基づいているため，公債を発行して負債が増えると，実質収支が改善したようにみえてしまうといった問題がある。

そこで，年度ごとの財政健全性を判断するためには，歳入および歳出から，借入による収入と借入返済のための元利払いを除いた**基礎的財政収支（プライマリー・バランス）**をみるべきであるといわれる。すなわち，基礎的財政収支がゼロであれば，当該年度における収支が均衡しているということであり，一年間の支出が概ね収入の範囲でまかなわれたことになる。

しかし，図表14-6に示すように日本の基礎的財政収支は，1990年代から一貫してマイナスになっている。2014年度（平成26年度）に政府は基礎的財政収支を改善するために消費税を増税したが，2015年度（平成27年度）以降も基礎的財政収支のマイナスは続く見通しであり，基礎的財政収支を均衡させることは非常に困難な状態となっている。

基礎的財政収支
（プライマリー・バランス）

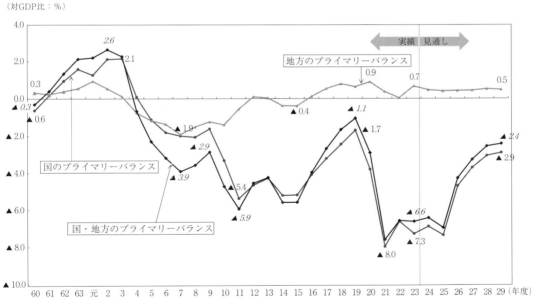

図表14-6　国・地方自治体の基礎的財政収支

出所：財務省ホームページ「日本の財政を考える」（2015年5月17日）。

## 【問　題】

1. 次の文章中の（　）を適当な言葉で埋めなさい。

　① 道路や港湾，学校，公営住宅など，産業や住民生活の基盤となる公共の施設・設備のことを（　　　　）という。

　② 公共事業費等の財源に充てることを目的として発行される国債のことを（　　　　）という。

　③ 国や地方自治体が特定の資金や歳入をもって特定の事業を行う場合には（　　　　）として，一般会計とは会計が区分されている。

　④ （　　　　）は地域間の財源不均衡を調整し，すべての地方自治体が一定水準の公共サービスを提供できるように，国が徴収した税金を一定の合理的な基準に従って地方自治体に再配分するものである。

　⑤ 国や地方自治体の年度ごとの財政健全性を判断するためには，歳入および歳出から借入・返済などの影響を除いた（　　　　）をみる必要がある。

2. 次の文章が正しい場合には（　）の中に○を，間違っている場合には×をつけなさい。

　① （　）　歴史的に国や地方自治体では，官庁会計ともよばれる現金主義に基づく単式簿記が採用されてきた。

　② （　）　公会計において，貸借対照表上の純資産はこれまでに形成された資産のうち，将来世代が財源を負担すべき部分を示している。

　③ （　）　持分説による場合，国や地方自治体の税収は行政コスト計算書に計上すべきである。

　④ （　）　日本において国や地方自治体の公会計制度は，国際公会計基準（IPSAS）に準拠している。

　⑤ （　）　財政健全化法によって財政再生団体に指定されると，国の管理下で財政再建に取り組むことになる。

## 【参考文献】

小西砂千夫〔2012〕『公会計改革の財政学』日本評論社。
総務省〔2010〕「地方公共団体における財務書類の活用と公表について」。
総務省〔2014〕「今後の新地方公会計の推進に関する研究会報告書」。
総務省〔2015〕「統一的な基準による地方公会計マニュアル」。
鈴木　豊・兼村髙文編著〔2010〕『公会計講義』税務経理協会。
財務省主計局〔2014〕「国の財務書類ガイドブック」。

第 15 章

# 会計と資格

　これまで，会計の内容について会計情報の観点から述べてきた。この章では，会計を学んだことによって就くことが可能となる職業や取得できる資格について述べる。読者自らのキャリアデザインに生かしてほしい。目標とする資格や試験が決まれば，次にその試験のしくみや内容についてよく知ることが必要で，市販の受験案内を読んだり，合格者から話を聞いたりして，受験資格，試験科目，あるいは試験科目の具体的な学習順序などについてある程度の予備知識を入れておくことが必要である。そして，このような予備知識に基づいてしっかりした学習計画を立て，出来る限り早く勉学を開始する必要がある。

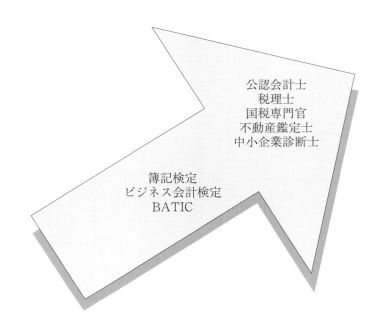

## 15-1　会計と職業・資格

会計と職業

これまで，会計の内容について会計情報の観点から述べてきた。この章では，会計を学んだことによって就くことができる職業や取得できる資格について述べる。読者自らのキャリアデザインに生かしてほしい。目標とする資格や試験が決まれば，次にその試験のしくみや内容についてよく知ることが必要で，市販の受験案内を読んだり，合格者から話を聞いたりして，受験資格，試験科目，あるいは試験科目の具体的な学習順序などについてある程度の予備知識を入れておくことが必要である。そして，このような予備知識に基づいてしっかりした学習計画を立て，出来る限り早く勉学を開始する必要がある。

また，会計学を学んだことによって，それに深く関連した職業に就くことが可能になる。たとえば，各企業にはそれぞれ会計や財務を担当する部門があり，学んだ専門的知識をそのような部署で生かすことも可能である。ここでは，一歩進んで，会計のスペシャリストと呼ばれる職業について説明する。

**補論：会計士試験の概要**

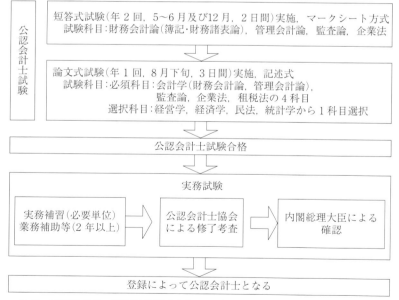

なお，試験科目の一部免除が認められている。
・会計専門職大学院（アカウンティング・スクール）修了者には，短答式（企業法を除く）の免除
・短答式試験合格者に対して，2年間の短答式試験免除
・論文式試験について，2年間の科目合格制
・その他，内閣府令で一定の要件を満たす場合，短答式試験の一部免除

## 15-1-1　公認会計士とは

### 公認会計士の業務

公認会計士の資格は監査業務が行える唯一の国家資格で，会計全般についての調査・立案・指導，税務書類の作成・税務相談，経営戦略・業務改善・情報システムに関するコンサルティングなどを行い，近年は，更に，M＆A業務，株式公開業務，システム監査業務，国際業務，公職業務などさまざまなニーズに対応するスペシャリストとして公正な経済社会の確立と発展に貢献している。

### 公認会計士になるには
### 公認会計士試験

**公認会計士になるには**，金融庁の公認会計士・監査審査会が実施する試験（年1回）に合格した後，2年間の実務経験（業務補助又は実務従事）と日本公認会計士協会が実施する実務補習を受け，修了考査に合格することが必要で，その後，内閣総理大臣の確認を受けて「公認会計士登録」をすることによってその業務を行うことができる。

### 試験科目の範囲

**試験科目の範囲**として次のものが挙げられている（会計科目のみ）。

財務会計論：簿記・財務諸表論
管理会計論：原価計算，意志決定・業績管理会計
監査論：金融商品取引法・会社法に基づく監査制度，監査基準，その他の監査理論
会計学：財務会計論，管理会計論

公認会計士試験についての詳細は金融庁のウェブサイト（http://www.fsa.go.jp/cpaaob/kouninkaikeishi-shiken）を参照のこと。

補論：公認会計士試験合格者数等

|  | 願書提出者（人） | 論文式受験者数（人） | 合格者（人） | 合格率（％） |
|---|---|---|---|---|
| 2014年度 | 10,870 | 2,994 | 1,102 | 10.1 |
| 2015年度 | 10,180 | 3,086 | 1,051 | 10.3 |
| 2016年度 | 10,256 | 3,138 | 1,108 | 10.8 |
| 2017年度 | 11,032 | 3,306 | 1,231 | 11.2 |
| 2018年度 | 11,742 | 3,678 | 1,305 | 11.1 |

＊合格率は願書提出者に占める合格者の割合
＊2018年度の合格者中，最高年齢55歳，最低年齢18歳

## 15-1-2　税理士とは

**税理士の業務**

**税理士の業務**は，個人や企業などの納税者に代わって，所得税，相続税，法人税，固定資産税などの諸手続，また，関連書類の作成，会計帳簿作成の代行をすることであり，これらの仕事は，税理士の独占業務となっている。

**税理士となるためには**

**税理士となるためには**，税理士試験に合格することが必要で，更に，日本税理士会連合会に入会して初めてその業務を行うことができる。

**税理士試験**

**税理士試験**は必須科目と選択（必須）科目からなっている（補論参照）。この11科目中5科目に合格すれば税理士試験合格となるが，科目合格制度が採用されており，複数年かけての合格が可能である。試

**補論：税理士試験の受験科目**

| | | 科目 | 条件等 |
|---|---|---|---|
| 会計科目<br>（2科目受験） | | 簿記論 | 必須科目 |
| | | 財務諸表論 | |
| 税法科目<br>（3科目受験） | 国税 | 所得税法 | いずれか1科目は必ず選択 |
| | | 法人税法 | |
| | | 相続税法 | |
| | | 消費税法 | いずれか1科目しか選択できない |
| | | 酒税法 | |
| | | 国税徴収法 | |
| | 地方税 | 住民税 | いずれか1科目しか選択できない |
| | | 事業税 | |
| | | 固定資産税 | |

**補論：税理士試験の試験範囲**（会計関係科目のみ）

| 科目 | 出題内容 |
|---|---|
| 簿記論 | 複式簿記の原理，その記帳・計算及び帳簿組織，商業簿記のほか工業簿記を含む。ただし，原価計算を除く。 |
| 財務諸表論 | 会計原理，企業会計原則，企業会計の諸基準，会社法中計算等に関する規定，会社計算規則（ただし，特定の事業を行う会社についての特例を除く。），財務諸表等の用語・様式及び作成方法に関する規則，連結財務諸表の用語・様式及び作成方法に関する規則 |

**補論：税理士試験合格者数**

| 年度 | 簿記論 | | | 財務諸表論 | | |
|---|---|---|---|---|---|---|
| | 受験者数<br>（人） | 合格者数<br>（人） | 合格率<br>（%） | 受験者数<br>（人） | 合格者数<br>（人） | 合格率<br>（%） |
| 2016年 | 13,936 | 1,753 | 12.6 | 11,420 | 1,749 | 15.3 |
| 2017年 | 12,775 | 1,819 | 14.2 | 10,424 | 3,081 | 29.6 |
| 2018年 | 11,941 | 1,770 | 14.8 | 8,817 | 1,179 | 13.4 |

験の詳細については国税庁のウェブサイト http://www.nta.go.jp/ 及び日本税理士会連合会のウェブサイト http://www.nichizeiren.or.jp/exam/koukoku.html を参照のこと。

　国税専門官は国税局や税務署において，適正な課税を維持し，また租税収入を確保するための税務のスペシャリストで，国税に関する調査，徴収，査察の各業務を行っている。

　国税専門官採用試験は1次試験（筆記試験）と2次試験（面接等）に分かれ，1次試験には教養試験（多枝選択式）と専門試験（多枝選択式）及び専門試験（記述式）があり，このうち，専門試験（多枝選択式）の必須科目として，また，専門試験（記述式）の選択科目（5科目中の1科目選択）として会計学の問題が出題されている。

　試験の詳細については，国税庁のウェブサイト http://www.nta.go.jp/ を参照のこと。

　不動産鑑定士は，不動産に関する鑑定評価と不動産の有効活用などの総合的なアドバイスを行うスペシャリストである。

　試験は短答式と論文式に分かれ，論文式試験において5科目の中の1科目として会計学が出題されている。

　試験の詳細については，国土交通省のウェブサイト http://www.mlit.go.jp/ または公益社団法人日本不動産鑑定士協会連合会のウェブサイト https://www.fudousan-kanteishi.or.jp/ を参照のこと。

　中小企業診断士とは，中小企業の経営課題に対応するための診断・助言を行うスペシャリストである。

　試験は，中小企業の診断・助言を実施するための基礎となる幅広い知識を問う第1次試験（多肢選択式筆記試験）とコンサルタントとしての実務能力を認定するための応用能力・思考プロセスを問う第2次試験（筆記及び口述試験）に分かれるが，第1次試験で出題される7科目のうちの1科目に財務・会計が出題されている。

　試験の詳細については，一般社団法人中小企業診断協会のウェブサイト https://www.j-smeca.jp/ を参照のこと。

第15章　会計と資格　199

**15-1-3　国税専門官とは**

試験内容

**15-1-4　不動産鑑定士とは**

試験内容

**15-1-5　中小企業診断士とは**

試験内容

## 15-2　会計と各種の検定試験

会計に関する知識の理解度を明らかにするためにいくつかの検定試験が実施されている。検定試験の合格に向けて努力することは，自らの専門性を高めることができるだけでなく，その検定の意図する能力を有している人材として社会から評価を受ける。

ここでは，そのような検定試験の代表的なものを紹介しておこう。

### 15-2-1　日本商工会議所主催簿記検定

簿記を理解することによって，企業の経理事務に必要な会計知識だけではなく，財務諸表を読む力，基礎的な経営管理や分析力を身につけることができ，ビジネスの基本であるコスト感覚も身につき，コストを意識した仕事ができるとともに，取引先の経営状況を把握することも可能となる。このようなメリットを持つ簿記の理解の程度を問う検定試験である。

検定試験は年間3回（6月・11月・2月）実施されており，各級のグレードは以下のようになっている。

| | |
|---|---|
| 3級 | 財務担当者に必須の基本知識が身につき，商店，中小企業の経理事務に役立つ。経理関連書類の読み取りができ，取引先企業の経営状況を数字から理解できるようになる。営業，管理部門に必要な知識として評価する企業が増えている。 |
| 2級 | 高校程度の商業簿記および工業簿記（初歩的な原価計算を含む）を修得している。財務諸表を読む力がつき，企業の経営状況を把握できる。相手の経営状況もわかるので，株式会社の経営管理に役立つ。 |
| 1級 | 税理士，公認会計士などの国家試験の登竜門。大学程度の商業簿記，工業簿記，原価計算ならびに会計学を修得し，財務諸表規則や企業会計に関する法規を理解し，経営管理や経営分析ができる。 |

詳細については，http://www.kentei.ne.jp/ を参照のこと。

### 15-2-2　ビジネス会計検定試験

ビジネス会計検定試験は，財務諸表を情報として理解し，ビジネスに役立てていく能力をはかるもので，簿記の知識の有無は問わず，財務諸表に関する会計基準，諸法令，構造などの知識や分析を通して，財務諸表が表現する企業の財政状態，経営成績，キャッシュ・フローの状況などを判断できる能力を問うものである。

試験は年2回（9月と3月，1級は3月のみ）実施される。

| 3級 | 会計の用語，財務諸表の構造・読み方など財務諸表を理解するための基礎的な力を身につけているかを問う。 |
|---|---|
| 2級 | 企業の経営戦略や事業戦略を理解するため，財務諸表を分析する力を身につけているかを問う。 |
| 1級 | 企業の成長性や課題，経営方針・戦略などを理解・判断するため，財務諸表を含む会計情報を総合的かつ詳細に分析し，企業を評価する力を身につけているかを問う。 |

詳細については，http://www.b-accounting.jp/ を参照のこと。

### 15-2-3 BATIC（国際会計検定）

BATIC＝Bookkeeping & Accounting Test for International Communication

BATICはグローバルなビジネスに不可欠な英語力と国際会計スキルを同時に測ることを目的に作られた検定試験で，マークシート及び記述問題が英語で出題され，合格・不合格ではなく，スコア（200〜1000点）によってレベル分けされている。

コントローラ・レベル――880〜1000点

アカウンティング・マネージャー・レベル――700〜879点

アカウンタント・レベル――320〜699点

ブックキーパー・レベル――200〜319点

試験は年1回（7月）実施される。

詳細については，http://www.kentei.org/batic/ を参照のこと。

### 15-2-4 その他の検定

電子会計実務検定試験は，簿記の理論・知識を前提として，会計ソフトの取り扱いやそこから得られた会計情報の利活用の能力を問う検定試験である。企業，特に中小企業における電子会計の実践およびこれに対応できる人材の育成，中小企業の会計指針の普及・定着を図ることを目的としている。詳細については，http://www.kentei.ne.jp/ を参照のこと。

### 【参考文献】

大阪商工会議所編〔2019〕『ビジネス会計検定試験　3級公式テキスト（第4版）』中央経済社。
奥村佳史〔2005〕『公認会計士になる!?』秀和システム。
越知克吉〔2011〕『会計士物語――公認会計士の仕事と生活』白桃書房。
法学書院編集部〔2006〕『税理士の仕事がわかる本』法学書院。
柳沢義一〔2004〕『目指せ！公認会計士　新試験対応版』日本能率協会マネジメントセンター。

《推薦図書》

〈簿　記〉

関西大学会計学研究室編〔2017〕『簿記システムの基礎（第5版）』国元書房。
関西大学会計学研究室編〔2015〕『改訂版簿記システムの基礎：2級商業簿記編（第3版）』国元書房。
武田隆二〔2009〕『簿記Ⅰ（第5版）』税務経理協会。
武田隆二〔2009〕『簿記Ⅱ（第5版）』税務経理協会。
武田隆二〔2001〕『簿記Ⅲ（第3版）』税務経理協会。
中村　忠〔2008〕『新訂現代簿記（第5版）』白桃書房。
渡部裕亘・片山　覚・北村敬子編著〔2015〕『新検定簿記講義：商業簿記』（3級～2級）中央経済社。
渡部裕亘・北村敬子・石川鉄郎編著〔2015〕『テキスト上級簿記』（第5版）中央経済社。

〈財務会計〉

飯野利夫〔2000〕『財務会計論（三訂版）』同文舘出版。
伊藤邦雄〔2018〕『新・現代会計入門（第3版）』日本経済新聞出版社。
岡部孝好〔2009〕『最新　会計学のコア（三訂版）』森山書店。
大日方隆〔2013〕『アドバンスト財務会計〈第2版〉』中央経済社。
河﨑照行編著〔2007〕『電子情報開示のフロンティア』中央経済社。
河﨑照行〔2016〕『最新中小企業会計論』中央経済社。
斎藤静樹著（2016）『企業会計入門―考えて学ぶ（補訂版）』有斐閣。
桜井久勝〔2018〕『財務会計講義（第19版）』中央経済社。
桜井久勝・須田一幸〔2018〕『財務会計・入門（第12版）』有斐閣。
佐藤信彦・河﨑照行他編〔2018〕『スタンダードテキスト　財務会計論―基本論点編（第11版）』中央経済社。
佐藤信彦・河﨑照行他編〔2018〕『スタンダードテキスト　財務会計論―応用論点編（第11版）』中央経済社。
武田隆二〔2008〕『最新財務諸表論（第11版）』中央経済社。
中村　忠〔2005〕『新稿現代会計学（9訂版）』白桃書房。
広瀬義州〔2014〕『財務会計（第12版）』中央経済社。
藤井秀樹〔2017〕『入門財務会計（第2版）』中央経済社。
松尾聿正編著〔2008〕『現代財務報告会計』中央経済社。
山浦久司・廣本敏郎編著〔2007〕『ガイダンス企業会計入門（第3版）』白桃書房。

〈連結会計〉

石川博行〔2000〕『連結会計情報と株価形成』千倉書房。
内山峰男・榎本正博〔2009〕『連結会計（新訂版）』同文舘出版。
末政芳信〔2001〕『ソニーの連結財務情報（第1部）開示編，（第2部）財務分析編』清文社。
末政芳信〔2006〕『トヨタの連結財務情報』同文舘出版。
杉山学編著〔2006〕『連結会計の基礎知識（第4版）』中央経済社。
広瀬義州編著〔2012〕『連結会計入門（第6版）』中央経済社。
松尾聿正・水野一郎・笹倉淳史編著〔2002〕『持株会社と企業集団』同文舘出版。
山地範明〔2000〕『連結会計の生成と発展（増補改訂版）』中央経済社。

〈原価計算〉

浅田孝幸編著〔2011〕『テキスト原価計算入門』中央経済社。
伊藤嘉博〔2001〕『コストマネジメント入門』日本経済新聞出版社。
岡本　清〔2000〕『原価計算（六訂版）』国元書房。
岡本　清・廣本敏郎編著〔2018〕『検定簿記講義2級　工業簿記』中央経済社。
岡本　清・廣本敏郎編著〔2018〕『検定簿記講義1級　工業簿記・原価計算　上巻・下巻』中央経済社。
小沢　浩〔2011〕『〈詳解〉コストマネジメント』同文舘出版。
加登　豊編〔2008〕『インサイト原価計算』中央経済社。
加登　豊・李　建〔2011〕『ケースブック　コストマネジメント（第2版）』新世社。
小菅正伸〔2007〕『原価会計の基礎』中央経済社。
櫻井通晴〔2014〕『原価計算』同文舘出版。
清水　孝〔2011〕『上級原価計算（第3版）』中央経済社。
清水　孝〔2014〕『現場で使える原価計算』中央経済社。
清水　孝・長谷川恵一・奥村雅史〔2004〕『入門原価計算（第2版）』中央経済社。
園田智昭・横田絵理〔2010〕『原価・管理会計入門』中央経済社。
廣本敏郎・挽　文子〔2015〕『原価計算論（第3版）』中央経済社。

〈管理会計〉

浅田孝幸〔2002〕『戦略的管理会計―キャッシュフローと価値創造の経営―』有斐閣。
浅田孝幸・頼　誠・鈴木研一・中川　優・佐々木郁子〔2011〕『管理会計・入門（第3版）』有斐閣。
稲盛和夫〔2010〕『アメーバ経営』日本経済新聞出版社。
上埜　進〔2008〕『管理会計―価値創出をめざして―(第4版)』税務経理協会。
岡本　清・廣本敏郎・尾畑　裕・挽　文子〔2008〕『管理会計（第2版）』中央経済社。
上總康行〔2014〕『ケースブック　管理会計』新世社。
加登　豊編〔2008〕『インサイト管理会計』中央経済社。
河田　信〔2004〕『トヨタシステムと管理会計』中央経済社。

小林啓孝・伊藤嘉博・清水　孝・長谷川惠一〔2009〕『スタンダード　管理会計』東洋経済新報社。
櫻井通晴〔2019〕『管理会計（第七版）』同文舘出版。
櫻井通晴・伊藤和憲編著〔2007〕『企業価値創造の管理会計』同文舘出版。
櫻井通晴・伊藤和憲編著〔2017〕『ケース管理会計』中央経済社。
清水　孝〔2015〕『現場で使える管理会計』中央経済社。
園田智昭〔2017〕『プラクティカル管理会計』中央経済社。
園田智昭編著〔2017〕『企業グループの管理会計』中央経済社。
田中隆雄〔2002〕『管理会計の知見（第2版）』森山書店。
谷　武幸〔2013〕『エッセンシャル管理会計（第3版）』中央経済社。
西澤　脩〔2007〕『原価・管理会計論』中央経済社。
西村　明・大下丈平編著〔2014〕『新版　ベーシック管理会計』中央経済社。
水野一郎編著〔2019〕『中小企業管理会計の理論と実践』中央経済社。
宮本寛爾・小菅正伸編著〔2006〕『管理会計概論』中央経済社。

〈監　査〉

伊豫田隆俊・松本祥尚・林　隆敏著〔2015〕『ベーシック監査論（七訂版）』同文舘出版。
児嶋　隆・那須伸裕〔2009〕『監査論の要点整理（第4版）』中央経済社。
内藤文雄・松本祥尚・林　隆敏編著〔2010〕『国際監査基準の完全解説』中央経済社。
内藤文雄〔2011〕『財務諸表監査の考え方（改訂版）』税務経理協会。
盛田良久・百合野正博・朴　大栄編著〔2017〕『はじめてまなぶ監査論』中央経済社。
山浦久司〔2008〕『会計監査論（第5版）』中央経済社。

〈国際会計〉

秋葉賢一〔2016〕『エッセンシャル IFRS（第5版）』中央経済社。
あずさ監査法人〔2016〕『詳細解説 IFRS 実務適用ガイドブック』中央経済社。
アーンスト・アンド・ヤング LLP 編，新日本有限責任監査法人日本語版監訳〔2010〕『IFRS 国際会計の実務 International GAAP 上・中・下巻』レクシスネクシス・ジャパン。
磯山友幸〔2010〕『国際会計基準戦争（完結編）』日経 BP 社。
監査法人トーマツ編〔2007〕『外貨建取引の経理入門』中央経済社。
IASC 財団編，企業会計基準委員会監訳，公益財団法人財務会計基準機構監訳〔2010〕『国際財務報告基準（IFRS）2010』中央経済社。
国際会計基準審議会編〔2008〕『国際財務報告基準書（IFRSs）（2007）』レクシスネクシス・ジャパン。
古賀智敏・鈴木一水・國部克彦・あずさ監査法人編著〔2011〕『国際会計基準と日本の会計実務―比較分析／仕訳・計算例／決算処理―（三訂補訂版）』同文舘出版。
桜井久勝編著〔2010〕『テキスト国際会計基準（第5版）』白桃書房。
新日本有限責任監査法人編〔2016〕『完全比較：国際会計基準と日本基準（第3版）』清文社。

杉本徳栄〔2017〕『国際会計の実像――会計基準のコンバージェンスとIFRSsアドプション』同文舘出版。
田中　弘〔2010〕『国際会計基準（IFRS）はどこへ行くのか――足踏みする米国・不協和音の欧州・先走る日本』時事通信出版局。
西川郁生〔2015〕『会計基準の最前線』税務経理協会。
日経コンピュータ編〔2010〕『国際会計基準IFRS完全ガイド2011――包括利益や公正価値が経営改革を迫る』日経BP社。
ハーズ, R. H., 杉本徳栄・橋本　尚訳〔2014〕『会計の変革――財務報告のコンバージェンス，危機および複雑性に関する年代記』同文舘出版。
橋本　尚〔2007〕『2009年　国際会計基準の衝撃』日本経済新聞出版社。
橋本　尚編著〔2015〕『利用者指向の国際財務報告』同文舘出版。
平松一夫・徳賀芳弘編著〔2005〕『国際会計基準の国際的統一』中央経済社。
平松一夫編著〔2007〕『国際財務報告論―会計基準の収斂と新たな展開』中央経済社。

〈税務会計〉
奥田よし子監修, 岩崎　功〔2018〕『法人税法テキスト』英光社。
川田　剛〔2010〕『会計と税務のズレ』千倉書房。
木山泰嗣〔2017〕『教養としての「税法」入門』日本実業出版社。
公益社団法人　全国経理教育協会編〔2018〕『演習法人税法』清文社。
武田隆二〔2005〕『法人税法精説』森山書店。
谷川喜美江〔2017〕『入門税務会計（第3版）』税務経理協会。
富岡幸雄〔2013〕『新版　税務会計学講義（第3版）』中央経済社。
成道秀雄監修, 坂本雅士編著〔2018〕『現代税務会計論』中央経済社。
三木義一編著〔2018〕『よくわかる税法入門（第12版）』有斐閣。

〈環境会計〉
安城靖雄・下垣　彰〔2011〕『マテリアル・エネルギーのロスを見える化するISO14051図説MFCA（マテリアルフローコスト会計）』日本能率協会コンサルティング。
エクレス＆クルス, 北川哲雄監訳, KPMGジャパン統合報告アドバイザリーグループ訳〔2015〕『統合報告の実際――未来を拓くコーポレートコミュニケーション』日本経済新聞出版社。
小口好昭編著〔2015〕『会計と社会』中央大学部出版部。
河野正男編〔2008〕『環境会計　A-Z』ビオシティ。
古賀智敏・池田公司〔2015〕『統合報告革命：ベスト・プラクティス企業の事例分析』税務経理協会。
國部克彦編著〔2004〕『環境管理会計入門』産業環境管理協会。
國部克彦編著〔2011〕『環境経営意思決定を支援する会計システム』中央経済社。
國部克彦・伊坪徳宏・水口　剛〔2012〕『環境経営・会計（第2版）』有斐閣アルマ。
國部克彦・伊坪徳宏・中嶌道靖・山田哲男編著〔2015〕『低炭素型サプライチェーン　MFCAと

LCAの統合』中央経済社。
國部克彦・中嶌道靖編著〔2018〕『マテリアルフローコスト会計の理論と実践』同文舘出版。
阪　智香〔2001〕『環境会計論』東京経済情報出版。
柴田秀樹・梨岡英理子〔2014〕『進化する環境・CSR会計』中央経済社。
スミス, S. S., 伊藤和憲・小西範幸監訳〔2018〕『戦略的管理会計と統合報告』同文舘出版。
中嶌道靖・國部克彦〔2008〕『マテリアルフローコスト会計（第2版）』日本経済新聞出版社。

〈会計学の動向〉

安藤英義編著〔2007〕『会計学論考―歴史と最近の動向』中央経済社。
石川純治〔2008〕『変貌する現代会』日本評論社。
音川和久〔2009〕『投資家行動の実証分析―マーケット・マイクロストラクチャーに基づく会計学研究』中央経済社。
乙政正太〔2004〕『利害調整メカニズムと会計情報』森山書店。
平松一夫・柴　健次編著〔2004〕『会計制度改革と企業行動』中央経済社。
斎藤静樹編著〔2007〕『詳論討議資料・財務会計の概念フレームワーク（第2版）』中央経済社。
柴　健次・薄井　彰・須田一幸編著〔2008〕『現代のディスクロージャー―市場と経営を革新する』中央経済社。
首藤昭信〔2010〕『日本企業の利益調整―理論と実証』中央経済社。
須田一幸〔2000〕『財務会計の機能―理論と実証』白桃書房。
須田一幸・山本達司・乙政正太〔2007〕『会計操作―その実態と識別法，株価への影響』ダイヤモンド社。
須田一幸編著〔2008〕『会計制度の設計』白桃書房。

〈経営分析〉

砂川伸幸・笠原真人〔2015〕『はじめての企業価値評価』日本経済新聞出版社。
伊藤邦雄責任編集，桜井久勝・百合草裕康・蜂谷豊彦〔2006〕『キャッシュ・フロー会計と企業評価（第2版）』中央経済社。
伊藤邦雄〔2014〕『新・企業価値評価』日本経済新聞出版社。
井手正介・高橋文郎〔2009〕『ビジネス・ゼミナール経営財務入門（改訂4版）』日本経済新聞出版社。
乙政正太〔2019〕『財務諸表分析（第3版）』同文舘出版。
桜井久勝〔2017〕『財務諸表分析（第7版）』中央経済社。
田中　弘〔2006〕『会社を読む技法―現代会計学入門―』白兆書房。

〈公　会　計〉

稲沢克祐〔2012〕『増補版　行政評価の導入と活用』イマジン出版。
遠藤尚秀〔2012〕『パブリック・ガバナンスの視点による地方公会計制度改革』中央経済社。

亀井孝文〔2011〕『公会計制度の改革（第2版）』中央経済社。
新日本有限責任監査法人編〔2012〕『自治体財務情報の読み方・活かし方』中央経済社。
馬場英朗・大川裕介・林　伸一〔2016〕『入門　公会計のしくみ』中央経済社。
PwCあらた有限責任監査法人〔2018〕『自治体経営のイノベーション―持続可能なまちを目指して』関西大学出版部。
松木茂弘〔2010〕『自治体財務の12か月』学陽書房。
松尾貴巳〔2009〕『自治体の業績管理システム』中央経済社。

〈重要な外国文献〉
アメリカ会計学会，飯野利夫訳〔1969〕『基礎的会計理論』国元書房。
アメリカ財務会計基準審議会，平松一夫・広瀬義州訳〔2002〕『FASB財務会計の諸概念（増補版）』中央経済社。
エドワーズ＆ベル，伏見多美雄・森藤三男訳〔1964〕『意思決定と利潤計算』日本生産性本部。
グレイ，R. H. 他，山上達人監訳，水野一郎・向山敦夫・國部克彦・冨増和彦訳〔1992〕『企業の社会報告―会計とアカウンタビリティ』白桃書房。
グレイ，R. H.，菊谷正人他訳〔1996〕『グリーン・アカウンティング』白桃書房。
サンダー，S.，山地秀俊・鈴木一水・松本祥尚・梶原　晃訳〔1998〕『会計とコントロールの理論』勁草書房。
シュマーレンバッハ，E.，土岐政蔵訳〔1980〕『十二版　動的貸借対照表論』森山書店。
スコット，W. R.，太田康広・椎葉　淳・西谷順平訳〔2008〕『財務会計の理論と実証』中央経済社。
ソーダガラン，S. M.，佐藤倫正訳〔2006〕『国際会計論―国際企業評価にむけて―』税務経理協会。
パレプ，K. G. 他，斎藤静樹監訳〔2001〕『企業分析入門（第2版）』東京大学出版会。
ビーバー，W. H.，伊藤邦雄訳〔2010〕『財務報告革命（第3版）』白桃書房。
ブラウン，P.，山地秀俊・音川和久訳〔1999〕『資本市場理論に基づく会計学入門』勁草書房。
ペイトン＆リトルトン，中島省吾訳〔1958〕『会社会計基準序説（改訳版）』森山書店。
ペンマン，S. H.，杉本徳栄・井上達男・梶浦昭友訳〔2005〕『財務諸表分析と証券評価』白桃書房。
ワッツ＆ジマーマン，須田一幸訳〔1991〕『実証理論としての会計学』白桃書房。

〈辞　　典〉
安藤英義・新田忠誓・伊藤邦雄・廣本敏郎編集代表〔2007〕『会計学大辞典（第5版）』中央経済社。
片山英木・井上雅彦編〔2006〕『会計用語辞典（日経文庫）』日本経済新聞社。
神戸大学会計学研究室編〔2007〕『第六版　会計学辞典』同文舘出版。
国際公会計学会監修〔2011〕『公会計小辞典』ぎょうせい。
松尾聿正・平松一夫編著〔2008〕『基本会計学用語辞典（改訂版）』同文舘出版。
山田昭広〔2011〕『英文会計用語辞典（第3版）』中央経済社。

〈その他〉

稲盛和夫〔2000〕『稲盛和夫の実学―経営と会計―』日本経済新聞出版社。

岸見勇美〔2005〕『ザ・監査法人―粉飾決算と戦った男たち―』光人社。

清水昭男脚本,小川集作画〔2005〕『マンガ　監査法人アーサー・アンダーセン』パンローリング。

清水昭男脚本,広岡球志作画〔2005〕『マンガ　エンロン―アメリカ資本主義をゆるがす史上最大級の粉飾決算―』パンローリング。

ソール,J.,村井章子訳〔2015〕『帳簿の世界史』文藝春秋社。

渡邉　泉〔2014〕『会計の歴史探訪―過去から未来へのメッセージ―』同文舘出版。

# 索　引

## 【あ】

IT への対応　77
赤字　22
アクティビティ　118
アベノミックス　165
粗利益　154
安全性　47
安全性分析　56
安全余裕率　127

意見不表明　74
意思決定　46
意思決定会計　7
意思決定関連性あるいは目的適合性　35
意思決定支援機能　8
一税目一税法主義　138
一取引基準　157
1カ月　109
一般会計　184
一般会計等　185
一般原則　86
一般に公正妥当と認められる会計処理の基準　145
インサイダー取引　70
インフラストラクチャー　183
インベスター・リレーションズ　34
インベストメント・センター　135

Web 開示制度　41
Web ベース・ビジネスレポーティング　43

売上原価　157
売上収益　157
売上成長率　61
売上総利益　23
売上高純利益率　51
売上高線　124

影響の重要性　68
影響力基準　98
営業活動によるキャッシュ・フロー　27, 30, 104
営業キャッシュ・フロー対有利子負債比率　60
営業損益計算　23
営業利益　23
営業利益成長率　62
益金　144

益金参入項目　146
益金不参入項目　147
エドガー　43
遠隔性　68
円高ドル安　156
円安ドル高　156
エンロン　163

親会社　15
親会社等状況報告書　39

## 【か】

外郭団体　185
外貨建取引等会計処理基準　158
外貨の換算および決済　158
会計監査人　71
会計基準　6
　　　──の国際的統一　87
会計責任　6
会計的利益率法　133
会計ビッグバン　164
会計法会計　85
外国法人　143, 152
解散価値　65
概算要求　183
開示主義　36
会社法　69
会社法会計　140
回収期間法　132
外部分析　46
外部報告会計　6
外部報告環境会計　173
価格計算　108
価格差異　116
各事業年度の所得　143
学習と成長の視点　134
学生　11
確定決算主義　9, 142
確定した決算　142
確定申告　147
家計　4
加工進捗度　114
加工費　114
貸方　81
加重平均資本コスト　135
課税標準　142, 143
課税物件　143
課税要件法定主義　143
活動基準原価計算　118

211

活動ドライバー　118
株価キャッシュ・フロー倍率　65
株式会社　4
株式資本　17, 26
株式資本等変動計算書　14
株主総会　71
株主総会開催通知の添付書類　40
貨幣・非貨幣法　160
貨幣価値的　110
貨幣性資産　92
貨幣単位　5
貨幣の時間価値　130
借方　81
為替　153
為替換算調整勘定　161
為替感応度　153
為替業務　154
為替差益　158
為替差損　158
為替差損益　160
為替予約　158
環境会計ガイドライン　172
環境管理会計　173
環境経営　170
環境・社会・企業統治　170
環境省　170
環境税　179
環境負債　178
環境報告に関するガイドライン　172
環境保全効果　174
環境保全コスト　173
環境保全対策に伴う経済効果　174
環境リスク　178
関係比率　47
監査　7, 68
監査委員会　72
監査証拠　74
監査上の主要な検討事項　76
監査手続　73
監査等委員会設置会社　72
監査人　73
監査報告書　69, 73
監査法人　70
監査役（会）　71
換算量基準　114
勘定　80
　　——への転記　82
勘定科目　80
勘定式　17
完成品換算量　114
完成品総合原価　114
完成品単位原価　114
間接的対応　91
間接費　110

間接法　104
官庁会計　182
管理会計　7
管理可能費　111
管理不能費　111
関連会社　98
機会原価　109
期間的対応　91
企業改革法　76
企業会計　4
企業会計基準　86
企業会計基準委員会　87, 164
企業会計基準適用指針　87
企業会計原則　86
企業会計審議会　158
企業会計法　140
企業内容開示制度　86
企業予算　128
　　——の種類　128
　　——の特徴　128
　　——の利点　128
気候変動枠組条約締約国会議　168
基準モデル　187
規制主義　36
基礎的財政収支　193
機能別分類　110
キャッシュ・フロー　27
　営業活動による——　27, 30, 104
　投資活動による——　27, 30, 104
キャッシュ・フロー計算書　14
キャッシュ・フロー版当座比率　58
旧総務省方式　187
行政コスト計算書　188
強制的ディスクロージャー　34
業績管理会計　7
協同組合等　143
業務の有効性および効率性　77
業務プロセスの視点　134
許容原価　119
許容費用　127
記録と慣習と判断の総合的表現　69
金商法会計　140
金銭債権債務　159
金融商品取引法　69
金融商品取引法会計　85
国や地方自治体　9
組込方式　37
繰延資産　19, 93
黒字　22
クロスセクション分析　48

経営基本計画設定　108

索　引

経営成績　22
経済主体　4
経済的資源　17
計算書類　71
計算的管理手段　128
経常損益計算　23
経常利益　23
継続製造指図書　114
継続的な完全なコンバージェンス　164
形態別分類　110
経費　110
契約支援機能　40
決済通貨　155
決算　83
決算整理　83
決算整理事項　84
決算短信　42
決算調整事項　145
決算統計　185
決算日レート法　161
限界利益　122
限界利益図表　125
原価管理　7, 108, 116
原価企画　7, 119
原価基準　93
原価計算期間　109
原価計算基準　108
原価計算制度　108
原価計算表　112
現価係数　130
現価係数表　130
原価差異　116
減価償却　93
原価の管理可能性に基づく分類　111
原価の作り込み活動　119
原価標準　116
研究開発活動　5
現金　27
　　──および現金同等物　104
現金収入　157
現金手記　183
現金主義　183
現金主義会計　88
現金同等物　27
減収減益　62
検証可能性　35
建設国債　184
健全化判断比率　192
限定付適正意見　74

公益性　182
公益法人　143
公会計　4
公共財　182

公共法人　143
工業簿記　108
貢献利益　122
公告　14
構成比率　47
公認会計士　7, 70
　　──になるには　197
　　──の業務　201
購買活動　5
公平性の理念　140
コーポレート・ガバナンス　77
　　──に関する報告書　43
コーポレートガバナンス・コード　72
子会社　15
顧客の視点　134
国際会計基準審議会　87
国際公会計基準　189
国際財務報告基準　87
国際統合報告評議会　179
国税　138
コスト・ドライバー　118
コスト・プール　118
コスト情報　183
固定資産　19
固定性配列法　18
固定費　111, 122
固定費能率差異　117
固定負債　19
個別原価計算　112
個別財務諸表　15
個別受注生産　112
個別対応　91
固有リスク　73
コンバージェンス（収斂）　87, 164

【さ】

サービサイジング　178
在外子会社　160
在外支店　160
債権　92
財源調達機能　139
歳出　183
財政健全化団体　192
財政健全化法　192
財政再生団体　192
財政状態　17
歳入　183
財務会計　6, 85, 140
　　──の概念フレームワーク　90
財務会計基準機構　87
財務活動によるキャッシュ・フロー
　　　　　　　　　　27, 30, 104
財務資本　179
財務諸表　5, 14, 46, 84, 85

| 財務諸表作成　108 | 資本等取引　145 |
| 財務諸表分析　7 | 資本予算　128 |
| 財務体質　56 | 指名委員会等設置会社　72 |
| 財務当局　9 | 社会・関係資本　179 |
| 財務の視点　134 | 社会会計　4 |
| 債務返済能力　59 | 社外監査役　72 |
| 財務報告の信頼性　77 | 社会資本　183 |
| 財務予算　128 | 社会的コスト　173 |
| 材料費　110 | 社外取締役　72 |
| 差額原価　109 | 収益　22 |
| 先入先出法　115 | 収益性　47 |
| サステナビリティ　169 | 収益説　188 |
| 参照方式　37 | 終価係数　130 |
| 暫定予算　183 | 従業員　9 |
| | 収支計算　182 |
| CVP分析　124 | 修正国際基準　88 |
| 時間差異　117 | 重要な虚偽表示　73 |
| 次期繰越額　93 | 重要な虚偽表示リスク　73 |
| 事業活動にかかわる法令等の遵守　77 | 受託責任　6 |
| 事業部制組織　135 | 準固定費　111 |
| 事業持株会社　16 | 純資産　17 |
| 資金　27 | 　　　──の部　21 |
| 資金収支計算書　189 | 純資産変動計算書　189 |
| 資金調達活動　5 | 純粋持株会社　16 |
| 時系列分析　48 | 純損益計算　23 |
| 試験科目の範囲　197 | 準変動費　111 |
| 資源ドライバー　118 | 上・下流コスト　175 |
| 自己検証機能　83 | 乗数効果　184 |
| 自己資本　17 | 消費課税　138 |
| 自己資本回転率　51 | 情報提供機能　8, 40 |
| 自己資本比率　59 | 情報と伝達　77 |
| 自己責任の原則　70 | 情報の利用者　5 |
| 試査　73 | 正味原価価値法　132 |
| 資産　17 | 将来価値　130 |
| 　　　──の部　21 | 除外事項　74 |
| 　　　──の保全　77 | 職能別組織　135 |
| 試算課税等　138 | 所得課税　138 |
| 試算表　83 | 所有株式数　152 |
| 市場指向的　119 | 所有と経営の分離　71 |
| 自然資本　179 | 仕訳　81 |
| 仕損　113 | 人格のない社団等　143 |
| 仕損費　113 | 新株予約権　26 |
| 実現原則　89 | 申告調整事項　145 |
| 実行予算　129 | 人的資本　179 |
| 実際原価計算制度　108 | 信頼性　35 |
| 実質課税の原則　144 | |
| 実質無借金企業　60 | 趨勢比率　47 |
| 実数法　47 | 数量基準　114 |
| 実務対応報告　87 | 数量差異　116 |
| 指定国際会計基準　165 | ステークホルダー　5, 46, 140 |
| 支配力基準　15, 96 | ストック情報　183 |
| 自発的ディスクロージャー　34 | スループット会計　122 |
| 四半期報告書　38 | |
| 資本コスト　132 | 成果配分支援機能　8 |

生産性　47
精算表　85
正常営業循環基準　19
製造活動　5, 109
製造間接費　112
製造間接費差異　116
製造資本　179
成長性　47
制度会計　85, 140
税引前当期純利益　23
製品との関連における分類　110
製品別　109
税法　138
税務会計　140
税務調整　145
税務当局　9
税目　138
税理士試験　198
税理士となるためには　198
税理士の業務　198
責任会計制度　135
世代間負担の公平性　188
前期比　48
全体財務書類　185
全部原価計算　123
全面時価評価法　100

操業度差異　117
操業度との関連における分類　110
総合原価計算　112
総合的利益管理活動　119
総合予算　128, 129
総資産成長率　63
増収増益　62
総費用線　124
総務省方式改訂モデル　187
租税法律主義　138
損益計算　182
損益計算書　14, 84
損益計算書原則　86
損益分岐点　124
損益分岐点売上高　127
損益分岐点図表　124
損益分岐点比率　127
損益予算　128
損金　144
損金算入項目　147
損金不算入項目　147
損失　22

【た】

対応原則　89
大会社　71
大綱的利益計画　126

第三セクター　185
貸借一致の原則　83
貸借対照表　14, 84, 187
貸借対照表原則　86
貸借平均の原理　83
代表取締役　71
大量保有報告書　39
大量見込生産　114
タックス・ミックス　140
棚卸資産　93
棚卸表　84
他人資本　17
短期利益計画　7, 126
単年度主義　183

地球温暖化問題　168
地球環境問題　10
知的資本　179
地方公営企業　185
地方公共団体　185
地方交付税　189
地方債　184
地方税　138
注解　86
中間申告　147, 165
中小企業の会計　88
　　──に関する基本要領　9
　　──に関する指針　9
中小企業版IFRS　88
中小法人　144
中長期利益計画　126
中立性　35
直接原価計算　122, 123
直接材料費　114
直接材料費差異　116
直接対応　91
直接費　110
直接法　104
直接労務費差異　116
賃率差異　117

通達　138

T型勘定　80
ディスクロージャー　34, 36
　　強制的──　34
　　自発的──　34
適時開示　42
適時開示規則　42
デュー・プロセス　163
デュポン・システム　52
電子情報開示　43
テンポラル法　160

投下資本利益率　49
当期純利益　23
東京での合意　164
当月製造費用　114
当月総製造費用　114
統合報告　179
統合報告書　10, 43
当座資産　59
当座比率　59
投資活動によるキャッシュ・フロー
　　　　　27, 30, 104
投資者　9
投資者保護の内容　36
投資と資本の相殺消去　99
投資のリスクからの解放　90
投資利益率法　133
当初予算　183
統制活動　77
統制環境　77
統制リスク　73
同等性評価　164
透明性　163
特殊基準　15
特殊原価調査　7, 109
特定製造指図書　112
特別会計　184
独立行政法人　185
特例国債　184
トライアングル体制　140
　──の破綻　140
取締役（会）　71
取引　80
　──の結合関係　81
取引所規則の遵守に関する確認書　42
ドル建てでの輸入または輸出　156
トレッドウェイ委員会組織委員会　76

【な】

内国法人　143
内的整合性　35
内部統制　73
内部統制報告書　38
内部分析　46
内部報告会計　7
内部利益率法　132
内部利用環境会計　173

2005年・2007年・2009年問題　164
二取引基準　158
任意申告調整事項　145

年金原価係数表　131
年次経済財政報告　10

納税義務　138
納税義務者　143
納付　148
のれん　100

【は】

ハードル・レート　133
配当金　70
配当利回り　65
配賦　112
配賦基準　112
発見リスク　73
発行登録制度　38
発生原則　89
発生主義　183
バランスト・スコアカード　134
半期報告書　38
販売活動　5

非営利性　182
比較可能性　35, 163
非競合性　182
ビジネスレポーティング　43
被支配株主　100
非支配株主持分　100
非支配株主利益　102
必須申告調整事項　146
非排除性　182
費目別　109
百分率貸借対照表　56
費用　22
評価・換算差額等　26
評価差額　100
表現の忠実性　35
費用収益対応の原則　91
標準原価カード　116
標準原価計算　116
標準原価計算制度　108
費用性資産　92
費用対効果　184
費用配分の原則　93
比率法　47
非連結子会社　97

フェア・ディスクロージャー・ルール
　　　　　37
賦課　112
複雑性　68
負債　17
　──の部　21
負債比率　59
普通法人　143
不適正意見　74
負ののれん　101

部門別　109
プライマリー・バランス　193
プロフィット・センター　135
分権化　135
粉飾　7
粉飾決算事件　68

平均為替レート　153
平均法　115
別段の定め　144, 145
別表四　147
変動製造マージン　122
変動費　111, 122
変動費能率差異　117

報告式　17
法人税　9
　——の税率　144
法令間の形式的効力の原則　138
簿記　80
募集または売出し　37
補正予算　183
本予算　183

【ま】

埋没原価　109
マテリアリティ　170
マテリアルフローコスト会計　175
マネタリーベース　155

未実現損益　102
みなし申告　148

無形固定資産　93
無限定適正意見　74

目標売上高　127
目標原価　119
目標利益　119, 127
　——の設定　126
目標利益達成売上高　127
持株基準　15
持分説　188
持分法　98, 103
　——に関する会計基準　96
　——による投資利益　103
モニタリング　77

【や】

有価証券届出書　37
有価証券報告書　6, 14, 38, 70
　——等の記載内容の確認書　38
有形固定資産　93
有限責任　8

有利子負債依存度　60
用役潜在性　17
予算管理　7, 108
予算差異　117
予算資金計算書　129
予算スラック　128
予算損益計算書　129
予算貸借対照表　129
予算編成の手順　129
予想売価　119
予定申告　148

【ら】

ライフサイクルアセスメント　176
ライフサイクルコスティング　176
ライフサイクル全体　177

利益　22
利益計画のプロセス　126
利害関係者　5, 46, 68
利害対立　68
利害調整機能　8, 40
利鞘　154
リスク・アプローチ　73
リスクの評価と対応　77
流動資産　19
流動性配列法　18
流動比率　59
流動負債　19
臨時報告書　38

例題　133
連結営業利益　153
連結会社　97
連結会社相互間の取引高の相殺消去
　　101
連結キャッシュ・フロー計算書等の作成
　基準　104
連結決算　152
連結子会社　97
連結財務諸表　15
　——に関する会計基準　96
連結財務諸表原則　96
連結財務書類　185
連結の範囲　96

労務費　110

【わ】

割引計算　130
ワン・イヤー・ルール　19

## 【欧語】

ABC　118
ASBJ　87, 164

BATIC　201

CESR　164
CIM　118
COP　168

EDGAR　43
EDINET　43
ESG　170

FA　118

IAS　162
IASB　87, 162
IASC　162
IFRIC　162
IFRS　87, 162
IFRS for SMEs　88
IIRC　179
IOSCO　163
IPSAS　189

IR　34
ISO14001　170
ISO14051　176

JMIS　88

KPI　52
KPI　134

LCC　176
Life Cycle Assessment　176
Life Cycle Costing　176

MFCA　175

PBR　65

SDGs　170
SIC　162

TDnet　43
TOC　122
TTB　154
TTS　154

XBRL　43

**執筆者紹介**（執筆順，2019年3月1日現在）　＊は編著者：次ページ参照

（担当章）

**笹倉　淳史**（関西大学商学部教授）＊　〔第1章，第3章，第15章〕

**水野　一郎**（関西大学商学部教授）＊　〔第1章，第10章〕

**太田　浩司**（関西大学商学部教授）　〔第2章〕
　関西大学大学院商学研究科修了，筑波大学大学院ビジネス科学研究科修了
　武蔵大学，兵庫県立大学を経て現在に至る。

**木村　麻子**（関西大学商学部教授）　〔第4章〕
　関西学院大学大学院商学研究科修了
　九州産業大学を経て現在に至る。

**乙政　正太**（関西大学商学部教授）　〔第5章〕
　関西大学大学院商学研究科修了
　阪南大学，東北大学を経て現在に至る。

**宮本　京子**（関西大学商学部教授）　〔第6章〕
　神戸大学大学院経営学研究科修了
　上智大学を経て現在に至る。

**齊野　純子**（関西大学商学部教授）　〔第7章〕
　大阪大学大学院経済学研究科修了
　青森中央学院大学，流通科学大学，甲南大学を経て現在に至る。

**岩崎　拓也**（関西大学商学部准教授）　〔第8章〕
　神戸大学大学院経営学研究科修了
　現在に至る。

**岡　照二**（関西大学商学部准教授）　〔第9章〕
　関西大学大学院商学研究科修了
　大阪市立大学を経て現在に至る。

**堀　裕彦**（堀会計事務所所長，関西大学商学部講師）〔第11章〕
　関西大学大学院法学研究科修了
　現在に至る。

**北山　弘樹**（関西大学商学部准教授）　〔第12章〕
　九州大学大学院経済学研究科修了
　浜松短期大学，大分大学を経て現在に至る。

**中嶌　道靖**（関西大学商学部教授）　〔第13章〕
　大阪市立大学大学院経営学研究科修了
　香川大学を経て現在に至る。

**馬場　英朗**（関西大学商学部教授）　〔第14章〕
　大阪大学大学院国際公共政策研究科修了
　愛知学泉大学を経て現在に至る。

〔編著者紹介〕

**笹倉　淳史**（ささくら　あつし）
関西大学商学部教授
〈略歴〉1955年兵庫県生まれ。関西大学大学院商学研究科博士課程後期課程単位取得修了後，関西女学院短期大学（現，関西国際大学）専任講師，助教授，関西大学商学部助教授を経て，1997年より現職。1997～98年ミドルセックス大学（ロンドン）客員教授，2008年～12年関西大学学生センター所長。2016年より関西大学キャリアセンター所長。
〈主な著書〉共編著：『持株会社と企業集団会計』同文舘出版。共著：『環境報告書はどう読むのか』東京教育情報センター，『現代財務報告会計』中央経済社，『企業簿記システムの基礎〔四訂版〕』国元書房，『簿記システムの基礎（2級商業簿記編）〔三訂版〕』国元書房，『ビジネス会計検定試験公式テキスト3級〔第4版〕』中央経済社，『ビジネス会計検定試験公式テキスト2級〔第3版〕』中央経済社。その他コーポレートガバナンス，イギリス会計制度，外貨換算会計等に関する論文多数。

**水野　一郎**（みずの　いちろう）
関西大学商学部教授
〈略歴〉1953年大阪生まれ。大阪市立大学卒業後，関西大学大学院，大阪市立大学大学院，鹿児島大学助教授，佐賀大学教授を経て，1998年より現職。2003～2004年オークランド大学および中国社会科学院客員研究員。2009～13年関西大学経済・政治研究所長，2012～16年公認会計士試験委員。2017年より日本管理会計学会会長，2018年より日本会計研究学会理事。
〈主要著書〉単著：『現代企業の管理会計―付加価値管理会計序説』白桃書房。共編著：『持株会社と企業集団会計』同文舘出版，『原価計算テキスト』創成社，『上海経済圏と日本企業』関西大学出版部，『中国経済・企業の多元的展開と交流』関西大学出版部，『中小企業管理会計の理論と実践』中央経済社，共訳著：『企業の社会報告―会計とアカウンタビリティー』白桃書房，『会計とアカウンタビリティー』白桃書房。その他管理会計および中国会計に関する論文多数。

| 2000年4月13日 | 初　版　発　行 | |
|---|---|---|
| 2002年9月20日 | 改　訂　版　発　行 | |
| 2007年9月28日 | 三　訂　版　発　行 | |
| 2011年9月20日 | 四　訂　版　発　行 | |
| 2015年9月10日 | 五　訂　版　発　行 | ≪検印省略≫ |
| 2019年4月10日 | 第 6 版　発　行 | 略称：アカウンティング(6) |

アカウンティング
――現代会計入門――
〔第6版〕

編著者　　ⓒ　笹　倉　淳　史
　　　　　　　水　野　一　郎
発行者　　　　中　島　治　久

発行所　　同文舘出版株式会社
東京都千代田区神田神保町1-41　〒101-0051
営業（03）3294-1801　　振替00100-8-42935
編集（03）3294-1803　http://www.dobunkan.co.jp

Printed in Japan 2019　　　　印刷・製本：三美印刷

ISBN978-4-495-16466-9

JCOPY〈出版者著作権管理機構 委託出版物〉
本書の無断複製は著作権法上での例外を除き禁じられています。複製される場合は，そのつど事前に，出版者著作権管理機構（電話 03-5244-5088，FAX 03-5244-5089, e-mail: info@jcopy.or.jp）の許諾を得てください。

**企業活動の拡大・深化と会計学諸領域**

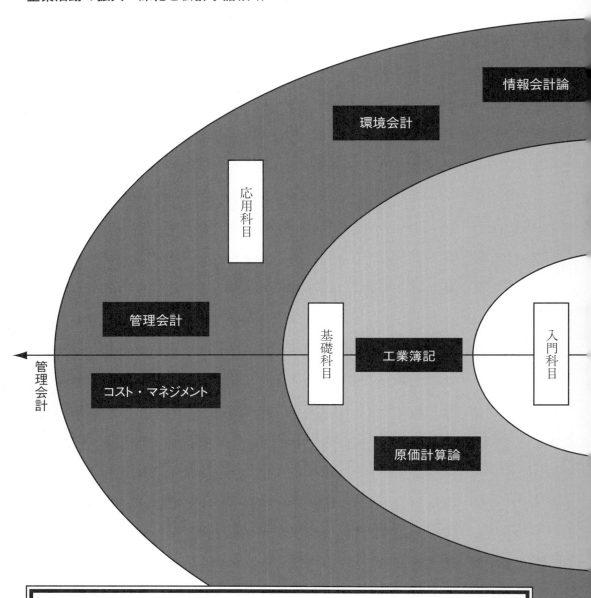

　企業活動のグローバル化・多角化は、会計学が対象とすべき情報領域を拡大する。また従来から対象とされていた情報領域も、ヨリ詳細な情報開示とその分析を可能とする会計学をもたらしてきた。
　読者は、このような企業活動の拡大・深化に伴う会計学の広がりを前提にしたうえで、入門科目→基礎科目→応用科目と学習して行って欲しい。